■ 兰州大学‘985’建设项目资助

马克思主义理论与政治理论学术著作丛书
丛书主编：王学俭

当代中国乡村文明建设研究

DANGDAI ZHONGGUO XIANGCUN WENMING
JIANSHE YANJIU

夏淼 著

中国社会科学出版社

图书在版编目（CIP）数据

当代中国乡村文明建设研究／夏淼著．—北京：中国社会科学
出版社，2014.8
ISBN 978 - 7 - 5161 - 4664 - 4

Ⅰ.①当⋯ Ⅱ.①夏⋯ Ⅲ.①农村 - 精神文明建设 - 研究 - 中国
Ⅳ.①D422.62

中国版本图书馆 CIP 数据核字（2014）第 186071 号

出 版 人　赵剑英
责任编辑　任　明
特约编辑　乔继堂
责任校对　石春梅
责任印制　李　建

出　　　版　中国社会科学出版社
社　　　址　北京鼓楼西大街甲 158 号（邮编 100720）
网　　　址　http：//www. csspw. cn
　　　　　　中文域名：中国社科网　　010 - 64070619
发 行 部　010 - 84083685
门 市 部　010 - 84029450
经　　　销　新华书店及其他书店

印刷装订　北京市兴怀印刷厂
版　　　次　2014 年 8 月第 1 版
印　　　次　2014 年 8 月第 1 次印刷

开　　　本　710×1000　1/16
印　　　张　15.5
插　　　页　2
字　　　数　261 千字
定　　　价　60.00 元

序　言

纵观人类历史，横看世界万象，不论有多少纷纭繁荣的理论学说，不管有多少百舸争流的思想流派，马克思主义无疑是迄今为止最科学、最严整、最有生命力的理论体系。尽管时代发展波澜壮阔，但马克思主义依然是时代的旗帜；尽管人类历史风云变幻，但发展的总趋势并没有超出马克思主义所揭示的基本规律的范畴。马克思主义使人类真正从蒙昧中睁开眼睛，推动人类意识实现了大觉醒，引导人类社会发生了大变革。《共产党宣言》发表 160 多年来，各国人民群众把马克思主义的基本原理和各国的具体实际相结合，坚持、发展和创新马克思主义，展现了马克思主义的耀眼光辉和巨大威力，也使越来越多的人学习马克思主义、研究马克思主义、崇敬马克思主义、信仰马克思主义、宣扬马克思主义。

马克思主义是当代中国特色社会主义事业的理论先导和思想支撑，是探索中国特色社会主义道路的智慧总结和经验概括，是中国哲学社会科学研究的根本指导思想。中国共产党是一个由科学理论孕育催生，用科学理论武装发展的马克思主义政党；建设中国特色社会主义道路的事业也是一个由科学理论指引向前、用科学理论助力发展的光辉事业。高度的理论自觉和理论自信是党和国家事业兴旺发达的鲜明特征和根本优势。哲学社会科学界始终坚持马克思主义的指导地位，用马克思列宁主义和中国化的马克思主义统领哲学社会科学工作，把马克思主义的基本原理同中国具体实际相结合，把马克思主义的立场、观点和方法贯穿到哲学社会科学工作中，用发展的马克思主义指导哲学社会科学的研究。

以高度的文化自觉和文化自信，建设具有中国特色、中国风格、中国气派的哲学社会科学，引领社会经济发展和文明进步，是兰州大学"做西部文章，创一流大学"事业始终不渝的追求和义不容辞的责任。100 多年来，一代代兰大人秉承"自强不息，独树一帜"的兰大精神，直面清贫、乐于奉献、淡泊名利、严谨治学，书写出百年兰大辉煌的历史篇章，奠定了兰州大学百年厚重的人文底蕴。作为西部地区马克思主义研究和教学的重镇——兰州大学马克思主义学院始基于1950年创建的马列主义教研室和1980年创建的思想品德教研室。经过改革开放以来30多年的建设和发展，学院目前已发展成为涵盖马克思主义理论、政治学两个一级学科，拥有马克思主义学科博士后科研流动站，马克思主义理论一级学科博士点、三个二级学科博士点、七个硕士点、三个本科专业的教学和科研实体。两大学科相互支撑、教学科研相互促进，奋进努力、活力迸发。在长期的教学科研实践活动中，学院汇聚了一支知识结构、年龄结构、学历层次较为合理，专门从事马克思主义理论教学和研究的队伍；创作出了一批充分反映马克思主义中国化最新成果、充分反映中国特色社会主义丰富实践、充分反映本学科领域最新进展的成果，特别是在马克思主义理论、思想政治教育理论与方法、中国特色社会主义理论与实践、马克思主义国际关系理论与对外关系、中亚研究及西部民族地区治理与边疆安全稳定问题等方面，形成一些有特色、有水平和有影响的研究成果。

为深入推进马克思主义中国化、时代化、大众化，坚持和发展中国特色社会主义，适应兰州大学建设"多学科协调发展的综合性、研究型、国内外知名的高水平大学"的需要，进一步促进兰州大学马克思主义理论和政治学学科建设，提高兰州大学马克思主义理论和政治理论的研究和教学水平，经与兰州大学研究生院、兰州大学重点建设处、兰州大学社会科学处协商，决定以兰州大学马克思主义学院为主体，组织研究团队、搭建学术平台、攻关学术难题，编写"马克思主义理论与政治理论学术著作丛书"。目前丛书已经出版了《政治学理论新编》、《世界各国政治制度概论》、《科学社会主义理论与实践》、《马克思主义中国化研究重要文献导读四十篇》、《马克思主义基本原理经典文献导读》、《当代世界经济与政治概论》、《行政学概论》等著作。我们计划今后将以中国社会科学出版社和兰州大学出版社为依托，按一个主题、分两个系列陆续出版这套丛书。我们将这套丛书设定为研究性、开放性和学术性的丛书，让一些新的学术研究成果不断补充进来。我们希望这套丛书能够不断展示学院在发展中的研究成果，凸显学院的研究特色，强化学院的学科建设，增进同行的学术交流，推动理论的发展创新，增强人们对中国特色社会主义的道路自信、理论自信和制度自信。

春华秋实几十载，继往开来再攀登。一个学科的建设和发展，绝非一朝一夕之事，它需要坚实的学术根基和连续的学术传承。我们今后将紧密结合时代的需要，充分发挥自己的优势，按照"强化专业队伍、优化研究方向"的学科发展战略，有计划、有步骤地狠抓落实，耆宿精诚合作、扶掖后学新秀，形成实力比较雄厚、特色比较鲜明的良好的学科体系和颇具潜力的发展态势。我们在学术莽原上辛勤拓垦的同时，还始终保持着清醒的认识、冷静的头脑，那就是时刻认识到自己的不足，始终明了自己的方位，从而奋发进取、砥砺前行，追求更高的目标。清代著名文士袁枚有言："学如弓弩，才如箭镞，识以领之，方能中鹄。"我们努力团结和凝聚一个励志进学、有才有识的群体，在学术求索的道路上力争张弩飞矢，瞄准更高远的目标，不断"中鹄"、不断前进。

当然，我们也深深地认识到，与国内兄弟院校、同行同人相比，我们的研究还较为薄弱，存在明显不足，如选题过泛、学术性和思想性不够统一、理论性和现实性关联不高、对问题的研究内容有待深入、研究方法有待改进、学科特色有待提炼、标志性成果有待加强等。但是，我们也坚信，只要坚持马克思主义的基本立场、基本观点和基本方法，坚持马克思主义和中国化马克思主义的指导，坚定中国特色社会主义的共同理想，坚定走中国特色社会主义道路，积极投身中国特色社会主义伟大实践，勇于探索、甘于寂寞、献身学术、自强不息，就一定能够取得更加丰硕的成果，实现更大跨越的发展。

我们既期待着同行专家学者的悉心指正，更盼望中国特色社会主义事业蒸蒸日上。我们深知功崇唯志、业广唯勤，马克思主义理论和政治理论的繁荣和发展在于我们每一个理论工作者的努力。

"马克思主义理论与政治理论学术著作丛书"编审委员会

目　录

前　言

　　进入 21 世纪，中国的现代化进程正面临着严峻的考验：资源、环境问题突出，农村人口仍占人口的绝大多数。中国的现代化应该走怎样的发展道路？中国的农村建设如何选择实现路径和发展目标？这都是时代给我们提出的课题。历史和现实证明，中国社会主义的乡村建设必须学习和借鉴世界上一些比较发达国家（如日本和韩国）乡村建设的成功经验，同时尽可能地避免重复西方工业化和城市化的老路。在今天面临全球性资源短缺和环境恶化的现实情况下，中国不可能沿着西方工业文明的轨道实现自己的赶超战略，只有在借鉴他人经验的基础上走自己的探索之路，才能超越他人。

　　人类历史表明，大多数的古代文明都是从农业和乡村开始的，中国上下五千年的农耕文化和两千年儒家思想熏陶的乡村文明在世界上是独一无二的，这是中华民族延绵几千年来智慧的结晶。这种我们民族自有的独特的文明模式在已经创造了辉煌的历史成就基础上，对我们今天以及未来的乡村文明建设仍将具有不可估量的存在价值。今天的中国由于城乡二元结构的长期存在，城乡文明的自由流动受到阻碍，继而还引发了教育、就业等社会层面上的诸多问题。如此看来，如何使乡村文明与城市文明、现代化进程发展齐头并进，相辅相成；如何在实现工业化、城市化快速发展的进程中，确保城乡差距、贫富差距保持在一个合理的可控范围内；如何在发展中保存乡村社会经济文化根脉，复兴乡村文明并赋予其新的时代内涵，这一切对于促进中国乡村社会的发展、探索中国特色社会主义乡村现代化发展道路具有深远的意义。中国当代的乡村文明建设就是要探索一种超越西方工业文明，对有着悠久历史的中华农业文明和乡村文明模式给予现代性改造从而使其具有创新内容的文明模式。中国的乡村发展道路将是一条具有中华民族特有传承脉络的乡村文明协调发展道路。

　　改革开放 30 多年来，中国的农业和农村发生了深刻变化，农村面貌发生巨大改变。与此同时，城乡经济社会发展却出现了明显的反差，在城市化对资源配置的过程中呈现出对乡村社会各个层面的解构，表现为强势的城市文明对弱势的乡村文明从生活空间、人口结构、产业结构、乡土文化等多维度的渗透。城市化像一把双刃剑，其巨大的张合力对乡村文明的影响表现为一种强大的离心力。这种离心力一方面通过逐步推进农村剩余劳动力的转移，以解决人口与资源环境压力这一乡村发展瓶颈；另一方面又对乡村社会造成多维度的"空心化"（乡村人才流失严重），并进一步演化为乡村的衰退与凋敝的趋势。

社会主义社会从其本质来看，应该是富有活力、保持稳定协调的和谐社会，是既能包含各方面不同利益，又能把错综复杂的利益关系处理妥当的一种活而不乱、和而不同的社会。社会和谐是社会主义的内在本质特征之一。

农村是与城市有着很多不同特点的经济社会区域，是社会的重要组成部分。13亿多人口，7亿在农村，这是我国的基本国情。农业、农村和农民问题成为关系改革开放和现代化建设全局的重大问题。邓小平同志曾经说过，中国社会是不是安定，中国经济能不能发展，首先要看农村能不能发展，农民生活是不是好起来。城市搞得再漂亮，没有农村这一稳定的基础是不行的。农村的重要性首先来源于农业和农民的重要性，同时涉及城市社会和农村社会的关系问题，涉及城市居民群体和农村居民群体的利益关系问题，涉及城市经济和农村经济的协调与平衡问题，涉及农村社会组织和治理的特殊性问题。

正因如此，在从温饱到小康，构建和谐社会的过程中，需要全面推进乡村的经济建设、文化建设、民主法制建设、基层组织建设、生态环境建设；需要在社会主义条件或社会主义制度下不断克服改造过程中的负面效应，积极改善和优化人与自然、人与社会、人与人的关系。解决好这些问题既是社会主义乡村文明建设的客观要求，也是构建和谐社会，全面实现小康的客观要求。

虽然学界对乡村建设研究的关注度较高，取得了许多积极的研究成果，并且涉及经济学、政治学、社会学、人类学、马克思主义等多个学科领域，但是从中国特色社会主义理论角度阐述乡村文明建设的著作和论文还不多见。目前与乡村文明建设研究有关的学术文献主要围绕以下两方面的内容：

一是关于什么是乡村文明。当前明确提出内涵界定的学术论文并不多，有学者认为"乡村文明是在社会主义制度下，反映一定时期乡村社会以经济发展为基础，以社会全面进步为标志的一种社会状态，是发展乡村社会事业，构建和谐社会的主要内容。"（崔宇，2007）"就其组成部分而言，可以划分为乡村物质文明、精神文明、政治文明和生态文明四个类型。这四个类型的具体内容会根据时代发展和社会变迁有所变化和更替"（李松柏，2009）。由于"乡村文明"这个理论概念目前在学术界较少有人研究，对这个理论概念的内涵和外延的认识还很模糊，对乡村文明的特征还缺乏理论认识，甚至有一些学者在实际问题的论述中把"乡村文明"等同于"乡风文明"（"乡村"是个社会综合概念，而"乡风"则指人们的价值观念、生活方式、风土人情等，是乡村社会一个方面的表现。显然，"乡村文明"不能等同于"乡风文明"）；也有的学者把"乡村文明"与"乡村精神文明"混用，这是对"乡村文明"概念的误解。乡村文明应是一个反映乡村社会进步程度的综合概念，是一定社会条件下乡村的经济、社会、政治、文化、生态状况的综合反映和集中体现。

二是如何建设乡村文明。由于"乡村文明"的概念不够清晰，缺乏一个准确、公认的定义，不同的学者在关于建设乡村文明这个问题上亦有不同理解。有人认为乡村文明建设就是乡村精神文明建设或乡村文化建设，应该按照建设社会主义新农村的要求，全面提高农民的思想道德素质和科学文化素质，大力开展科学技术知识普及活动。有的学者在提出进行"乡风文明"建设时，却又从乡村的政治、经济、文化、环境等多方面提出建议，而这些方面的内容却不是"乡风文明"概念所能概括和包含的。

到底什么是"乡村文明"，如何建设"乡村文明"？有一种思路是符合中国特色社会主义建设的理论逻辑的，那就是认为中国今天的"乡村文明"建设内容应根据具体的时代背景即社会主义新农村建设和社会主义和谐社会建设进行确定。"乡村文明建设是当前我国进行农村治理的重要举措，从它的概念以及需要解决的现实问题出发，结合当前建设社会主义和谐社会和建设社会主义新农村的实际，确定新乡村文明建设的任务和主要内容"（李松柏，2009）。尽管学者们阐述"乡村文明"建设的视角不同，但大体上持相同观点，其中曹富雄在《新农村建设与再造现代乡村文明建设》一文中认为"用发达的城市物质文明改造传统的乡村文明，发扬传统乡村文明中合理因素，重塑农民的生活方式，提高农民的主体地位和文化感受力，让农民能过上体面而有尊严的生活，建设现代新型的乡村文明"；王善于在《论加强欠发达地区乡村文明建设》中认为乡村文明建设是社会主义新农村建设的重要内容，应从物质文明、精神文明、政治文明、生态文明等方面分析乡村文明建设中存在的主要问题，并从如何振兴农村经济、加强精神文明建设、加强基层组织建设和改善农村生态环境等角度提出了对策与建议。总之，这些观点都认为乡村文明的建设是一个复杂的系统工程，是社会主义新农村建设的时代诉求。

本书对乡村文明建设的理论思考主要集中于：中国的乡村社会在现代化中的地位与作用如何？中国应走出一条怎样的乡村社会发展道路？这迫切需要从学理上做出探索和论证。中国特色社会主义发展道路虽然已经明确，但是这一道路及据此产生的经济政治文化制度架构需要社会科学研究给予学理上的"合法性论证"，同时对实践中出现的大量新问题、新矛盾需要给出科学的、符合中国国情的回答，从而指导和谐社会向纵深发展。首先，当代乡村文明建设的现实前提是城市与乡村的统一与调和，是超越二元对立思维的现代化过程中的乡村建设；其次，当代乡村文明建设作为中国特色社会主义理论指导下的产物，不仅包括理念、实践等多层面的结合，更包括宣传、倡导、推广等目标需要的实现；最后，促进乡村经济社会全面进步既是新农村建设的现实目标，也是当代乡村文明建设研究的理论落脚点。

全书由五章内容构成：

第一章主要阐述社会主义乡村文明的基础概念。首先从"文明"概念入手，对"乡村文明"所包含的"文明"含义进行分析，并将"乡村文明"置于社会主义文明理论体系和现代化进程中的乡村建设研究视野，明确当代中国乡村文明的主旨——社会主义乡村社会的全面发展与文明进步。同时，在借鉴中国几千年农业文明优秀传统和结合当代乡村社会实际的基础之上，建构传统与现代相融合的当代乡村文明概念内涵。

第二章阐述当代中国社会主义乡村文明的理论内涵和基本特征，建构社会主义乡村文明理论系统。首先在社会主义文明体系的理论框架内，从乡村政治、经济、文化、社会、生态等五个层面，提出我国当代乡村物质文明、社会文明、政治文明、精神文明和生态文明的理论内涵及其当代体现。接着分析中国特色社会主义乡村文明应包含的基本原则和基本要求以及评价乡村文明的基本标准，以期全方位揭示当代中国乡村文明的应有内涵。最后，全面探讨作为动态过程的乡村文明所具有的内在特性，以进一步揭示当代中国乡村文明发展的基本规律。

第三章梳理马克思主义经典著作和中国特色社会主义理论，从中提炼出马克思主义的农业文明观和乡村文明建设思想，为当代中国乡村文明建设研究提供理论依据。首先梳理和阐述马克思、恩格斯的农业文明观，以当代乡村文明建设的理论视野，重新审视马克思主义农业文明观的当代价值和实践意义。其次，提炼列宁、毛泽东所提出的在贫穷落后国家农村进行社会主义改造的基本观点，总结后发展中国家和大农业国家在乡村建设问题上应该发展的方向。最后，全面阐述中国特色社会主义理论体系中关于乡村文明建设和社会主义新农村建设的指导思想及理论创新。

第四章通过对近现代以来中国乡村文明建设历程的考察，总结近百年乡村改造和文明建设的实践经验，力图对当今中国的乡村文明建设及社会主义新农村建设提供一些启示。本章把近现代以来中国社会推进乡村改造和建设的实践分为六个板块进行历史回溯与思考，即近百年中国乡村建设和发展史的六个历史阶段：20 世纪 20—30 年代的民国时期；土地革命时期；抗日战争时期；新中国成立初期；改革开放时期；21 世纪新阶段。

第五章阐述了当代中国乡村文明建设面临的现实困境以及尝试破解这些难题而提出的建设思路和基本途径。首先针对当代乡村社会发展的现状，分析其在经济、政治、文化、社会关系和生态等方面面临的难题及其原因。其次，在统筹城乡和建设文明和谐乡村的大思路指导下，从建设的主体、要求、原则、灵魂、方针和目标等六个方面提出当代乡村文明建设思路。最后，从给予农民国民待遇，建设乡村物质文明、精神文明、政治文明、社会文明和生态文明等六个方面，阐述当代中国乡村文明建设的基本路径。

第一章

乡村文明的基础概念

第一节　乡村文明的概念及其建构

唯物史观认为社会存在决定社会意识。伴随着中国社会的发展与变革，乡村文明范畴在社会主义的中国已被赋予了更多新的内涵。深入研究中国特色社会主义乡村文明，首先必须对"乡村文明"范畴进行认真考察，准确界定。

一　"文明"的内涵

文明是全人类追求的共同价值，创造新的能得到全人类共同认可的文明是当今人类担负的共同责任。文明定义与科学的定义一样，是一个内涵不断发展着的、难以准确界定的概念。到底什么是文明？诸家定义繁多，莫衷一是。这里仅摘录以下观点予以说明。有人认为，文明是与原始或野蛮形成鲜明对照的一系列社会特征；有人认为，文明是"现代性"中的一个内涵，是包含在技术进步和生产力的提高，包含在历史发展和进步这种文化信念之中的；还有人认为，文明意味着相对于其他所有社会成员比如家庭、团体、国家和宗教机构来说，"个体"增长了自主性；有一些人认为，文明就是日常生活中非野蛮的行为，是最广泛意义上的社会礼仪；还有的观点认为，文明意味着降低或缩小法定暴力的范围以及拓宽对残酷的理解。当然，对许多人来说，文明涉及了所有或部分上述特征的组合。

1. 中国"文明"的本义探究

"文明"作为一个独立的词汇在中国出现大约有 2000 多年的历史。根据涂大杭的考证，"文明"一词在我国文献中最初见于《尚书》和《周易》。《尚书·舜典》提出"浚哲文明"，其基本含义是立了规矩，摆脱了黑暗。《周易·乾卦·文言》中"见龙在田，天下文明"，"其德刚健而文明"，其含义是文采光明，文德辉耀。随着社会的发展进步，文明被不断赋予新的含义。在唐代，孔颖达阐释"文明"一词时指出："文明以说者……能思文明之德以说十之，所以革命而为民所信也。""天下文明者，阳气在田，始生万物，故天下有文章而光明也。"表达了文明总是与文雅、光明相联系的观点。到了明清及近代，随着中西近代工业社会文化的交往，人们渐渐更新了文明观念，"文明"一词具有了美好的社会进步状态的含义。戏曲理论家李渔《闲情偶寄》中说"辟草昧而致文明"，康有为有"二代文明，皆籍孔子发扬之，实则蒙昧也"的观点。① 近代以来，关于文明的说法盛行起来，如"文明棍"、"文明婚礼"以及"物质文明"、"精神文明"。"五四"运动以后，中国学术界许多有识之士对文明的性质有了更深的认识。例如，蔡元培说过："文明者利用厚生之普及于人人者也"，并举敷道、洁水、华灯、公园音乐、平民、教育、藏书、博物诸厚生之事，以谓之文明。② 梁启超认为现代文明是群众的文明，东西文明相互交流产生新的文明。他说："从前是贵族的受动的文明，如今却是群众的自发的文明。从前的文明是靠少数特别地位特别的人来维持他，自然逃不了'人亡政息'的公例。当今的文明，是靠全社会的一般个人口口创造出来的。所以他的'质'虽有时比前不如，他的'量'却比前来得丰富。他的力却比前来得连续。现在的欧洲，一言以蔽之，万事万物，都是'群众化'。"他还说："拿西洋的文明来扩充我的文明，又拿我的文明去补助西洋的文明，叫他化合起来成一种新文明。"③ 孙中山先生很早就提出建设两个文明的主张，他设想的奋斗目标是建设一个能"确立于世界文明国之林"的资产阶级民主共和国，而这个共和国的建设除了物质文明建设之外，还有一方面叫作心性文明建设，也就是我们今天所说的精神文明建设。孙中山在1922年8月17日发表的《对外宣言》中第一次正式提出："发展文明，非仅关于财富一方面（即物质文明），并负谋人民之幸福与安全（精神文明）。"④

于建荣博士在其博士论文《中国特色社会主义社会文明研究》中认为，陈独秀可能是中国共产党人使用"文明"一词的第一人。据于建荣

---

① 涂大杭：《精神文明概论》，厦门大学出版社2002年版，第1—2页。

② 蔡元培：《蔡元培美学文选》，北京大学出版社1983年版，第35页。

③ 梁启超：《梁任公近著》，商务印书馆1933年版，第29—30、68页。

④ 《孙中山全集》（第6卷），中华书局1985年版，第525页。

博士考证，1915 年 9 月，陈独秀就在《法兰西与近世文明》一文中指出：
"文明云者，异于蒙昧未开化之称也。La civilisation，汉译为文明，开化，
教化诸义。世界各国，无东西今古，但有教化之国，即不得谓之无文
明。……古代文明，语其大要，不外宗教以止残杀，法禁以制群首，文学
以养神武。"他还说："近代文明之特征，最足以变古之道，而使人心社
会划然一新者，厥有二事：一曰人权说，一曰生物进化论，一曰社会主
义，是也。"①

2. 近现代西方"文明"概念

英文中的文明（civilization）一词源于拉丁文"Civis"，意指城市的
居民，其本质含义为人民生活于城市和社会集团中的能力。引申后意为一
种先进的社会和文化发展状态及达到这一状态的过程，其所涉及的领域包
括民族意识、技术水准、礼仪规范、宗教思想、风俗习惯以及科学知识的
发展等。在西方，"文明"一词是被英国启蒙思想家托马斯·霍布斯最早
使用的，他于 1651 年所写的《利维坦》一书中较早提出"文明社会"概
念，他所说的文明是指人类社会从"自然状态"转变到"国家状态"，即
"与战争状态相对立的和平状态"。② 1767 年，苏格兰的弗格森出版了
《文明社会史论》一书，较早地研究了古代文明的社会和政治问题。法国
启蒙思想家伏尔泰、孟德斯鸠、卢梭等人把文明视为民主、自由和平等，
与君主专制、等级特权相对立。1871 年，英国人类学家 E. B. 泰勒出版了
《原始文化》一书，提出文明是人类发展起来的高级属性和一种社会发展
高级状态、是人类文化发展的高级阶段等重要观点，使文明成为一个完整
独立的概念。摩尔根的社会发展学说则将史前社会分为"蒙昧"、"野蛮"
两个时期，与"文明"时期合为人类社会发展的三个时期。摩尔根认为，
文明时代包括奴隶社会、封建社会和资本主义社会三个历史发展阶段，人
类是"通过经验知识的缓慢积累，才从蒙昧社会上升到文明社会的"。③

到了 20 世纪，文明逐步被引入各个学科，成为一个被广泛使用的范
畴。其中影响较大的就有：汤因比的文明论、斯宾格勒的文明论、马尔库
塞的文明论、罗素的文明论、韦伯的文明论、亨廷顿的文明论等。英国的
阿诺德·J. 汤因比认为："文明乃是整体，它们的局部彼此相依为命，而

---

① 陈独秀：《独秀文存》，安徽人民出版社 1987 年版，第 10 页。
② 张华金：《文明与社会进步》，上海社会科学院出版社 1998 年版，第 8 页。
③ ［美］摩尔根：《古代社会》（上册），商务印书馆 1983 年版，第 3 页。

且都发生相互牵制作用……它们的社会生活的一切方面和一切活动都彼此调和为一个社会整体。这个整体中，经济的、政治的和文化的因素都是保持着一种非常美好的平衡关系。由这个正在生长中的社会的一种内在的和谐进行调节。"① 德国的奥斯瓦尔德·斯宾格勒认为："文化和文明——前者是一个灵魂的活生生的形体，后者却是灵魂的木乃伊。"② 马尔库塞认为"文明"与"文化"两词，是可以交替使用的，并说"所谓文化，就是有条不紊地牺牲力比多，并把它强行转移到对社会有用的活动和表现上去"。③ 即爱欲在反对死亡本能中创造了文明，换言之，文明是受压抑的性本能升华的产物。马尔库塞的这些看法，与弗洛伊德后期文明论是基本一致的。美国的塞缪尔·亨廷顿认为："文明和文化都涉及一个民族全面的生活方式，文明是放大了的文化。"他还说："文明是对人最高的文化归类，是人们文化认同的最广范围，人类以此与其他物种相区别。"④ 西方的文明理论不胜枚举，美国著名学者斯塔夫里阿诺斯在其《全球通史》一书中指出，"文明一词的含义确切地说，究竟是指什么呢？人类学者指出了将文明与新石器时代的文化区别开来的文明的一些特征。这些特征包括：城市中心，由制度确立的国家的政治权力，纳贡和税收，文字，社会分为阶级或等级，巨大的建筑物，各种专门的艺术和科学等等。并非所有的文明都具备这一切特征。例如：南美安第斯山脉的文明是在没有文字的情况下发展起来的，而埃及文明和玛雅人文明则没有通常所说的城市。但是，这一组特征在确定世界各地各时期的文明的性质时，可用作一般的指南"，"与各特定的环境相适应"，则"最终形成的不是同一种文明，而是'类型'极其多样的文明"。⑤

　　3. 马克思恩格斯的文明观

　　恩格斯曾说过，文明是实践的事情，是一种社会品质。马克思恩格斯

---

　　① ［英］阿诺德·J. 汤因比：《历史研究》（下册），上海人民出版社 1964 年版，第 463 页。

　　② ［德］奥斯瓦尔德·斯宾格勒：《西方的没落》，黑龙江教育出版社 1988 年版，第 255 页。

　　③ ［美］马尔库塞：《爱欲与文明》，上海译文出版社 1987 年版，第 18 页。

　　④ ［美］塞缪尔·亨廷顿：《文明的冲突与世界秩序的重建》，新华出版社 1999 年版，第 24—26 页。

　　⑤ ［美］斯塔夫里阿诺斯：《全球通史：1500 年以前的世界》，上海社会科学院出版社 1999 年版，第 105—106 页。

在扬弃前人思想的基础上，将文明的产生与发展植根于人们现实的物质实践活动中，从科学的实践观出发，在历史上第一次揭示出文明的本质，第一次把对文明的诠释建立在科学的世界观即历史唯物主义的基础之上。

以马克思恩格斯的理解，认为文明是与人类的自然原始状态（蒙昧时期、野蛮时期）相区别的，而且生产工具的变革在人类历史中具有决定性的意义，是人类从野蛮向文明转变的基础。据此，他们区分了"自然形成的生产工具"和"由文明创造的生产工具"。马恩认为，人类生产和交往手段的变革，必然引起经济、政治制度和社会关系的改变。由自然形成的工具向由文明创造的工具的过渡，导致一系列的社会分工。"物质劳动和精神劳动的最大的一次分工，就是城市和乡村的分离。城乡之间的对立是随着野蛮向文明的过渡、部落制度向国家的过渡、地域局限性向民族的过渡而开始的，它贯穿着文明的全部历史直至现在……"① 第三次社会大分工造就了一个不再从事生产而只从事产品交换的阶级——商人，即资本家阶级的前身。这个阶级日益取得支配生产的统治地位。因此，马恩认为，阶级的对立和斗争构成迄今为止的文明史（有文字记载的历史）的内容，并构成人类文明史发展的直接动力。

恩格斯在《家庭、私有制和国家的起源》中完全同意摩尔根对"文明时代"的界定："文明时代是学会对天然产物进一步加工的时期，是真正的工业和艺术的时期。"② 同时，还指出："由于文明时代的基础是一个阶级对另一个阶级的剥削，所以它的全部发展都是在经常的矛盾中进行的。生产的每一进步，同时也就是被压迫阶级即大多数人的生活状况的一个退步。对一些人是好事；对另一些人必然是坏事，一个阶级的任何新的解放，必然是对另一个阶级的新的压迫。这一情况的最明显的例子就是机器的采用，其后果现在已是众所周知的了。"③

马克思恩格斯常常把资本主义社会称之为"文明社会"。他们在《共产党宣言》等著作中，多次使用"资产阶级文明"的概念，同时又将资产阶级文明称之为"文明世界"、"文明国家"、"文明制度"。对于资本主义文明的作用，马克思是予以充分肯定的。他认为资本主义文明克服了人的自然局限性，促进了科学技术和生产力的发展；而科学技术和生产力

① 《马克思恩格斯选集》（第1卷），人民出版社1995年版，第104页。
② 《马克思恩格斯选集》（第4卷），人民出版社1995年版，第24页。
③ 同上书，第177—178页。

的发展，本质上就是人类自身本质力量的体现，是实现共产主义社会理想必要的物质条件。当然，资本在发挥克服人的自然局限性的伟大文明作用的同时，又造成了社会的局限性。这种社会局限性尽管表现形式多样，但都可以归结为一句话：资本主义文明的发展是以牺牲人本身的发展，特别是牺牲广大劳动群众的根本利益为代价的。"文明的一切进步，或者换句话说，社会生产力的一切增长，也可以说劳动本身的生产力的一切增长，如科学、发明、劳动的分工和结合、交通工具的改善、世界市场的开辟、机器等等所产生的结果，都不会使工人致富，而只会使资本致富；也就是只会使支配劳动的权力更加增大；只会使资本的生产力增长。"① 资本主义文明破除了人类对自然力的神化和崇拜，但其掠夺式的开发模式所导致的环境破坏，能源枯竭，战乱不断，危机四伏也是资本主义文明自身无法克服的矛盾所致。

4. 中国当代学者对"文明"内涵的认识

我国当代的许多学者，都尝试对文明概念进行定义，但到目前为止，并没有能够形成一种统一的认识思想。于建荣博士对当代学者"文明"概念进行了总结，他认为当代学者对"文明"的认识主要体现在以下几种观点：①认为文明是人类社会的进步状态，是与人类的野蛮状态相对立的。持有这种观点的学者有王缉思、阮炜、鲍成学、刘在平、涂大杭、虞崇胜等。王缉思认为："文明是野蛮、未开化、原始、兽性的对立面，指人类社会发展程度较高的形态、阶段或组织。文明的这一含义，往往与文化、教育、科学、艺术、道德、礼仪的发达和精妙相联系。"② 阮炜先生认为"文明是人类社会发展的高级阶段，它具有发达的宗教、文学、艺术、科学、伦理体系、社会组织、政治组织、军事组织、书面语言以及与这一切各个对应的物质表现"。③ 鲍成学、刘在平认为："文明是一个相对的词，其范围之大是无边无际的，因此只能说它是摆脱野蛮状态而逐步前进的东西。文明一词英语叫作'civilization'，即国家之意，所以'文明'这个词是表示人类交际活动逐渐改进的意思。它和野蛮完全相反，是形成

① 《马克思恩格斯全集》（第30卷），人民出版社1995年版，第267页。
② 王缉思：《文明与国际政治——中国学者评亨廷顿的文明冲突论》，上海人民出版社1995年版，第19页。
③ 同上书，第213页。

一个国家体制的意思。"① 涂大杭认为文明表现为人类的丰富发展和社会的进步状态。② 虞崇胜认为："所谓文明，简单地说就是：人类社会生活的进步状态。从静态的角度看，文明是人类社会创造的一切进步成果；从动态的角度看，文明是人类社会不断进化的过程。"③ ②上述学者同时也认为文明也是人类改造世界的积极成果，是人类创造的一切物质财富、精神财富的总和。比如王缉思同时认为文明是一个民族、国家、地域或具有共同精神信仰的群体的文化遗产、精神财富和物质财富的总和。鲍成学、刘在平认为："文明的涵义，可作狭义和广义两种解释，狭义的文明就是单纯地以人力增加人类的物质需要或增多衣食值的外表装饰。广义的文明不仅在于追求衣食住的享受而且要硕智修德，把人类提高到高尚的境界。"④ ③文明是个历史范畴。文明是在一定历史条件下产生的，它随着历史的发展而不断讲步。张广智、张广勇认为"文明"主要有三种含义：其中之一是泛指人类社会的发展史，即从原始社会"开始迄于近日的整个人类社会泛称为文明史"；其二是指"与'社会经济结构'相吻合的一个范畴"，"我们通常所讲的五种社会形态的划分是与这种含义相一致的"；其三是指"地区性文明，如历史学家那里经常沿用的'中华文明'、'印度文明'、'古埃及文明'"。⑤

上述对文明的各种理解，各有合理之处。按照历史唯物主义的观点，考察、理解和把握文明本身的关键，是要从社会的物质生产发展以及其他社会历史条件方面去具体地认识和把握文明及其产生和发展。关于文明可作这样的归纳：文明是人类社会发展到一定阶段的开化、进步状态和标志，是人类认识世界和改造世界的积极成果。同时文明也是一个综合的、多样的、历史的有机整体，作为一个有机整体，文明的发展是一个不断从低级到高级、从简单到复杂的进步过程。

5. 文明与文化

研究文明问题不能不涉及文化。"文化"一词，中国古已有之。《周

---

① 鲍成学、刘在平：《福泽谕吉与文明论概略》，中国少年儿童出版社 2001 年版，第 57 页。

② 涂大杭：《精神文明概论》，厦门大学出版社 2002 年版，第 21 页。

③ 虞崇胜：《政治文明论》，武汉大学出版社 2003 年版，第 51 页。

④ 鲍成学、刘在平：《福泽谕吉与文明论概略》，中国少年儿童出版社 2001 年版，第 57 页。

⑤ 张广智、张广勇：《史学、文化中的文化——文化视野中的西方史学》，浙江人民出版社 1990 年版，第 8 页。

易·贲卦·象传》文曰"观乎人文，以化成天下"，基本含义是"以文教化"，指以与武力征服相对待之"人文"，即人伦仪则、道德秩序去规范和化易人民于"野蛮"，使之开化和文明化的活动。直至今日中国人仍更愿意从精神化易的层面谈文化。我们今天使用的"文化"一词则是外来的语汇，文化的拉丁文是"Colere"，意思是对土壤、土地的耕耘、加工。以后，文化的概念发生巨大变化，著名学者的文化定义也有很多。罗马哲学家西赛罗曾说："智慧文化即哲学"；德国的康德说："有理性的实体为了一定目的而进行的能力之创造"；英国的泰勒认为："所谓文化或文明是包含知识、信仰、艺术、道德、法律、习惯以及其他人类作为社会成员而获得的种种能力、习性在内的一种复合整体"。①

有许多学者认为文明（civilization）和文化（culture）在许多场合是完全同义的，甚至可以互换。这种状况不仅在历史上如此——如黑格尔1830 年在柏林大学授课时就互换地使用了这两个词，② 而且直到目前也仍然如此。"例如，指一特定人类社群的共同思维和行为方式及相应的物质表现形式时，可以使用'文化'一词，也可以使用'文明'一词。我们既可以说'印度文化'，也可以说'印度文明'；既可以说'中国文化'，也可以说'中国文明'。在这里，文明与文化的语义几乎是完全相同的。"③

关于什么是文化，有学者考证竟然已经多达 200 多种的定义。那么，文明与文化究竟是什么关系呢？

在人们把自己创造的世界称为文明世界的时候，文明早已产生了，不管是古巴比伦文明还是古埃及文明，是古希腊文明还是中国古代文明，这种称呼特指那个特定区域、特定时间内当地人们创造的物质和精神文明。但古巴比伦文化、古埃及文化、古希腊文化、中国古代文化却只指上述古代文明中的一个组成部分，即文化。从这个对比角度看，文明包含的范围比文化广。

文明展示了人类社会向前发展的所有方面，所以人们才把人类社会发展称为人类文明的进步，把人类社会称为文明的社会，而没有称为"文化的社会"，显然，文化的社会只表现出文明社会的某一方面。但是，无

---

① ［英］泰勒：《多维视野中的文化理论》，浙江人民出版社 1987 年版，第 98 页。
② Ferdinand Braudel. A History of Civilization. Harmouds Worth：Penguin Press，1994.
③ 阮炜：《文明与文化》，《深圳大学学报》（人文社会科学版）2001 年第 2 期。

论文明也好，文化也好，它们具有一个共同本质，即都是人类在生产和生活中创造的。其中人的精神意识因素是文明和文化包涵的主要特征，但与文明相比，文化集中表现了特定时期人的精神内含，或把人的精神思想以物化的形式记录下来，使后人能够从中看到人类精神思维发展的轨迹，因而成为人类文明的典型表现。

文明和文化在很多情况下表达的含义是基本一致的，而且今天人们往往习惯用文化表达一切人类特有的活动，因为文化是人独有的特征。也有这样一些学者，他们认为文明包含在文化之内，是文化的一部分，甚至有人认为，文明只代表人类的一部分特征，而文化才是人的所有特征。这种对文明范畴的理解过于褊狭，文明与文化的区别关键在于，文明范畴的侧重点是人类历史进步提高的物质精神表现的总和，文化的侧重点是人类精神思维发展提高留下的物化历史，它是以物质生产发展程度为发展前提的，因而它是以文明中的物质进化部分为基础的，与文明中人类精神思维部分发生重叠，但出发点不同。正如我们说：这是一个有文化的人和这是一个文明的人，表达的意义并不相同一样，是否有文化是一个具体的事实判断，是否文明是一个综合的价值判断。

尽管文明与文化的内涵有所重合，但两者的区别表现为：所谓文明，就是人类发展进步的程度，是人类借助知识、科学等手段改造自然、完善自我的历史过程的不断体现。比如，农业文明较之游牧文明是社会发展的一个里程碑，而工业文明较之农业文明又前进了一大步；所谓文化，从狭义的角度说，是人类精神思维发展的产物，是人类对文明标志进行的各种方式的解释。包括一定社会政治与经济制度体系，也包括人们在改造客观世界、处理人际关系、调节自身情感过程中表现出来的时代特征、地域风格和民族习俗。比如，同是中华民族的传统文化，巴蜀文化不同于齐鲁文化。

文明与文化差异的根本原因在于，文明的基础是一个社会的整体存在，包括物质和精神两方面，文明范畴中的物质部分是实现文明的基础，物质文明这一部分，因为具有"文明"的成分，而与自然物质有根本的区别，它属于人类社会，为人类生产、生活服务。文明因其物质基础的不断发展而不断发展。不同时代人们的精神思维会在文化上留下永不消失的记忆，文化因其文明的物质基础的不断提高而改变自己的内容和形式，并形成自己的规律。所以，文化不但不可以涵盖文明，而且文化存在发展的基础正是文明。一个社会文化本身与精神文明绝不是两个对等体，精神文明建设更多的应该是适合物质文明建设发展方向的社会价值取向、理想道德和新观念。因此，抓好精神文明建设也绝不能由抓好文化建设来代替。精神文明也不能与物质文明相对等，他们只能是有机不可分的统一体，在实践中它们的本质是前提与基础、内容与形式的关系。更进一步讲，文明高于文化。重视社会的文明建设，首先就要重视一个社会文明的基础建设，而构成一个社会文明基础的是社会物质生产和社会政治文化的有机统一体。①

二　"乡村文明"：一个关涉乡村社会全面发展的范畴

当前在学术界还没有出现一个统一的乡村文明概念。因此，本书使用的乡村文明概念力求从多层面、多角度、多领域来理解，关涉整个乡村生活全面发展进步并在比较研究中求同存异。"乡村文明"既与新农村建设密切相关，又与新农村建设概念不同。

当前建设社会主义新农村，一个根本措施是统筹城乡发展，这是涉及我国经济社会文化生活各个方面的巨大系统工程，其中关键是要建立社会主义市场经济条件下平等和谐的城乡关系，以促进城乡经济社会的协调发展和城乡人民的共同富裕。

社会主义乡村文明则关涉到以下四个层面的问题：一是面对人类遇到的重大问题，即当资源和环境问题严重影响到人类的生存时，人类应当寻求新的发展模式或现代化模式；二是中国能否探索一种适合国情特征的超越西方工业文明，并且具有创新内容的乡村现代化发展道路和乡村文明进步模式，以便为中国的社会主义现代化的推进不断奠定基础；三是如何在当代中国农村、农业、农民问题不断积累的状况下，在传统农业向现代农业转变，传统农村向现代农村转变，传统农民向现代农民转变的过程中，处理好传统和现代的关系；四是在社会主义新农村建设的整体方略中，把农村作为工业化和现代化逐渐覆盖的领域，而避免农村的边缘化，空心化。通过乡村文明的继承、改造和创新，赋予新农村以深厚的文明内涵和特质，达到真正意义上的全面建设农村小康社会的目标。

以上四条社会主义乡村文明建设问题或命题的提出，是基于对世情、

---

① 吴楚克：《文明与跨文化新论》，中央民族大学出版社 2009 年版，第 45—50 页。

国情的考察，基于对党中央新农村建设方略的理解。

就世界各国而言，任何国家都有其发展面临的特殊性，既有历史的特殊性，又有现实的特殊性。作为世界上最大的发展中国家，中国也是如此，中国的农村在这一点上体现得尤为明显。首先，中国"人多地少"这一最显著国情就集中体现在乡村。国家统计局根据 2005 年全国 1% 人口抽样调查数据推算，2006 年年底我国大陆城镇人口为 5.77 亿，农村人口为 7.37 亿。农村人口约占全国人口的 56%，[①] 大约占世界总人口的 1/6，也就是说，世界三个农民中就有一个中国农民。其次，中国二元经济社会结构造成城乡发展不平衡、差别大，既存在与世界发达国家一样先进的现代文明城市，也存在落后的、交通及信息仍不发达还以小农经济为主的少数农村地区，并且曾经经历了几十年的计划经济体制。这些情况不但在西方国家不曾有过，就是在绝大多数发展中国家也是绝无仅有。再次，中国的传统文化在乡村根深蒂固，至今在相当一部分的乡村社区仍然生生不息，具有顽强的生命力，这一点也非常突出。最后，与乡村相对应，许多城市的发展面临着严峻的挑战。人口严重超负荷、基础设施承载能力跟不上发展要求等问题，使中国城市发展的辐射作用受到限制。这些方面决定了中国现代化特别是乡村现代化的特殊性。

乡村社会是由经济、政治、社会、文化和生态构成的一个有机整体。不论城市化、工业化如何发展，乡村社会永远都不会消失。当代乡村文明就是指社会主义乡村在现代化发展过程中经济、社会、政治、文化、生态各方面的全面进步，是物质文明、社会文明、政治文明、精神文明和生态文明的全面构建。是农村经济社会发展过程中农村居民在创造出日益增多的物质财富的同时，不断地增强认识世界的能力，促进科学、技术和人们思想道德水平的提高，建设有序的生态运行机制和良好的生态环境，从而形成的乡村社会全面发展与进步的状态。具体来说，就是人们在改造客观世界的实践活动中形成的有益成果，表现为物质生产方式和经济生活的进步，即物质文明；社会保障、社会管理、社会运行方面的健全机制，在社会交往和日常的社会世俗生活中的沟通和协调状态的发展，即社会文明；在改造客观世界的同时改造主观世界，形成的有益成果，表现为精神生活

---

① 张毅：《国家统计局：我国农村人口占总人口 56%》，《上海证券报》2007 年 10 月 3 日第 4 版。

的进步即精神文明；在政治实践活动中形成的有益成果，表现为政治生活的进步即政治文明；同时，在乡村社会全面发展过程中环境保护和维护生态平衡形成的有益成果，表现为生态文明。"五个文明"互为条件、互为目的、互相促进，这可以被看做是整个人类社会文明发展的普遍规律。因此，乡村文明的实质是乡村物质文明、社会文明、政治文明、精神文明和生态文明全面发展的文明，是乡村五个文明之间互相促进、共同发展的有机整体。"乡村文明"是当代乡村社会发展的进步形态和客观要求。

三　社会主义"乡村文明"是对传统"农业文明"的继承与超越

社会主义文明作为人类社会文明进程中不可逾越的辉煌阶段，既包括高度的物质文明、精神文明，也包括高度的社会文明、政治文明和生态文明。我国初级阶段的社会主义文明建设，同样要经历由低级向高级的若干个发展阶段，在传承基础上发展，不可能一蹴而就。因而社会主义文明建设也面临着从时代特征和国情实际出发进行科学定位的问题。如何进一步推动乡村经济社会全面发展，在城市化快速发展的同时推动社会主义乡村文明建设，这是体制转型期社会主义制度建设和文明建设给我们提出的基本任务。

1. 传统"农业文明"的基本特征

传统中国是一个古老的农业社会，这个沿袭了几千年传统的农业社会至今仍然对当代乡村社会的发展产生着影响。古代的中国是一个封闭的经济体系，绝大多数人口生活在乡村。生产单位是家庭，自给自足，世代相传。观念形态上重农抑商。价值形态上讲究尊古崇老，追求内圣外王。伦理上注重人伦关系和谐，讲究尊尊亲亲，社会等级制度分明。政治上是典型的皇权专制。需要指出的是，家庭在古代中国社会中担负着特殊的职能，在一定程度上，政治、经济、文化功能都通过家庭这个社会细胞体现出来。[①]

（1）传统农业文明的经济特征

所谓传统农业就是指自然经济的农业。自然经济与现代经济的根本区别在于是否市场化或商品化。市场化或商品化是现代工业文明的内在动力

---

①　李江涛：《当代文化发展趋势研究》，中央编译出版社 2009 年版，第 149 页。

机制，自然经济则不具备这个机制。由于生产的机制或动力不同，于是由生产方式决定的文化精神也就不同。自然经济条件下由于小农经济的规模小，生产率低，在满足基本消费以后，能够用来交换的剩余产品已很有限，所以商品化率很低。只要小土地私有制存在，自给自足的生产方式就不会消失，小富即安就是这种生产方式的逻辑结果。中国的小农经济制度是以井田制为基础的乡里共同体农耕制度，以区域封闭性和血缘关系为基础。在这个封闭的区域内，人们"死徙无出乡，乡田同井，出入相友，守望相助，疾病相扶持，则百姓亲睦"。① 由于中国地大物博，气候条件适宜农业生产，加之四周是高原、沙漠和大海，与外界信息交流不畅，使中国的农业社会延续长久，同时也阻碍了中国农业社会的进一步发展。

（2）传统农业文明的政治特征

中国封建社会的政治制度是由族权、神权和皇权构成的封建宗法制，这其中皇权专制超越了其他民族，在封建宗法制下，人与人之间等级森严。而这种等级地位不是由财产和个人能力决定的，它取决于先天命定的宗族血亲关系。这个特征虽然在自然经济社会中都或多或少地存在，但是在中国却尤为突出。统治阶级为维护宗法制度而构建了一套完备的礼制，即儒家所强调的三纲五常。经过长期的宣传和教化，中国的宗法礼制已经深入到了社会生活的各个层面，成为中国传统文化的主要内容。当然这本身也构成中国农业文明时代的文化特征。在中国，神权和族权都必须服务于皇权，否则就会受到皇权的打击。其根本原因在于数量庞大的小农经济。

（3）传统农业文明的文化特征

经济和政治制度是文化精神的基础。中国古代的文化精神以儒学的忠、孝、仁、义为核心，其根本特征是将政治礼教伦理化，力图使人对封建宗法制的服从变成一种习惯性的道德自觉。具体说中国古代农业文化具有如下特点：

重人轻物。在中国文化中，人始终是世界的中心。中国文化自诞生起，就对人生的价值目标和意义进行阐释，重点在于培养人的心性。因此，它既缺乏西方那种强烈的宗教情怀，也缺乏科学的探索精神。

重道轻器。就是重视精神，轻视物质，具体的表现就是重义理、轻利

---

① 任火：《论农业文明中的人格特征》，《广西大学学报》1994 年第 1 期。

益，重社会、轻自然，重名节、轻身体，重主观、轻客观，重品德、轻才能等。

经世致用。与西方思辨哲学特点不同，中国文化具有浓重的现实精神。中国文化所推崇的道，是现实生活中关于人与人、人与社会之间伦理关系的理论概括，实际上就是忠孝节义、三纲八目等伦理规范。这些规范直接指导和制约着人的行为。其中一个突出表现就是对现实政治的关注。儒家教导人们学而优则仕，以从政做官来实现自己治国平天下的宏愿。另一个突出的表现和作用就是教导做不了官的平民百姓，以伦理纲常来约束自己的行为，达到社会的和谐与统一。为了实现经世致用的目的，中国传统文化尤其重视教育。

经验至上。由于先王崇拜和祖宗崇拜一直贯穿于中国历史，崇古唯上便是人们行动的准则，所以人们重视经验，轻视创新。由此也特别尊重老人，忤逆不孝就要受到社会的谴责。

压抑个性。中国传统文化主张天人合一、天人和谐。这里的天不仅是指外在的自然界，根本的是指社会现实，以及构筑这个社会现实的伦理准则，从而要求人们的行为和思想符合现实政治，符合政治现实所需要的伦理规范；传统的农业生产也需要统一协调，只要依据世代相传的生产经验就可以进行生产，根本不需要个性和创新。

政道合一。中国传统的文化高扬主体意识，关注政治现实，是与个人的道德修养紧密地结合在一起的。修身是为了治国平天下，而能够治国平天下者必然是有德行的人，也就是说讲道德是为了实现政治抱负，而政治也被赋予道德之中。

2. 新中国成立以来中国乡村社会的历史变迁

（1）新中国成立以前乡村社会的基本特征

从近代至新中国成立之前，中国乡村社会的发展是缓慢的，一直没有脱离从老祖宗那里经过几千年传承，祖祖辈辈以相同方式耕种同一块土地的耕作模式，农村及农民生活的封闭性、固定性以及农民对土地的依附性千百年没有改变。靠种地谋生的农民世代居住在一个地方，按自己的习惯生活，逐渐形成一个熟人社会。"血缘是稳定的力量，在稳定的社会中，地缘不过是血缘的投影，不分离的。"① 在乡村社会，血缘组成了亲属的

---

① 费孝通：《乡土中国》，上海人民出版社 2007 年版，第 66 页。

网络，地缘构成了人们认同的基础，即五里不同风，十里不同俗。乡村的运行体制基本上属于一种乡绅管理体制。所谓乡绅是一个介于政府与农民之间的阶层，他们在乡村被认为是有文化、有地位的人，他们对上了解政府意图，对下又熟悉乡村情况，调节着政府与村民、乡村内部与外部的关系，发挥着中间阶层的缓冲作用。换句话说：乡绅其实发挥着一种替政府管理乡村的作用。在这种特殊的地缘结构中，乡村在国家意志主导的大前提下，基本处于"自治"状态。自治的主要依据是传统规则的"礼"，社会秩序主要靠家族式的教化以及约定俗成的礼仪规范（即所谓村规民约）来规制。剧烈的社会变革（如战争）虽然会在一定程度上影响村庄的结构，使村庄内部关系和对外联系发生变化，但乡村传统的制度并没有完全消失，因为农民还有自己赖以生存的少量土地，加上传统的生产方式、信息闭塞，乡村的封闭性仍然十分明显，乡村社会变革的速度缓慢。① 农民依旧世世代代地重复着近似的生产和生活。费孝通将这种生活总结为"中国社会是乡土性的"，乡土是中国乡村的底色。

实际上，马克思在 19 世纪中叶考察东方社会的特征时就指出，村社制度是东方社会的基础，这种制度抹杀人的任何创造性，使人们被限制在一个互不往来的狭小圈子里，无论这种自然形成的村社组织在历史上遇到多大的破坏，都会不断地再复制出来。

新中国成立以后，中国乡村社会发生过两次转型。一次是 20 世纪 50 年代乡村社会强制性的制度变革；另一次是始于 20 世纪 70 年代末，至今仍在进行的乡村社会的体制转型。这两次社会转型使中国乡村社会发生了天翻地覆的变化。

（2）改革开放前乡村社会的制度变迁

新中国成立后，中国共产党迅即进行了声势浩大的土地改革和农业合作化运动，从根本上废除了在乡村的宗族、士绅、乡保甲体制，建立乡、镇人民政府，逐步完成了对乡村的新政权建设，使得"旧的国家政权——士绅或地主——农民的三角关系被新的国家政权与农民的双边关系取代了"。② 但是，由于空想社会主义思想的影响和缺乏经验与条件的急于求成，在后来的人民公社化运动中几乎使新中国成立初期农村新政权建

---

① 徐勇、徐增阳：《流动中的乡村治理》，中国社会科学出版社 2003 年版，第 46—49 页。
② ［美］黄宗智：《长江三角洲小农家庭与乡村发展》，中华书局 2000 年版，第 173 页。

设时的努力失于一旦。在"一大二公"的公社体制下，公社代表国家对乡村社会实施了全面控制，从生产生活到思想意识实行类似于军事化的管理，将乡村社会直接纳入国家管理体系和行政领域。无所不在的行政关系取代了血缘、地缘关系而成为主要的社会关系，乡村治理秩序由"礼治"变为"理治"，即依靠社会理想及论证这一理想合理性的理论进行治理。① 这种"理治"以国家政权的力量为基础，使乡村经济体制历经数次变革。先是经过土改将土地分配给农民，创造出无数单家独户的小农；后经过农业合作化运动，终结家庭为单位的生产状态，走集体化农业道路。经过大跃进运动，人民公社在本质上成为了一种替代传统村落的制度模式，逐步形成了高度集中的计划经济体制。这种经济制度的变革彻底改变了农民原有的土地观念。原来以土地为生的农民，对土地有很深的感情，土地是农民的生计和心理支撑，即使一个"中原去的人，到了最适宜放牧的草原上，依旧锄地播种，一家家划着小小的一方地，种植起来；真像是向土里一钻，看不到其他利用这片地的方法了"。② 然而农业集体化以及人民公社化的开展，把土地从神坛上拉回到现实生活中，人们不再敬畏土地，土地对农民失去了其亲切感和约束力，几千年形成的土地观念荡然无存；在文化领域，土地改革和人民公社化运动有力地清除了封建文化和乡村的宗（家）族文化，民族的科学的大众的文化成为主流，农民的思想被高度统合到社会主义主流意识形态之中。

我国乡村社会的第一次制度变迁，即人民公社化运动，彻底改变了传统乡村社会的内在结构和社会生态，影响了乡村社会的价值取向和伦理道德，也改写了农民的行为准则和生活方式，使得乡村社会的发展向着社会主义的理想和价值观念转变。

历史上的中国本就存在巨大的城乡差别。新中国成立以后所实行的一系列制度和政策措施不仅没有消除这种二元结构，反而强化了这种二元结构。20 世纪 50 年代初，因为粮食生产能力低下、粮食供应紧张等种种原因，中央出台了粮食统购统销和市镇粮食定量供应等一系列措施。随着户籍制度的建立和逐步完善，国家又进一步人为地把中国公民划分为城镇居民和农村居民两个相对独立的户籍管理板块，随之相配套的劳动就业、社

---

① 徐勇：《乡村治理与中国政治》，中国社会科学出版社年版 2003 年版，第 204 页。

② 费孝通：《乡村中国　生育制度》，北京大学出版社 1998 年版，第 6 页。

会保障、教育和干部人事制度等的建立和完善，则使城乡二元结构和城乡隔绝状态进一步得以制度化和固化。

（3）改革开放以来乡村的体制转型和发展

党的十一届三中全会以来，以邓小平为代表的党中央根据当时中国和世界局势的特点和发展趋势，提出了适合中国社会特别是乡村社会的改革方略。邓小平认为：中国农村改革"总的说就是搞责任制，抛弃吃大锅饭的办法，调动农民的积极性"，[①] 而调动农民的积极性，就是要"给农民自主权，给基层自主权"。[②] 邓小平的这个思想使中国农村社会发生了历史性变化。

第一，实施和推广包产到户、包干到户的家庭联产承包责任制代替人民公社制，放松农村生产管制，使农民的生产积极性得以充分发挥。许多地区的农民不但很快解决了温饱，而且还有了剩余产品，乡村商品经济得以发展，为我国从计划经济向社会主义市场经济的转变开了先河。

第二，1983 年中央在 1 号文件中，再次强调要帮助搞好农业产业结构调整，促进农村经济向专业化、商品化、现代化方向发展。农村家庭生产责任制和农业产业结构的调整，使农村劳动力的区域流动具有了可能，为乡镇企业创造了非常有利的条件。同时，乡镇企业的发展促进了乡村社会分化过程，使农村社会从简单的社会结构向近似现代社会的社会结构转变，从而进一步影响了乡村社会传统生活方式和价值观念。大多数务工的农民开始追求更高层次的生活，现代意识、新观念、新时尚首先由他们引入乡村，得以扩散和传播。

第三，建立村民自治体制。村民委员会是村民自我管理、自我教育、自我服务的基层群众自治性组织，村民通过村民会议行使自治权。村民委员会负责管理本村集体所有制的土地及财产，组织村民发展经济、处理本村公共事务、兴办公共事业、调解民间纠纷、协助维护公共秩序和社会治安以及代表本村村民向政府提出意见、建议和要求，维护村民的合法权益。[③]

改革开放以来，一系列农村改革政策的实施，标志着中国正在寻找一

---

① 《邓小平文选》（第 3 卷），人民出版社 1993 年版，第 117 页。

② 同上书，第 238 页。

③ 柳敏和、郑建敏：《略论邓小平与 20 世纪八九十年代中国农村社会的变迁》，《历史教学》2007 年第 9 期。

条适合中国国情，适应中国农业和农村生产力发展水平的道路，这条道路使中国封闭的乡村社会开始走向开放，整个乡村社会充满生机和活力。这一切均为今天的中国特色社会主义乡村文明建设奠定了基础。

3. 当代中国"乡村文明"应该是传统与现代的融合

人们推进文明的进程，并不是随心所欲的，而是在既定的、从过去承继下来的历史条件中进行的。因此，人们要回避传统的社会政治经济文化因素也是不可能的，只有在社会经济发展和科学技术进步中不断改造它、变革它，才能不断地创新文明。社会主义的乡村文明，是在社会主义条件或社会主义制度下，以一定时期乡村经济发展为基础，社会全面进步为标志的乡村进步状态。建设社会主义的乡村文明就是指人们在改造客观物质世界的同时，不断克服改造过程中的负面效应，在乡村现代化进程中积极改善和优化人与自然、人与社会、人与人的关系；建设有序的物质、社会、政治、精神、生态方面成果的总和。但是我国乡村文明的构建同样面临着如何对待乡村社会中传统与现代的关系问题。在乡村社会的现代化发展过程之中，传统因素与现代因素的冲突表现得十分明显。传统的以亲缘、血缘为纽带的乡村结构不能适应市场经济和现代化发展的需要，农业文明溃败、乡土文化"断裂"、新的乡村价值观尚未确立，这种文化与价值观的失序是当代乡村文明建设过程中尤其值得我们反思的地方。

就像现代化的发展不一定伴随着传统消失一样，传统社会的瓦解也并不意味着现代社会的到来。艾森斯达德提出"后传统社会"概念，认为"人们已经抛弃了存在已久的生活方式和信仰，但又没有出现在理性的社会分层基础上的社会角色，也没有采用新的科学技术"，[①] 这就是通常我们所说的社会转型期或过渡期。中国的乡村社会正经历着一个新的体制转型过程，其中国家的经济政治体制改革是促使这种变化产生的主导力量。

尽管新中国成立以后，乡村社会变化巨大，但是在现代化过程中，处于体制转型期的中国乡村社会，依然受到较长历史时期形成的传统的支配，其中包括比较稳定的制度、生产方式或精神和行为方式。而且中国几千年的农业文明和乡村文明是中国人民几千年积累的经验和智慧的结晶，这种独特的文明模式不仅在历史上有存在的价值，就是在今天以及未来仍

---

① ［美］米格代尔：《农民、政治与革命：第三世界政治与社会变革的压力》，中央编译出版社1996年版，第157页。

有存在价值，就像人类基因的传递一样，人类文明的传承是潜在的、有选择地继承的。比如，在乡村经济改革中建立的现代性契约关系并没有完全取代传统型的血缘关系而成为乡村的唯一社会关系。以家族为例，家族文化作为中国传统文化的一个组成部分，在中国乡村的现代化过程中仍然表现出了很强的适应性，它没有如现代化理论所预料的那样，作为传统文化的一部分被消解掉。事实表明，尽管传统与现代在人们的习惯、信仰、社会制度和物质生产方式上存在着明显的差别，但是它们也是可以共存的。更进一步讲，现代性必然是建立在传统基础之上的，决不存在完全抛弃传统的社会进步。① 因此，当代中国乡村文明的形成绝不是一个消极替代传统的过程，乡村文明需要在发扬传统功能的基础上，适应现代化要求而做出必要调整。要从当前社会主义乡村的现实生活环境出发，既考虑到当代农民多方面的需求，又适应现代化社会对乡村经济、政治、社会和文化大变革的需要，建设既保留优秀传统，又符合现代文明要求的当代中国乡村文明。

第二节　建构"乡村文明"的理论视野

文明是人类在征服自然、改造社会、提高自身的过程中创造出来的积极的物质精神成果。因此，文明是人类社会发展与进步的整体体现，是人类本质力量的展现。从发展进程看，文明前进、社会进步、人类发展三者息息相关。人们通过发挥自身的本质力量，推进生产力与生产关系，经济基础与上层建筑的调整，提高人们社会生活的质量和水平，达到推进人类发展的目的。在这个过程中，人、自然、社会相互作用，显示了文明进化与社会发展的一般规律。

尽管全面阐述"乡村文明"的学术成果并不多见，但是如果把"乡村文明"解析为"社会主义文明"视阈下的"乡村建设"或者"新农村建设"中的"文明"进步，则可以找到许多相关理论支撑。本书有意以此为立论基础对"乡村文明"进行理论建构。

---

① 刘瑾：《农村社会变迁研究中的传统与现代》，《西北工业大学学报》（社会科学版）2003 年第 12 期。

一　中国特色社会主义文明理论体系

社会主义文明是在对资本主义文明批判继承基础上形成的，是一个以社会主义制度文明为标志的进步文明形态，是世界文明体系中的一个独特分支。我国的社会主义文明，实行生产资料公有制为主体、多种经济成分共同存在和发展的基本经济制度，目的是从根本上保证社会生产力的健康快速发展；坚持人民当家做主的基本政治制度，目的是充分调动人民群众的积极性和主动性；坚持马克思主义的主导地位，保证积极向上的社会风气和文化氛围；坚持以社会公平和公正作为自己的价值目标，以保证社会的全面进步与发展。

从 1978 年实施改革开放政策开始，在 30 多年的实践过程，是我们党摸着石头过河，不断探索中国特色社会主义建设规律的过程。新时期社会主义文明建设从"两个文明"一起抓到"三个文明"协调发展，再到"四个文明"全面协调发展，再进而提出"五个文明"全面统筹，说明了我国社会主义现代化建设正日益完善，也更加切合我国实际。社会主义文明建设理论的提出和完善的过程，也深刻揭示出中国特色社会主义建设规律是一个不断深化和升华的过程。

马克思、恩格斯说过："一切划时代的体系的真正内容都是由于产生这些体系的那个时期的需要而形成起来的。所有这些体系都是以本国过去的整个发展为基础的。"① 同样，中国特色社会主义文明体系正是建立在我国长期形成的基本国情和适应当前现代化建设的需要而逐渐形成的，它的形成对推动中国特色社会主义现代化建设事业和人类社会文明的发展都有重大的现实指导意义。

1. 中国特色社会主义文明体系的形成

十一届三中全会以后，以邓小平为核心的第二代中央领导集体从新中国成立以来社会主义建设正反两方面的经验教训出发，明确提出一手抓物质文明、一手抓精神文明，两手抓、两手都要硬的战略方针。邓小平指出："我们的国家已经进入社会主义现代化建设的新时期。我们要在大幅度提高社会生产力的同时，改革和完善社会主义的经济制度和政治制度，发展高度的社会主义民主和完备的社会主义法制。我们要在建设高度物质

---

① 《马克思恩格斯全集》（第 3 卷），人民出版社 2002 年版，第 544 页。

文明的同时，提高全民族的科学文化水平，发展高尚的丰富多彩的文化生活，建设高度的社会主义精神文明。"①以邓小平为核心的第二代中央领导集体以建设中国特色社会主义总体布局为基本，把"两个文明"与中国特色社会主义结合起来，初步构建了中国特色社会主义文明体系。

十三届四中全会以来，党的第三代领导集体继续坚持"两个文明"建设思想，同时提出建设高度的社会主义政治文明。2002 年"5·31"讲话中江泽民指出："发展社会主义民主政治，建设社会主义政治文明，是社会主义现代化的重要目标。"② 这是我们党第一次正式提出"社会主义政治文明"概念。同年，江泽民在考察中国社科院时提出建设中国特色社会主义必须是政治文明、物质文明和精神文明协调发展。随后，党的十六大将社会主义政治文明建设确定为全面建设小康社会的重要战略目标之一。"三个文明"协调发展，拓展了中国特色社会主义文明体系，是对中国特色社会主义文明建设理论的发展。

十六大以来，以胡锦涛为总书记的党中央顺应历史发展和时代变化要求，在坚持"三个文明"协调发展基础上，提出和谐社会建设以及以改善民生为重点的社会建设（即社会文明建设，此处是指狭义的社会文明)③ 和生态文明建设的重要目标。2004 年 9 月，十六届四中全会提出了构建社会主义和谐社会的任务和主要内容。2006 年 10 月，十六届六中全会进一步指明了构建社会主义和谐社会的指导思想、目标任务、工作原则和重大部署。2007 年 10 月，党的十七大又一次强调构建社会主义和谐社会的重要性，并对以改善民生为重点的社会建设作了全面的规定。党的十七大报告指出："建设生态文明，基本形成节约能源资源和保护生态环境的产业结构、增长方式、消费模式。"④ 对如何建设生态文明提出明确要求。至此，中国特色社会主义的总体布局，就由物质文明、精神文明、政治文明"三个文明"深化拓展为包括社会文明和生态文明建设在内的

---

① 《邓小平文选》（第 2 卷），人民出版社 1994 年版，第 208 页。

② 江泽民：《论有中国特色社会主义》，中央文献出版社 2002 年版，第 304 页。

③ 社会文明有广义和狭义之分，广义的社会文明是指物质文明、政治文明、精神文明、生态文明和狭义社会文明的有机统一。而狭义的社会文明是指与物质文明、政治文明、精神文明、生态文明相并列的文明，是社会建设的积极成果（见于建荣《中国特色社会主义社会文明研究》，中央文献出版社 2007 年版，第 13 页。）

④ 胡锦涛：《高举中国特色社会主义伟大旗帜 为夺取全面建设小康社会新胜利而奋斗》，人民出版社 2007 年版，第 20 页。

"五个文明"，由此构成了中国特色社会主义的文明体系。①

中国特色社会主义文明体系的提出与形成，恰恰体现了文明的渐进过程。20 世纪 80 年代，当中国 8 亿人口的温饱还没有解决的时候我们党提出"两手抓两手都要硬"的战略；在我国已实现了国民生产总值翻两番的目标后，我们党提出了"政治文明"发展目标。从我国政治发展历程来看，我国的政治文明早在终止以"阶级斗争为纲"、为新中国成立以来历次政治运动受害者平反就已开始。时至今日，从国家公务员制度的建立，到依法治国方略的提出，政治文明已渗透到改革开放的全过程。当今我国已进入全面建设小康社会阶段，人均国民收入达到 3000 美元，我们党又提出了社会文明和生态文明建设，这充分证明了文明的进步是社会物质生产发展到一定程度的必然要求，是任何力量都阻止不了的。

按照马克思 1859 年在《〈政治经济学批判〉序言》中对唯物主义历史观经典表述时的观点，"物质资料的生产方式制约着整个社会生活、政治生活和精神生活的过程"。② 人类文明的逻辑框架在现实性上应该是物质生活、社会生活、政治生活和精神生活这一顺序；人类文明的逻辑框架在叙述结构上则可以将物质生活和精神生活这个起点和终点安排在一起。由此，人类的文明建设理应由物质文明、社会文明、政治文明、精神文明和生态文明组成。应该看到，前四个文明与社会制度的选择有直接关联，而生态文明要纳入制度范畴就必须要做出说明，即社会主义生态文明应该是：自觉地把人类文明进步建立在科学处理人与自然的关系的基础上，为人类进步和未来发展提供更为广阔的时空条件。我国社会主义文明体系就是根植于马克思主义的基本原理。

2. 中国特色社会主义文明理论体系的构成及其相互关系

中国特色社会主义建设是由经济建设、社会建设、政治建设、文化建设和生态文明建设组成的有机整体，与此相对应形成了由物质文明、社会文明、政治文明、精神文明和生态文明所组成的中国特色社会主义文明体系。

根据社会主义的本质，以社会主义的根本价值追求——共同富裕为依据，我们对人类文明做出了社会性质的界定。我们相信，只有以共同富裕

---

① 陈德钦：《论中国特色社会主义文明体系的建构》，《学术论坛》2009 年第 9 期。
② 《马克思恩格斯选集》（第 2 卷），人民出版社 1995 年版，第 32 页。

为价值选择的社会主义，才能真正实现人类文明的不断飞跃，我们还相信，我们选择的是人类文明的必由之路和历史趋势，无论在具体形式和实现路径上有多么不同。

社会主义物质文明是指经济领域发展进步的状态与成果，它主要指生产、生活方式的文明。具体包括生产力的状况、生产条件（包括工具和其他劳动资料）的状况、生产规模、社会物质财富积累程度、人们物质生活水平等方面。社会主义社会文明指社会领域的进步状态与成果，它包括社会生活、社会关系、社会意识、社会环境和社会管理的文明。社会主义政治文明是指政治领域的进步状态与成果，包括政治制度、政治意识、政治行为等。发展社会主义民主，建设社会主义政治文明，是中国特色社会主义现代化建设的重要目的之一。社会主义精神文明主要是指文化领域发展进步的状态与成果，它包括思想道德建设和教育科学文化建设。社会主义生态文明指生态领域的进步状态与成果，它既包括对工业文明形态进行深刻反思和探索的认识成果，也包含在发展物质文明中保护和改善生态环境的实践成果，集中的表现为人与自然和谐程度的提高和人们生态观念的增强。它反映人类处理自身活动与自然界关系的进步程度，是标志人与社会进步程度的重要指标。①

物质文明是其他四个文明的物质基础。精神文明为物质文明提供精神动力和智力支持，政治文明为物质文明提供制度保障，社会文明为物质文明提供社会条件；生态文明为物质文明、社会文明提供良好的生态环境，为政治文明、精神文明提供良好的生态基础，社会文明为建设生态文明提供社会条件，政治文明为生态文明建设提供政治保障，精神文明为生态文明提供智力支持和精神动力。更进一步讲，社会文明是以精神文明为支撑的，是政治文明的社会条件，政治文明是社会文明的制度和政治保障；精神文明要以社会文明为基础，同时精神文明为政治文明提供思想引导、精神动力和智力支持，政治文明是精神文明的政治支撑。总之，这"五个文明"构成了中国特色社会主义现代文明系统，统一于社会主义现代化建设的实践，共同受人类社会发展规律和社会主义建设规律的制约。"五个文明"既各自独立、相互区别，又辩证统一、不可分割。

---

① 陈德钦：《论"五个文明"的内在关系结构》，《科学社会主义》2009年第2期。

二　新乡村建设理论

基于中国农业大国的国情，新乡村建设是近现代以来中国历史上许多仁人志士梦寐以求的夙愿。新乡村建设的具体提法与新农村建设概念稍有不同：新农村建设是一个基于农村经济社会发展的现代命题，而新乡村建设则是一个基于农村、农业、农民发展的经济社会文化生态的综合性历史命题。

建设新乡村在我国并不是一个新话题。20 世纪 30 年代，著名教育家晏阳初、现代思想家梁漱溟等学界精英，就开始进行了以教育农民为核心的新乡村建设实验，但由于社会动荡，连年战争，这种新乡村建设实验，只能不了了之。20 世纪 50 年代，中国共产党在取得政权之后随即提出了建设新农村的构想，但由于受"左"的思想的影响以及优先发展重工业的战略方针，当年的新农村建设并未取得实质性进展。党的十六届五中全会审议通过的《中共中央关于制定国民经济和社会发展第十一个五年规划的建议》，从社会主义现代化建设出发，提出了继续把解决好"三农问题"作为全党工作的重中之重，实行工业反哺农业、城市支持农村，推进社会主义新农村建设的要求，再次把建设社会主义新农村作为一项战略决策提出来，尽管提法大体相同，但与前两次相比，这一次建设社会主义新农村具有更鲜明的时代特征和更完整的理论思路与保障措施。

1. 社会主义新乡村建设的时代要求

改变乡村建设明显滞后于城市的局面，全面推进乡村经济社会的发展进步，是全面建设小康社会最艰巨的任务。国际现代化经验表明，工业化、城市化进程中较为普遍地伴随着农业的衰落和农村的凋敝。我国长期实行的农业支持工业、农村支持城市的倾斜政策，使农业和农村日渐萎缩和萧条，农民的生活困苦。近年来，我国国民经济持续快速增长，工业化步伐明显加快，城市发展日新月异，但在居民的人均收入、人均享有的公共产品和公共服务、基础设施建设等方面，城乡之间却出现巨大差距。到21 世纪初，"三农"问题已演化为影响整个国民经济社会和谐发展的瓶颈。针对这种情况，党中央明确"多予少取放活"和"两个反哺"方针，并出台一系列支农惠农政策措施。2005 年中央"一号文件"指出的："必须清醒地看到，农业依然是国民经济发展的薄弱环节，投入不足、基础脆弱的状况并没有改变，粮食增产、农民增收的长效机制并没有建立，制约农业和农村发展的深层次矛盾并没有消除，农村经济社会发展明显滞后的局面并没有根本改观，农村改革和发展仍然处在艰难的爬坡和攻坚阶段，保持农村发展好势头的任务非常艰巨。"① 只有切实推进建立有利于逐步改变城乡二元经济结构的体制，加快农业、农村发展和农民增收，促进农村经济社会全面进步，才能在21世纪头20年如期实现全面建设小康社会的宏伟目标。

我国现在总体上已经进入到了以工促农、以城带乡的发展阶段。顺应这一趋势，我们应当更加自觉地调整国民收入分配格局，集中力量支持"三农"发展。特别是中共十七届三中全会开启的破除城乡二元结构、构建城乡经济社会发展一体化、奋力开创社会主义新农村建设崭新局面的改革，是改革开放以来乡村的又一次大变革。全会决定：要大力推进改革创新，加强农村制度建设，包括农村土地管理制度建设、现代农村金融制度建设、促进城乡经济社会发展一体化制度建设、农村民主管理制度建设等；要积极发展现代农业，提高农业综合生产能力；要加快发展农村公共事业，促进农村社会全面进步；要加强和改善党的领导，为推进农村改革发展提供坚强政治保证等。这标志着中国乡村社会面临着一个崭新的发展时代。

2. 近代以来的乡村建设理论

中国的乡村建设起始于20世纪二三十年代的乡村改造运动，它是当时旧中国的一批知识分子和仁人志士在半殖民地、半封建社会条件下所进行的社会改良运动，以求对旧中国"救亡图存"，但终究归于失败。新中国的成立使乡村建设派所追求的目标理想变成了现实。

20世纪50年代中期，我国农村社会主义的改造和第一个五年计划完成以后，1957年10月，中共中央公布《1956年到1967年全国农业发展纲要（修正草案）》，第一次在党的文献中提出了"建设社会主义农村"的任务。党在农村开展的社会主义教育运动、人民公社化运动、农业学大寨运动等莫不是探索社会主义新农村建设的尝试。虽然没能最终找到建设社会主义新农村的正确道路，但其历史功绩不可低估。

20世纪80年代初，我国开始了以农村土地制度改革为中心的经济制

---

① 《中共中央、国务院关于进一步加强农村工作提高农业综合生产能力若干政策的意见》，2006年2月22日，中央政府门户网站（http：//www.gov.cn）。

度改革及乡村利益格局的重构，以提高农户和村集体生产经营能力为出发点，发展现代农业、乡村企业及小城镇建设，并与乡村治理结构改革（撤销人民公社三级体制、恢复和重建乡镇人民政府、实行村民自治制度等）结合在一起，奠定了我国乡村建设总体小康的制度基础和物质条件，造就了以全面小康为特征的新农村建设的新起点。

21 世纪初，我国启动了"全面建设惠及十几亿人口的更高水平的小康社会"战略。为扭转工、农业发展失衡，城乡发展不协调局面，我国相继提出统筹城乡、城乡一体化发展战略，出台了一系列"三农"新政，推动了以城乡居民享有基本平等权利为中心的新一轮制度创新，如城乡户籍制度、就业制度改革，失地农民社会保障制度、新型合作医疗制度和农村免费义务教育等，这些改革为农民享受平等的国民待遇和公共福利提供了体制和制度上的保障；同时，我国还通过取消农业税，对农民进行粮食直补、良种补贴、购买农机补贴等"三农"新政策，为新乡村建设拓宽了投资渠道。这一次的新乡村建设，是工业反哺农业、城市支持农村的转折点，是对我国实际上长期形成的"一国两策、城乡分治"体制和政策的矫正。

总之，中国新乡村建设是在统筹城乡和工业反哺农业、城市支持农村的大背景下，对农村经济、政治、文化、社会、生态建设的总称。它既是对近现代以来中国乡村建设和发展理念的继承和弘扬，又是对乡村建设学派救济乡村运动的超越。它承接着改革开放以来实现温饱的努力和发展成果，是建立在初步工业化和总体小康基础之上，将农民作为平等主体共享现代化成果的乡村文明建设的进步。[①]

3. 社会主义新农村建设的理论思路

十六大以来，党中央多次强调"三农"问题的重要性，并明确提出了建设社会主义新农村的总要求和总目标，即生产发展、生活宽裕、乡风文明、村容整洁、管理民主。这二十字的发展目标，内涵丰富，包含了农村经济、政治、文化、社会和生态建设，不仅勾画出社会主义新农村的美好图景，而且提出了解决"三农"问题的基本思路，是我们党在当前和今后一个时期指导社会主义新农村建设的总纲领。

生产发展，是指新农村建设在产业发展上要有新突破。要有效解决

①　温铁军：《新农村建设理论探索》，文津出版社 2006 年版，第 77 页。

"农业基础薄弱、农民增收缓慢、农村公用事业落后"的现实问题，必须坚持以经济建设为中心，以发展生产为根本任务。只有不断解放和发展农村生产力，不断增强农业和农村经济的实力和竞争力，才能为农村社会的全面进步和农民全面发展奠定物质基础，也才能确保7亿农民能够共同参与发展的机会，提高发展水平，分享发展成果。这既是社会主义的本质要求，也是社会主义新农村建设的根本任务。

生活宽裕，指坚持以农民利益为根本出发点和落脚点。要把实现农民增收，提高农民生活水平和质量，作为建设社会主义新农村的根本目的。农民增收问题，是解决"三农"问题的难题，也是社会主义新农村建设的难点所在。只有农民收入上去了，衣食住行等生活条件改善了，生活水平提高了，广大农民才能更多地享受现代文明，以真正达到共同富裕、实现社会公平的目的。

乡风文明，是农民素质的反映，体现农村精神文明建设的要求。乡风文明从本质上来说涵盖农村教育环境、乡风民俗、生活方式、人际关系、文化氛围、道德风尚、价值取向、法制观念、社会治安等多方面内容，它既是社会主义新农村在经济、政治、文化等各方面建设成就的外在体现，更是对社会主义新农村精神、文化层面的内在要求。

村容整洁，是展现农村新貌的窗口，是实现人与环境和谐发展的必然要求。它不仅表现为村容村貌的整洁和乡村建设规划等硬件设施的建设上，还包括农民不良生活习惯的改变、人居环境明显改善、农民安居乐业的景象。这是新农村建设最直观的体现。

管理民主，就是强调扩大农村基层民主，搞好村民自治，健全村务公开制度，开展普法教育，确保广大农民群众依法行使当家做主的权利。胡锦涛在省部级主要领导干部建设社会主义新农村专题研讨班开班式上的讲话中强调："社会主义新农村建设是一个前无古人的事业，需要亿万农民群众的广泛参与，只有进一步扩大农村基层民主，完善村民自治制度，真正让农民群众当家做主，才能调动农民群众的积极性，真正建设好社会主义新农村"。[1] 这是对"管理民主"的最好诠释。

事实上，"生产发展、生活宽裕、乡风文明、村容整洁、管理民主"

---

[1]　本书编写组：《建设社会主义新农村若干重大问题解读》，红旗出版社2006年版，第155页。

五个方面的目标，都曾在各个历史时期被反复强调过。当前的社会主义新农村建设思路，更关键的是在于用一种新的建设方法和方法体系，重新焕发中国农村社会内生的可持续发展能力、增强农民自我发展能力，并与国家力量相配合，在实现国家目标的同时增进农民自身福利。这是社会主义新农村建设理论思路的本质所在。[①]

三　当代中国"乡村文明"的理论建构

由前述可知，由于乡村建设是一个全局性的问题，无论从哪个领域的单一建设显然都不会成功。同样，从理论上阐释乡村文明理论的框架也不应该单一。由此，乡村文明的理论框架合乎逻辑的应从社会主义文明五个方面即物质文明、社会文明、政治文明、精神文明、生态文明方面发展的规律出发，将他们理解为当代中国乡村文明形成过程中的一组"马达"，来阐述当代我国乡村社会的现代化发展及社会主义条件下乡村社会的进步。中国乡村社会向现代社会过渡的过程可以用这五个方面进程之间的相互作用来解释，没有它们，就没有乡村现代化，就没有社会主义的新乡村。因此在分析中，始终围绕着这五个方面来展开。当然这种建构必须遵循历史与逻辑相结合的方法，对整个乡村社会的发展从多个方面进行剖析，既有横向方面的体系建构与阐释，也有纵向方面对乡村建设经验的总结。同时，以社会主义文明的视角对"乡村建设"、"乡村现代化"概念进行总体观照，从而使当代社会主义乡村发展在社会主义文明和乡村现代化范畴下得到一个整体性的阐述。

1. 当代乡村文明的概念建构拟解决的理论困惑

当代中国乡村文明的概念建构试图解决社会主义乡村建设实践中的如下论述困境：

其一，解决概念上"名目繁多，内容交叉"所带来的困境。这一点我们从前面的阐述中可以清晰地感受到，"新农村建设"、"乡村建设"、"三农问题"、"现代化"、"现代文明"、"社会主义"这些概念在讨论社会主义乡村建设问题时是经常交织在一起的。这是因为人们对我国乡村社会的发展进步总要从现实国情出发，必然涉及多方面的概念和理论。乡村

---

① 王立胜：《关于社会主义新农村建设几个基本理论问题的探讨》，《当代世界与社会主义》2007 年第 2 期。

文明概念的建构就是试图把上述概念整合在一起，针对现代化进程中农业、农民在政治经济上的弱势地位和农村的衰败局面，从乡村的政治、经济、文化、社会、生态等方面全面建设乡村社会，构建社会主义乡村的物质文明、社会文明、政治文明、精神文明和生态文明，建立一种真正以人为本，农民大众自身成为主体，发扬自身优秀文化的乡村文明。通过乡村文明概念的建构，希望对当代乡村社会的进步发展从广度和深度上都能更进一步地理解。

其二，解决乡村社会与城市社会二元对立的理论困境问题。"现当代，我们面对的除了主流发展下城市化、工业化及为之开道的霸权话语所造成的压力，还有来自生态、环境、资源等方面的限制及中国社会现存的城乡鸿沟和地区差异。"[1] 在这诸多限制中，有限资源所造成的限制是刚性和最为关键的。认清了实践环境和所需面对的各种矛盾和复杂不定的实践之后，我们应该努力的是一种理论框架和思考方法上的突破。过去我们习惯性地提及包括城市与乡村、国家与个人、人类与自然等概念或从事相关领域的实践工作时，有意无意地将他们对立起来加以理解。但是我们是否可以有一种超越二元对立的中间状态，或者多种中间之可能，就如英国经济学家 E. 舒马赫所提出并实践的"中间技术"一样。他认为，我们不排斥技术本身的积极作用，同时也希望人类通过利用它来进行更好的生活，但基于我们对现实资源限制及异化后技术所存在问题的认识，是否能够探索出一种更好的技术，它将是低能耗、易被普通民众所掌握，同时又不至于因机器的发展而剥夺更多人就业的权利。这些都不仅仅就技术本身而论，重要的则是背后思维方式的突破和创新。当我们提及乡村文明建设时，绝非意味着仅是乡村需要建设，城市不需要建设，也不意味着排斥城市。我们更需要警惕的却是过度城市化与高耗能生活方式可能给乡村及城市本身发展所带来的限制。所以我们既需要降低门槛，让农民有进城发展的机会和权益保障，同时更需要调集各方面资源来建设乡村，让不可能出去，或出去后迟早还要回乡的村民有一个更好的生活条件和发展空间。

其三，解决现代化进程中传统文化资源枯竭和功能丧失的困境问题。现代化不是去民族化，也不是与传统民族文化彻底决裂。而当代乡村建设却面对着这样的一种文化悖论：一方面是令人眼花缭乱的、看似多元、以

---

[1] 温铁军：《新农村建设理论探索》，文津出版社 2006 年版，第 41 页。

消费为基本符号特征的主流文化；另一方面是乡村传统文艺形式和公共娱乐活动的逐步枯竭，农村中的道德水准整体性下降。如何能够倡导一种受众、形式和功能都全面多元的文化，而不是那种以消费为导向，以社会精英为主要消费对象的享受型文化，是当代乡村文明建设在文化层面的努力方向。梁漱溟先生一直强调，中国文化的根在乡村，"新中国的芽必须从旧中国的老根——乡村——中长出来，"中国复兴的前提是乡村文化的复苏，而其最重者在于农民的精神重建。①复杂多样的地理环境条件和社会发展因素的综合作用造就了我国发达的农业文明，促进了我国乡村文化传统的形成与发展。从一定意义上说，乡村文化就是传统文化，乡村是传统文化存续的主要空间。乡村文化作为一种独特的生产生活方式和文化形态，具有城市文化所不具有的性质和特点，在与城市文化相互作用、相互建构中它的存在不仅是可能的也是必然的，因为城市不能完全取代乡村、工业也不能完全取代农业。乡村文化与城市文化，乡村文明与工业文明的相互促进、和谐发展和结构升级才是我国现代化发展的科学道路。

其四，农村文明和乡村文明这两个概念之差，笔者有着自己多年深入思考的意蕴理解。

一是工业化发展方向不能脱离中国的现实，城乡二元结构的本质是城市排斥和剥夺乡村，似乎"城市"代表文明进步，"乡下"代表落后愚昧。所以必须为这个"乡"字正名，不回避和贬低这个"乡"。中国社会在推进工业化的进程中需要以乡村为启程基地，在十年、二十年甚至更长的时期内，中国社会的现代化进程都必须紧紧依托于农业是基础的现实。从我国的农业劳动生产力现状、农业人口现状、城镇发展水平现状、农业劳动力出路现状来看，这是历史的必然选择。

二是固然工业文明是文明发展的方向，但工业的发展不能代替全部人类文明或文化的继承和弘扬，农村建设的概念更大程度上是经济和政治概念，而乡村建设的概念更大程度上是社会和文化概念，如果说经济建设和政治建设不容易，那么，社会建设和文化建设就更不容易。后者更是一个历史的和持久的任务。在经历了几十年改革开放冲击和经济建设发展的当今农村，虽然仍缺少物质的基础，但更丢失了社会文化的依托，社会文化的重构比经济政治建设的任务更急迫，而且前者的建设是后者建设的基础

---

① 梁漱溟：《乡村建设理论》，上海人民出版社 2006 年版，第 101 页。

和依托。

三是以乡村、乡镇、乡亲、乡土、乡情为依托和基础的文明建设是走向工业化，城镇化，再从工业化、城镇化回归到乡村、乡镇、乡亲、乡土、乡情中去，即从物的社会回到人的生动生活中去，是人类文明之路的否定之否定过程，是人和自然关系的回归，是对城市化和工业化带来的人与人、人与自然关系疏离的反思。就像经济发达国家的居民在城市里就业，在乡村中体验生活一样。由于城镇化和工业化而彻底毁掉乡村文明就等于毁掉了人类的文明之基，文明之源。

2. 当代中国社会主义乡村文明理论的哲学基础

任何一门理论的形成，都离不开一定的世界观和方法论作为自己的哲学基础。中国特色社会主义文明体系的哲学基础就是辩证唯物主义和历史唯物主义。当代中国乡村文明理论是建立在社会主义文明理论体系基础上，出于对乡村社会发展的全面考量而作出的理论思考。它是社会主义文明在当代乡村社会的展开，是中国特色社会主义文明体系的重要组成部分，辩证唯物主义和历史唯物主义是当代中国乡村文明理论的哲学基础。

从思想路线来说，以毛泽东为代表的中国共产党始终以辩证唯物主义和历史唯物主义为指导，从中国的具体国情出发，把马克思主义基本原理与中国具体实际相结合，创立了具有中国气魄和中国特色的思想路线——"实事求是"。改革开放以后，我们党进一步丰富和发展了实事求是的思想路线。邓小平的总结是"解放思想、实事求是"；江泽民提出"解放思想、实事求是、与时俱进"；胡锦涛指出"解放思想、实事求是、与时俱进、求真务实"。

从发展战略来说，辩证唯物主义和历史唯物主义不仅指导着中国特色社会主义文明体系的形成，而且还渗透到中国特色社会主义文明建设的各个发展阶段。邓小平提出"两个文明"一起抓，是辩证法"两点论"原理和历史唯物主义社会存在与社会意识的相互关系原理的充分体现；江泽民提出"社会主义政治文明"建设，是经济基础与上层建筑相互作用的唯物史观基本观点的体现；胡锦涛提出"构建社会主义和谐社会"也是唯物辩证法所揭示的社会系统内各种要素之间的对立统一和相互转化规律的体现，并阐明社会、人与自然之间的辩证关系；进入21世纪后，在我国经济社会高速发展的新形势下，生态环境面临着前所未有的严峻形势，胡锦涛同志提出"建设生态文明"，这是从我国生态国情出发做出的正确举措，要求我们在重视发展的同时必须重视对环境的保护。建设生态文明，是对物质决定意识、一切从实际出发的唯物主义核心思想的具体运用。正是在辩证唯物主义和历史唯物主义这个科学的世界观和方法论的指导下，中国特色社会主义文明体系得以形成和发展。[①]

当代中国乡村文明理论是以辩证唯物主义和历史唯物主义作为世界观和方法论，以社会主义文明的应有之义构建当代中国乡村文明的理论结构和基本内涵，实事求是、与时俱进，充分把握中国化马克思主义的时代脉搏，把马克思主义与中国乡村社会相结合，努力实现马克思主义的大众化和时代化发展。

第三节　重构社会主义"乡村文明"的当代价值

我国的二元经济社会结构，是特定历史时期计划经济体制的产物，是实行优先发展工业战略的结果。在当时的历史条件下，这种二元经济社会结构也曾发挥过重要的、积极的作用。一方面，它为国家的工业化提供了原始积累；另一方面，它为国家的经济建设提供了一个稳定的社会环境。工业化初期的倾斜式发展既需要农业为其提供廉价劳动力、农副产品和工业原料，又需要把大多数农民稳定在乡村。城乡二元结构强化了国家的这种需求。长期的城乡隔绝和封闭状态，尽管使城市工业得到了较快的发展，但是工业化并没有促进乡村剩余劳动力的相应转移，反而致使城市化发展停滞，小城镇发展落后，经济社会呈现出一种结构性失衡的状态。同时，城乡隔绝造成了城乡之间的不平等交换关系，进而造成了农业的停滞和乡村的贫困。

我国在整个社会主义初级阶段的基本目标是实现社会主义的现代化。工业化初期形成的农业和农村与工业和城市的发展不协调，限制了现代化的进一步发展。要改变这种不协调局面，必须通过农村改革和农村建设来实现，这是世界上所有国家或地区实现现代社会转型的一个必经阶段。中国是社会主义发展中国家，关注社会建设、注重社会和谐、关注社会公平和社会正义以及人民群众的利益需求是社会主义的内在要求。同样，建设社会主义乡村文明亦是构建"和谐社会"理念的应有之义，是实现全面

①　陈德钦：《论"五个文明"的内在关系结构》，《科学社会主义》2009 年第 2 期。

小康社会的必然选择。

一　重构社会主义"乡村文明"是推进乡村社会发展的有效途径

传统现代化理论认为,现代化一般需要经历早期、中期和后期三个阶段。早期以农业哺育工业,工业和城市优先发展为特征;中期出现工业拉动农业、城市带动乡村的特征;后期则工业与农业、城市和乡村协调发展并趋于一体化。在这三个阶段的转型、过渡中,伴随着二元经济社会结构的消解及传统农民身份和职业的终结。也就是说,大多数农民进入到城市的第二、三产业之中,成为产业工人和城市居民,在乡的农民则成为农业工人,农民的职业和身份都实现了彻底转变。[①]

中国早期的优先工业化道路并未实现农民向第二、三产业和城市的转移,农民的职业和身份也没有发生转变从而来实现传统农民的"终结",而是通过一系列制度和政策安排,将农民固定在乡村和农业,与城市居民在社会福利方面区别对待。这一工业化道路不是消灭传统农民而是保留了传统农民,因而也保留甚至强化了二元经济社会结构中农民的弱势地位。就农业发展状态而言,我国的农业产业化和机械化水平在整体上处于较低水平;就乡村发展状态而言,乡村依然处于明显的边缘地位,社会发展落后。就农民而言,由于户籍制度的存在,农民作为国家公民和市场主体应有的地位还没有完全确立。而与此同时,我国城市尤其是大城市却已经迈向以信息和网络为主要特征的后工业化社会,并日益与国际市场接轨。

20世纪70年代末以来,城乡劳动力流动的壁垒被打破以后,大量青壮劳动力流向城市,既有力地支撑了城市的基础建设和后续发展,也在相当程度上缓解了农民收入极大不足、农闲时间无事可做的状态。但与此同时,我们也惊叹于乡村社会中出现的"空心",经常有媒体报道某某乡村出现了白发老人和学语幼童无人照顾、众多耕地遭遇抛荒的现象。当这种以赚取体力钱为主要谋生手段的打工行为集体发生、规模空前时,我们会发现乡镇企业的技术难以创新,农民的文化素质难以提高,农业的发展出现某种程度的滞缓,乡村社会特别是不发达地区乡村的生活呈现出某种程

---

① 刘祖云:《中国社会发展三论:转型·分化·和谐》,社会科学文献社出版社2007年版,第163页。

度的衰败景象。①

　　此外，我国城市未来的吸纳能力也是十分有限的。现在中国已有 5 亿多城市人口，是世界上最大的城市人口国家。如果按有些学者的观点，中国的城市化应增加到 70%，甚至 80%。按照这种计算，到 2030 年前后，我国总人口达到峰值即人口可能达 15 亿左右时，70% 城市化率就相当于至少 10 亿人口生活在城市里，这样的城市容纳能力是不可想象的。在一个资源相对短缺的国家，城市人口再增加 4 亿—5 亿，消耗的资源不仅是我国就是整个世界也是无法承受的。而且，我国的经济发展水平也无法解决这么多人的就业和住房等问题。正是从这个意义上，我们不仅要考虑到 7 亿多中国农民短期内难以从乡村转移出去，过上以消耗大量物质资源为基础的现代生活，而且还要意识到他们可能永远也无法从乡村转移出去，享受以大量资源消耗为基础的现代生活②。即使按照过去 50 年中国的城市发展速度来计算，到 21 世纪中叶，中国的城市化水平能够达到 70%，中国仍有 5 亿—6 亿的乡村人口，在未来几十年他们不会随着城市的发展而自然消失。

　　2001 年，托夫勒在中国访问时，也曾将中国分成"三个世界"，一是"第一次浪潮"所覆盖的人口。这个世界 7 亿是农民，他们生活在农村，在当今社会里，他们需要根本性的变革。二是"第二次浪潮"所覆盖的人口。人口总数约 3 亿，他们生活在城镇，属于大生产的工业化社会。三是"第三次浪潮"所覆盖的人口。这部分人口比较少，约千万人，他们是信息时代的人口。③ 可见，我国的农村和农民基本上还是处于农业化的浪潮中，离工业化和信息化还很遥远。在这种工农业发展极不平衡的特殊的社会发展格局下，如何将工业主义、信息主义和生态主义的发展取向融合为一种全新的发展模式，是我们必须思考的重大问题。而与此同时，面对这种社会结构状态，如何发挥社会主义制度的优越性，防止乡村社会的进一步衰落，把不同类型的文明形态加以整合并熔铸为一个有机整体，特别是将落后农业社会的载体——农村社会加以扬弃和改造，使之融入现代社会的发展潮流之中，不仅是构建社会主义和谐社会、实现全面小康的要

---

　　① 朱青海：《原工业化时期西欧乡村社会变迁的启示》，《探索与争鸣》2007 年第 12 期。

　　② 温铁军：《不能靠贫民窟来加快城市化道路》，2007 年 9 月 18 日，三农中国网（http://www.sannong.net）。

　　③ ［美］阿尔温·托夫勒：《托夫勒的中国预言》，《科学时报》2002 年 12 月 9 日第 8 版。

求，而且关系到我国社会主义建设事业的成败。今天重新提出建构乡村文明，正是适应当前农民仍然占我国人口主体的国情，我们不能忽视农民这个群体在社会转型时期的现实需要以及农村社会的发展。在单纯依靠工业化、城市化无法解决当代中国乡村困境的背景下，重构乡村文明、发展乡村建设事业，就是一个不容回避的现实性问题。借助国家力量调动各方面资源，全面推动乡村的进步，让农民也能过上富足的生活，是当前我国维护社会稳定，逐步解决"三农"问题的出路。

二　重构社会主义"乡村文明"是中国特色社会主义的内在要求

邓小平指出："社会主义的本质，是解放生产力，发展生产力，消灭剥削，消除两极分化，最终达到共同富裕。"[1] 从中我们可以得出判断社会主义的两条根本标准：一是社会主义社会必须能够解放和发展生产力，必须是消灭了贫穷，达到一定生产力水平的社会。二是社会主义社会必须消灭剥削、消除两极分化，最终达到共同富裕。如果没有生产力的解放和发展，社会主义的优越性就无法体现，那就不是真正的社会主义；如果只有生产力的解放和发展，不消灭剥削，消除两极分化，没有共同富裕的价值取向，同样也不是社会主义。

当代中国，要加快发展生产力，走共同富裕道路，全面建成社会主义，首先要解决好"三农"问题。因为"三农"建设始终是我国解放和发展生产力，决定全面建设小康社会和现代化进程的关键问题，也是关系党和国家工作全局的根本性问题。因为没有农业的稳固和农业的积累与支持，我国的独立自主和工业的发展就不可能实现；没有乡村经济社会的全面发展和进步，整个社会的发展进步也难以实现；没有农民的小康更不会有全国人民的小康。农业丰，则基础牢；农村稳，则社会安；农民富，则国家昌。只有乡村生产力得到高度发展，全体农民生活富裕，广大乡村落后面貌得到明显改变，才能实现更大范围的小康，才能充分体现社会主义的本质，在我国真正建成社会主义。[2]

改革开放 30 多年来，中国共产党带领全国各族人民积极探索中国特

---

① 《邓小平文选》（第 3 卷），人民出版社 1994 年版，第 373 页。

② 江一涛：《社会主义本质与新农村建设》，《中共四川省委党校学报》2006 年第 3 期。

色社会主义道路，逐步形成了中国特色社会主义理论体系。2007 年 6 月 25 日，中共中央总书记胡锦涛在中央党校的重要讲话中指出："改革开放以来我们党带领人民开辟了中国特色社会主义道路，这条道路之所以正确，之所以能够引领中国发展进步，关键在于我们既坚持了科学社会主义的基本原则，又根据我国实际赋予其鲜明的中国特色。"① 同年 10 月 15日，中共十七大报告进一步强调："改革开放以来我们取得一切成绩和进步的根本原因，归结起来就是：开辟了中国特色社会主义道路，形成了中国特色社会主义理论体系。"② 因此，中国特色社会主义道路及其在此基础上形成的中国特色社会主义理论体系，其根本价值就在于充分反映了中国特色。它是中华文明优秀成果的现代化体现，是独具特色的中国发展新模式的伟大探索和创举。这种探索不仅超越了苏联社会主义发展模式，而且最终还要超越西方工业文明发展模式，走出一条解决中国问题的发展道路和发展模式。

对于当代中国而言，中国特色的社会主义乡村文明建设之路是针对中国乡村社会的一场深刻变革，也是中华文明发展的新的转机。自古以来，中华文明的主要特点是以农业文明和乡村文明为主体，手工业文明和商业文明辅之。"以农业文明和乡村文明为基础的中华文明，排他性是最弱的，而容纳性却是最强的。斗争性是最弱的，而协调性却是最强的。中华文明强调和谐与共和海纳百川，因此，它最容易吸纳其他文明的优点。"③

时至今日，中国乡村文明的存续发展仍然具有坚实的制度保障，那就是中国共产党领导的、以工农联盟为基础的人民民主专政的政治制度，以及城市工人全民所有制和乡村农民集体所有制为基础的经济制度。虽然20 世纪 50 年代，中国社会的"左"倾思想泛滥并在"文化大革命"时期占据统治地位，但农民和乡村在中国政治制度和经济制度中的重要地位在理论上始终没有改变。20 世纪 70 年代，改革开放后，乡村实行了"包产到户"、"包干到户"等农业生产经营新机制，农民和乡村在中国政治和经济制度中的实际地位得以恢复。虽然在 20 世纪 90 年代以后，伴随城镇化和工业化的速度加快，大量农民进城务工，但我国始终没有改变农民和乡村的集体所有制这一保障农民生存和发展的基本经济制度。正是始终

---

① 胡锦涛：《毫不动摇地坚持和发展中国特色社会主义》，《理论参考》2007 年第 8 期。

② 《十七大报告辅导读本》，人民出版社 2007 年版，第 10 页。

③ 刘德喜：《中国特色社会主义道路》，《新远见》2008 年第 3 期。

坚持这一社会主义的基本经济制度，中国的农业文明和乡村文明才得以存续和发展。当代中国所具有的强大的物质基础、悠久的文明传统、丰富的历史经验和现代制度保障以及庞大乡村人口的存在，使得我们有可能也有必要对有着悠久历史的中华农业文明和乡村文明进行现代性的改造与传承，走出一条农业文明与工业文明共生、乡村文明与城市文明相长的中国特色发展道路。

三 重构社会主义"乡村文明"是我国现代文明发展的必然选择

现代性是一个综合的概念，它包含着与工业化生产方式相配套的多方面社会发展内容和指标，如经济、政治、文化、道德、科技、人的素质和日常生活等各个方面的具体指标和综合指标，实现现代性的过程就是现代化。"现代化"包括经济现代化、政治现代化、文化现代化、社会生活和人自身的现代化等，其中经济现代化是基础，政治和文化的现代化要反映和服务于经济现代化的发展，并最终体现为社会生活和人自身的现代化。人自身、人的意识的现代化包括生活方式、思维方式、价值观念（道德观念、审美意识、宗教情绪等）、民族性格等的现代化，它们构成民族文化现代化的核心和灵魂。离开了各个社会领域的发展和更新，离开了那些历史地形成并具有一定普遍性的基本内容和指标，所谓"现代化"就将失去意义。总之，现代化既是一个以工业文明为核心的特定时代的概念，又是在这一时代具有一定普遍性，反映历史发展趋势的必然性概念。

"现代化"的实质，归根结底是以生产力的发达，即达到高度社会化、工业化水平的生产力为根基，实现社会自身全面协调和综合平衡的一个必然性的历史进步过程，其目的是综合国力的强盛和人民生活的普遍提高。在这一实质下，现代化的内容、指标和实现方式，并不是先天普遍、简单划一、固定不变的，而是具体多样化的、动态地发展着的。

一般而言，现代化是人类社会发展到现时代所具有的一定先进成果，是人类文明进步在近几百年里所上的一个新的台阶。作为人类社会发展的一定阶段性特征，现代化本身包含了普遍性和特殊性的统一：它既有新的人类文明的共同性质和趋向，又有各个不同国家和地区各自发展的个性化方式和途径，是一个在多元化、多样化条件下实现的人类繁荣发展局面。地球上每一个国家和地区的人们，为了自己的生存和发展，都有必要、有理由、有权力实现自己的"现代化",否则就将落后于人类的文明,甚至如毛泽东曾警告的那样,意味着有可能在竞争中被淘汰、"开除球籍"。正因为如此,每一个国家和地区的现代化进程,都必须要从自己的基点出发,探索自己的模式,经过自己的努力而达到人类共同的高度。这里不应该、也不可能是按照一个固定的模式照搬照套他人的经验来完成。否则就不可能是"自己的现代化"、"自我现代化",而成为他人某种现代化模式的附属品。历史证明,这样的附属品的"现代化"是极不可靠、极不牢固的。①

长久以来,部分人习惯把现代工业社会的文明称为现代文明,把与之相对的农业社会的文明称为传统文明。这种说法不能说完全不对,但是它只是从生产方式上划分,没有考虑到现代工业文明复杂的社会文化形态。从某种意义上讲,这种看法是以西方近代工业社会的发展为文明模式,明显带有"西方文明中心"论的色彩。西方近代工业文明虽然在近一二百年取得了突飞猛进的发展,并且由于世界各个国家和民族都向西方学习,这种文明取得了压倒一切文化或文明的地位。但是,从整个人类文明几千年乃至将来的无限发展来看,西方近代工业文明只是人类整个文明史的一个插曲,只是一个短暂的发展,或者说只是一瞬间的事情。若是把西方近代工业文明看成是人类整个的现代文明,或者把人类整个现代文明定义在西方工业文明的标准上,以它为价值模式,那既是缺乏历史眼光,也是浅薄的看法。现代文明将被不同的民族文化重新解释,将沿着不同民族文化的道路发展,并表现为不同的民族特征。

我们曾把文明定义为人类社会发展到一定阶段的开化、进步状态和标志,是人类改造世界的积极成果。文明是一个综合的、历史的有机整体。正因为任何文明都是原有文化价值体系在现时代的绵延、发展与进步,所以它才离不开原来的文化传统。这种文化传统指的不是孤零零的传统文化特质,如器皿的、建筑的以及伦理的、道德的、风俗的等,而是它的总的精神、总的价值取向,是整个国家民族的核心价值体系的力量。任何文明都是通过它的价值主体来实现的,一个国家、一个民族有什么样的文化传统,也就有什么样的价值主体。不同国家、民族的文化传统对现代文明的

---

① 赵剑英、庞元正:《马克思哲学与中国现代性建构》,社会科学文献出版社2006年版,第332页。

价值取向绝不会是漠不关心的，而必然会通过它的价值主体做出选择。它只能选择符合其需要的文明，而不会去拥抱不需要的文明。即使有人强塞给它一个文明，它也是不会接受的。文明将为不同国家、民族所选择。这种选择不仅包含着价值主体的判断，而且还包含着他们对现代文明的解释和参与，从而使整个文明呈现出鲜明的主体性。①

中国是一个传统的农业大国，在现代化快速发展进程中，我们要建设好乡村而不是要消灭乡村。在进行城市文明建设的同时进行社会主义乡村文明建设，这是 21 世纪中国现代化建设的两条腿。我国的农村、农业和农民在过去漫长的历史中已经做出了巨大的牺牲和历史性的贡献，工业化已经进入中期阶段，我国现在已经到了工业反哺农业、城市支持农村、促进城乡共同发展的阶段。如果我们还不能对现代化发展战略做出这样的调整，就不只是对农村、农业和农民的不公平问题，更重要的是违背了现代化的本质和发展规律，阻滞了国家现代化进程，我国在 2020 年实现全面建设小康社会的奋斗目标就会落空。

当然，构建乡村文明并不是说乡村社会就应该重新回到传统的农业文明时代，回到陈旧的文化形态与价值体系。而是指，在保持相当比例的农村人口（例如 50% 的农村人口比例）的情况下，如何通过建设社会主义新乡村，找到一条具有中国特色的现代化的路径，为当代乡村居民提供一种有别于城市的新型生活方式。这样的乡村文明是一种新的文化形态与价值体系，是新的时代文明与进步状态。但这种文明与进步状态并不是与原来的文化价值体系相割裂，而是后者在现时代的绵延、发展与进步。我们只有这样理解当代中国乡村文明，才能不把乡村文明与城市文明对立起来，才能不把工业文明的进步看成是牺牲中华民族乡土文化传统的结果。

---

① 司马云杰：《文化社会学》，山西教育出版社 2007 年版，第 329 页。

第二章

当代中国乡村文明的理论内涵与特征

进入 21 世纪，中国的乡村经济社会迅速地改变着过去的旧面貌，并取得了举世瞩目的成就。特别是近年来，工业化、城市化正在以前所未有的速度和摧枯拉朽的态势改变着传统乡村社会，打造"中国制造业乃至世界制造业中心"、建造人口达 100 万甚至 500 万的城区等一系列美好愿景，成为各级各地政府推进社会经济发展的目标所在。于是我们看到，"一轮轮开发热潮、一栋栋高楼大厦、一片片工业厂房、一串串耀眼数字，就成了政府官员显赫的政绩"。随之而来的，"却是一连串震惊中外的环保事件——如太湖蓝藻——不断生发的各类土地强征、房屋强迁等冲突事件，以及广大农村地区——自然环境恶化、大病重病蔓延、道德素养下降和宝贵的传统文化遗产被破坏"。① 面对传统乡村社会贫穷落后的面貌以及城乡之间巨大的差异，我们不得不深入思考：中国的乡村该怎样发展才能真正成为希望的田野？因此，如何从中国传统乡村社会的经济社会结构出发，探寻和选择一条适合中国实际的科学的乡村社会文明发展之路，正是笔者所关注的重点所在。

第一节　乡村文明的内涵及其内在结构

一　乡村文明的理论内涵

乡村是广大农民从事生产生活的重要场所，是农业和农村经济社会发展的主要基地。社会主义乡村文明，就是把农民、农村、农业作为一个整体来考虑，在采取一系列改善优化乡村环境，发展农业生产，增加农民收

---

① 唐晓腾：《农村现代化与乡土社会变迁：概念、理念及现状》，《宁波党校学报》2008 年第 2 期。

入等措施后，力图达到协调乡村社会人与自然、人与社会、人与人之间的关系。2006 年的"一号文件"《中共中央国务院关于推进社会主义新农村建设的若干意见》对社会主义新农村建设诸多深层次的问题进行了论述；中国共产党在十六届五中全会通过的《中共中央关于制定国民经济和社会发展第十一个五年规划的建议》中明确提出生产发展、生活宽裕、乡风文明、村容整洁、管理民主的要求。这些都体现了我们党在新形势下对社会主义新农村政治、经济、文化和社会发展的要求，也为乡村文明指明了发展方向。

从社会主义文明的理论视野进一步考察，我们会发现乡村文明的理论内涵更加清晰。所谓社会主义乡村文明，是在社会主义制度下反映一定时期以经济发展为基础，以社会全面进步为标志的乡村社会状态，是乡村的物质文明、社会文明、政治文明、精神文明和生态文明的有机统一体。建设社会主义的乡村文明就是人们在改造客观物质世界的同时，不断克服改造过程中的负面效应，积极改善和优化人与自然、人与社会、人与人的关系，所取得的一系列政治、经济、文化、社会以及生态等方面积极成果的总和。当代中国的乡村文明，要求摒弃传统乡村社会中消极落后的经济、政治、文化因素，发扬现代文明积极、合理的成果，倡导农民的生产生活新方式，提高农民的主体地位，形成文明、和谐、富裕的新乡村社会。

二　乡村文明的内在结构

人类实践的基本内容与形式决定了文明的基本内容与形式。乡村文明作为一个文明系统，是由乡村社会不同领域的文明形式构成的。

按照马克思的社会结构理论，重塑社会主义条件下现代新型的乡村文明形态，可以循着物质、社会、政治、精神、生态五个方面来理解和构建。

物质文明是其他所有文明的基石和发展条件，是使作为人的需要成为需要的先决性制约条件；社会文明和政治文明是人类文明结构的中介，社会文明是对人们现实生活与交往的观照，政治文明是对社会控制机制的完善；精神文明是人类感性解放的标志，是使人真正成为感性意识的对象的条件；生态文明是人与自然关系的和谐，也是人类可持续生存与发展的依托。

1. 乡村物质文明

乡村物质文明是乡村文明的物质基础，是人们改造客观世界的物质成果的总和，是乡村社会生产方式文明和生活方式文明的总称。其内涵表现为：乡村社会物质生产的进步和人们物质生活水平的改善。具体包括生产工具和技术的改进、生产规模的扩大、社会财富的积累程度以及人们衣食住行等物质生活水平的提高和生活方式的改变。其中物质生产的进步是人们物质生活改善的前提。由于物质生产能力是社会物质文明的一个重要标志，而物质生产能力受社会生产的现代化水平、科技进步能力以及人的素质所决定，所以，乡村生产方式的变革、广大农民生活方式的优化，重点依靠乡村生产的发展。

生产发展是乡村物质文明的重要组成部分，是乡村发展进步的根本所在。在当前形势下，乡村生产发展的具体内容包括：现代农业的发展，农业科技创新和转化能力的提高；农村现代流通体系建立；粮食生产稳定增长；农业结构合理；农业产业化经营；循环农业加快发展等。目前，我国人口在逐渐增加，而耕地和水资源却在不断减少，要继续发挥农业对国民经济的支撑作用，难度越来越大。所以，保证生产发展的根本是发展现代农业，通过现代农业的发展带动相关非农产业的发展。2007 年"一号文件"《中共中央　国务院关于积极发展现代农业扎实推进社会主义新农村建设的若干意见》提出："建设现代农业的过程，就是改造传统农业、不断发展农村生产力的过程，就是转变农业增长方式、促进农业又好又快发展的过程。必须把建设现代农业作为贯穿新农村建设和现代化全过程的一项长期艰巨任务，切实抓紧抓好。"[1] 所谓现代农业就是以高资本投入为基础，以工业化生产手段和先进科学技术为支撑，有社会化的服务体系相配套，用科学的经营理念管理的农业形态。乡村生产发展一方面体现为通过促进农业产业化和现代化的发展，提高农业综合生产能力，推动传统农业生产方式向现代农业生产方式的转变；另一方面表现为通过提高农业的比较利益，使经营农业能够获得平均利润，推动农业的可持续发展。只有这样，才能充分发挥农业对整个经济社会发展的稳定作用和对整个国民经济的保障功能。同时，通过发展农产品流通业和加工业、农业服务业和农村服务业以及乡镇企业等，不断提高非农产业在农村总产值中的比重和非农产业就业在农村总就业中的比重。[2]

---

①　《中国农民问题研究资料汇编》（第 2 卷）（下），中国农业出版社 2007 年版，第 759 页。

②　于兆庆：《全面理解社会主义新农村建设的目标和要求——建设社会主义新农村专题探讨》，经济科学出版社 2006 年版，第 30—35 页。

　　社会主义乡村物质文明的另一个重要内涵是农民生活条件的改善和生产生活方式的转变。党的十六大以来，党中央、国务院提出"统筹城乡经济社会发展"，从 2004 年到 2011 年，中共中央连续发出了 8 个"一号文件"，切实保障农民的物质利益和民主权利。新农村建设的目标提出生活宽裕，就是指出当代农民生活水平要有实质性提高。增加农民收入，改善消费结构，提高农民生活质量，这既是新农村建设的核心目标，也是转变农民生活方式的前提基础。同时乡村物质文明还包括：乡村社会事业全面发展；工农、城乡、地区之间差别明显缩小，农村居民贫富差距得到合理控制；农村居民享有的社会保障达到或基本达到城镇居民全面小康时的保障标准等。科学、文明、健康、和谐的新型农民生产生活方式是当前乡村物质文明的核心内容。实行"工业反哺农业，城市支持农村"的过程，不仅是工业对农业、城市对农村提供资金等物质支持的过程，更应该是用文明、现代的生产生活方式对传统农村、农民生产生活方式的改造，以增强"三农"自我发展能力的过程。根据从统筹城乡发展到"两个反哺"，再到建设社会主义新农村的逻辑一贯性，社会主义乡村物质文明应该把促进乡村生产方式和生活方式的根本性改造，提高农业、农村和农民的自我发展能力，特别是让更多的农民获得参与经济社会发展的机会、分享经济社会发展的成果，作为乡村物质文明的重要内容。

　　2. 乡村社会文明

　　"社会文明"这个概念，在党中央的文件中并没有明确提出过。党的十六届四中全会的报告提出构建社会主义和谐社会的发展任务时，首次提出要"加强社会建设与管理"。随后，在十六届六中全会通过的《中共中央关于构建社会主义和谐社会若干重大问题的决定》中，进一步提出了"推动社会建设与经济建设、政治建设、文化建设协调发展"的社会主义建设"四位一体"的理念。在党的十七大报告中，专门设有一章来讲社会建设。自此以后，我国不少学者提出把文明扩展到包括社会文明在内的四个方面，由于十七大明确提出生态文明的概念，也有许多学者把社会主义文明体系拓展为五大文明。

　　于建荣博士认为社会文明有广义和狭义之分。① 本书也将乡村社会文明分为广义和狭义两种含义。广义的乡村社会文明就是指社会主义乡村文

---

　　①　于建荣：《中国特色社会主义社会文明研究》，中央文献出版社 2007 年版，第 13 页。

明，即包括经济、政治、文化、社会、生态等各方面在内的整个乡村社会的开化程度和进步状态，是社会主义乡村经济、政治、文化、社会、生态环境建设所取得的积极成果的总和，是社会主义乡村物质文明、乡村政治文明、乡村精神文明、乡村社会文明和乡村生态文明的有机统一。狭义的乡村社会文明是相对于社会主义乡村物质文明、精神文明、政治文明、生态文明而言的，是指社会主义在乡村社会领域中创造的积极成果，主要表现为乡村社会事业和社会生活的进步。本文所使用的乡村文明概念更接近于广义的乡村社会文明，而这里涉及的乡村社会文明则是其狭义理解。

党的十六届六中全会明确提出，在社会建设方面，要着力发展社会事业，促进社会公平正义，完善社会管理，增强社会创造活力，推动社会建设与经济建设、政治建设、文化建设的协调发展。党的十七大明确提出，要"加快推进以改善民生为重点的社会建设"，要"走共同富裕道路，促进人的全面发展，做到发展为了人民、发展依靠人民、发展成果由人民共享"。并且特别提到"加强农村富余劳动力转移就业培训"、"保障经济困难家庭、进城务工人员子女平等接受义务教育"、"减轻中小学生课业负担"、"完善面向所有困难群众的就业援助制度"① 等。党中央把大力改善农村民生，努力缩小城乡之间基础设施、公共服务、收入水平、教育、医疗、社会保障等差距，作为实现全面小康和建设和谐社会的重要目标。在十七届三中全会的报告中，胡锦涛总书记提出了加快推进以改善农村民生为重点的六大目标任务，即基本建立城乡经济社会发展一体化体制机制；现代农业建设取得显著进展；农民人均纯收入比 2008 年翻一番，绝对贫困现象基本消除；农民民主权利得到切实保障；城乡基本公共服务均等化明显推进，农村人人享有接受良好教育的机会，农村基本生活保障、基本医疗卫生制度更加健全，农村社会管理体系进一步完善；农村人居和生态环境明显改善，可持续发展能力不断增强。这六大目标任务是中国共产党对农村民生问题重视的体现，也是社会主义乡村社会文明的发展方向。

根据党中央提出的构建和谐社会和加快农村民生建设的目标要求，乡村社会文明的本质内涵应该包括：充分体现社会公平正义原则，以人的全

① 《中国共产党第十七次全国代表大会文件汇编》，人民出版社 2007 年版，第 15、36、37 页。

面发展和乡村社会和谐为目标，动员全社会力量，发挥社会整合功能，使乡村社会事业得到发展、社会管理得以完善。社会事业具有维系社会公正、体现社会公益性的作用。社会事业的发展水平直接体现经济发展的目的性，直接影响到广大人民群众的生活质量。所以，乡村社会事业发展就在于建立与社会主义市场经济体制相适应、体现社会主义原则的民生保障机制；通过法律等刚性规定，保障农村居民在分配、文化教育、医疗卫生、社会管理等方面的权利，调节社会生活中的基本利益关系；并通过制度规范所具有的价值导向作用整合社会资源，不断实现社会公平正义。十七届三中全会提出，要建立新型农村社会养老保险制度，创造条件探索城乡养老保险制度有效衔接办法；完善农村最低生活保障制度，不断提高保障标准和补助水平；完善农村受灾群众救助制度；落实好军烈属和伤残病退伍军人等优抚政策；发展以扶老、助残、救孤、济困、赈灾为重点的社会福利和慈善事业等。这些都为不断完善乡村的社会事业发展奠定了良好的政策基础，也为乡村社会文明的形成营造了良好的政策氛围。[①]

随着经济的发展、社会的变迁，现代社会的复杂多变使人们面临着更多的不确定性，社会中的信任机制受到威胁，使社会各个层面的沟通无法有效进行。哈贝马斯在其社会理论中针对高度工业化的社会，不但把人类社会存在的劳动向度与互动向度予以划分，而且特别关注互动的向度。他的社会沟通理论就是对此一向度的一个沟通行动的理论，企图从人类最基本的社会行动——沟通行动之中，找寻一个广泛的理性基础，一方面作为社会批判理论的非任意定夺的根据；另一方面作为迈向理性社会的指引。也就是说，哈贝马斯的沟通理论强调人与人之间的关系，通过真正的平等交流建立社会的信任机制和沟通机制，认为沟通理性是解决很多现代社会问题的重要途径。

乡村社会文明建设中的另一个重要内容就是恢复乡村淳朴的民风和珍贵的有价值的文化传统，摆脱商品社会和大工业发展负面效应所导致的"物"对人的关系的疏离局面，搭建人与人之间和谐交往和互惠互利的社会沟通桥梁。

3. 乡村政治文明

政治文明是人类进入阶级社会以来，在改造社会实现自身完善和提高

---

① 杨雪英：《加快改善农村民生是建设有中国特色社会主义的本质要求》，《淮海工学院学报》（社会科学版）2009 年第 1 期。

过程中所创造和积累的所有积极的政治成果和政治进步状态。到了近现代它又涵盖了人权、民主、法治等各方面的价值理念和制度设置，是否尊重和保护人权，成为一个国家政治文明的判断标准和重要标志。历史唯物主义认为，生产力与生产关系、经济基础与上层建筑之间一定要相互协调，不适应生产力发展要求的经济基础，与经济基础不相适应的上层建筑，都会影响生产力的正常发展，其自身的运行也会存在种种障碍。政治文明是社会主义社会发展民主政治的成果，是社会主义的统治基础。社会主义需要"扩大社会主义民主，健全社会主义法制，建设社会主义法治国家，巩固和发展民主团结、生动活泼、安定和谐的政治局面"。① 其中，发展社会主义民主政治，最根本的是要把坚持党的领导、人民当家做主和依法治国有机统一起来。发展社会主义民主政治，建设社会主义政治文明，是全面建设小康社会的重要目标之一。

政治文明的实质是人民政治权益的实现，基本形态是人民当家做主。20 世纪 80 年代以来，我国乡村推行了村民自治制度，取得了很大的成绩，村民自治已成为现阶段具有中国特色的乡村基层民主最基本的形式，即在国家法制的规范下，村民自治组织依法自我教育、自我管理，自我服务。保障广大村民通过广泛的政治参与真正实现自己的利益和民主权利，从而更好地协调乡村的社会关系，促进乡村的社会稳定和发展。因此，社会主义乡村政治文明主要表现为乡村社会政治制度和政治生活的进步。在我国当下，其首先表现为中国共产党的坚强领导。中国共产党是我国社会主义现代化事业的领导核心，党的领导是人民群众当家做主的根本保证。"只有坚持党的领导，充分发挥农村基层党组织的凝聚力和战斗力，完善村民自治，扩大农村基层民主，民主建设才会有步骤、有秩序地进行。坚持党的领导和人民当家做主在本质上是一致的。不折不扣地执行党在农村的基本政策，把党的领导贯穿于村民自治的各项工作之中，保证村党组织在村级民主政治中的领导核心作用是农村政治文明的前提条件"。②

乡村政治文明的根本是逐步扩大乡村基层民主，健全村党组织领导的充满活力的村民自治机制。具体表现为四项制度的、政策的落实：一是民主选举制度，这是村民自治的核心。贯彻《村民委员会组织法》，用公开

---

① 江泽民：《全面建设小康社会 开创中国特色社会主义事业新局面》，《人民日报》2002年11月18日第3版。

② 刘新民、朱敬义：《关于农村政治文明建设的思考》，《山东社会科学》2005年第12期。

直选的办法，让农民群众按照公平、公正、公开、择优的原则，选举那些政治素质高、群众基础好、办事公道、作风正派、有文化、懂技术并愿为农民服务的村民管理村务。二是民主决策制度，这是村民自治的关键。充分发挥村民代表会议的作用，广泛听取村民们的意见和要求，集中大家的智慧，使民情、民意、民智真正在决策和管理中得到体现。三是民主管理制度，这是村民自治的根本。民主管理的核心是坚持民主理财制度。四是民主监督制度，这是村民自治的保证。要建立完备的监督制约机制，凡是村民关注的问题，都要定期向村民公开，接受群众监督。我国社会主义新农村建设提出民主管理的目标，其本质就是要充分发挥村民代表大会、村民议事会的作用，要让农民知情，请农民参与，使农民认同，受农民监督，使建设新农村的过程成为农民群众参与发展、共享成果、实现价值的过程，使村民依法自治的民主权利切实得到保障，逐步形成广大农民自我管理、自我服务、自我发展的机制。村民自治机制的完善给了农民更多的政治参与机会，通过政治参与增强农民群众对政府的认同与信任，消除政治文化方面的歧义，有效地维护农民的利益，实现乡村的政治稳定。

乡村政治文明的保障是完善乡村法制建设，依法治村。法治是现代社会的象征和标志，是社会现代化的客观标准之一，也是社会文明发达的重要体现。政治结构没有实现法治化，政治文明的程度就很低。因此，乡村政治文明不能只是一般地承认农民自己当家做主的原则，而是对农民的政治参与进行合理定位，在承认农民的主体地位的前提下，建立健全必要的法律制度，通过一系列的制度、程序、机制对农民的政治参与进行法律确认和必要的规范，使农民的政治权利具体化，政治参与经常化、有序化和合法化，有效地推进乡村的政治文明。依法治村不仅要求村民自治的法律、法规与规章制度建设的加强，为农民政治参与给予法律保障，维护农民的参政权，而且要求村干部依法行政，认真落实两"公开"（财务公开和政务公开）原则。

4. 乡村精神文明

乡村精神文明是乡村文明的精神支持，是社会主义价值选择的体现，是乡村文明建设的精神动力和精神成果的统一。它是乡村文化、伦理、道德、风俗等总的精神和总的价值取向的统一，是乡村社会精神生产和精神生活以及自身情感方面的进步状态。乡村精神文明具体由文化和思想两个方面组成：文化方面包括乡村居民的文化、知识、智慧的状况，以及科学、教育、文学、艺术、卫生、体育等各项事业的发展程度、规模和水平；思想方面包括乡村居民的政治思想、道德面貌、社会风尚和人们的世界观、理想、情操、觉悟、信念以及组织性、纪律性的状况等。

党的十四届六中全会《关于社会主义精神文明建设的决议》提出我国社会主义精神文明建设的主要目标是："在全民族树立坚持党的基本路线不动摇的坚定信念，实现以思想道德修养、科学教育水平、民主法制观念为主要内容的公民素质的显著提高，实现以积极健康、丰富多彩、服务人民为主要要求的文化生活质量的显著提高，实现社会风气、公共秩序、生活环境为主要标志的城乡文明程度的显著提高，在全国范围内形成物质文明建设和精神文明建设协调发展的良好局面。"①

乡村精神文明首先体现为乡村文化繁荣进步。由于乡村文化具有乡土性、多样性、封闭性、传承性等特点，对农民个体、乡村群体和整个乡土社会分别起着"塑造人格、实现社会化"、"规范和行为整合"、"社会整合和社会导向"② 的作用。所以，当下的社会主义的乡村文化的大发展、大繁荣至少包含以下内涵：它是适应新农村建设需要并能够提高乡村发展能力的文化；是满足广大农民日益增长的精神文化需求和公民权益的文化；是塑造新式农民（新农村建设主体）的文化；是保存、延续、创新传统文化精髓并融汇现代文化精神的文化；是一种存在于村民之间、流荡在村庄社区内部的互助合作的文化；是和谐的、现代的、生态的、创新的、民族的乡村文化形态。它既包含着乡村生产生活方式的现代化、农民观念和乡村精神的重塑，也包含着乡村文化机制的创新与多元发展，以及乡村文化活力的激发与乡村文化生态的改善等。③ 党的十七大提出："推动社会主义文化大发展大繁荣，建设和谐文化，培育文明风尚，重视城乡、区域文化协调发展，着力丰富农村、偏远地区、进城务工人员的精神文化生活。"④ 党的十七届三中全会，在农村文化建设方面提出："推进广播电视村村通、文化信息资源共享、乡镇综合文化站和村文化室建设、农村电影放映、农家书屋等重点文化惠民工程，建立稳定的农村文化投入保

① 《十一届三中全会以来党的历次全国代表中央全会重要文件选编》（下），中央文献出版社 1998 年版，第 399 页。

② 陆相欣：《农村社会学》，郑州大学出版社 2006 年版，第 300 页。

③ 马永强、王正茂：《农村文化建设的内涵和视域》，《甘肃社会科学》2008 年第 6 期。

④ 《中国共产党第十七次全国代表大会文件汇编》，人民出版社 2007 年版，第 32—34 页。

障机制，尽快形成完备的农村公共文化服务体系。"① 并对农村文化产品创作、群众性精神文明创建活动、农村文物、非物质文化遗产的保护等方面提出了新的要求。在农村教育方面提出："提高农民科学文化素质，培育有文化、懂技术、会经营的新型农民。"② 同时还提出要促进城乡义务教育均衡发展，加强农民技能培训，广泛培养农村实用人才。由此可以说，在当前我国全面建设小康社会的关键时期，乡村文化建设的目标是全面提高乡村居民的文化素质，满足乡村居民日益增长的精神文化需求，促进乡村经济社会协调发展和人的全面发展，为建设社会主义新农村服务。

农民的思想道德不断进步也是乡村精神文明的重要内容。根据十六大报告的精神，乡村思想道德进步可以归纳为：让社会理想道德成为促进农民思想道德健康发展的主导力量。社会理想道德即共产主义的道德情操，它包括：爱国主义、社会主义、集体主义的思想信念；以国家和集体利益为重的价值取向；见利思义、以义至上、天下为公的道德情怀。中华民族传统美德在广大农民中得到弘扬，"勤劳勇敢、艰苦奋斗"，"重于奉献、轻于索取"，"求真务实、锲而不舍"，"自强不息、奋发进取"等这些传统美德继续发扬光大。农民转变观念、移风易俗，逐步树立与社会主义市场经济相适应的权利义务和法制纪律观念等。

5. 乡村生态文明

工业文明推动了人类社会的高速发展，给人类社会造就了巨大的物质财富，但其产生的负面效应也是前所未有的。正是伴随着工业文明的进程，诸如过度消耗资源、大量制造污染、无节制的人口膨胀以及人与人之间的尔虞我诈、巧取豪夺等阻碍文明进程的消极因素也以前所未有的速度滋生蔓延，严重破坏着人类赖以生存的自然环境和社会环境，深刻暴露出以工业为主体的社会发展模式与人类的环境要求之间的深刻矛盾。工业文明带来的严重后果引起了世人的强烈关注，也向世人展示了人类社会文明发展的新趋向，这种新的趋势以人与环境的协调发展为中心，表现为一种主动性的自觉文明形态——生态文明。这应该理解为马克思在《1844年经济学—哲学手稿》中指出的共产主义社会"自然界的人道主义"和"人类社会的自然主义"的美好境界的原本状态。在马克思看来，只有社

---

① 本书编写组：《中国中央关于推进农村改革发展若干重大问题的决定》，人民出版社2008年版，第23页。

② 同上书，第24页。

会主义或共产主义，在扬弃了私有制和物统治人的关系的社会里才能做到这一点。从这个意义上看，社会主义生态文明的概念是科学概念。

从农业文明经工业文明而走向生态文明，是人类文明发展的必然趋势。在这一必然性趋势中，充分展现出人类社会生存方式由自在而自主进而自觉的转变，这是与作为社会发展主体的人的素质逐步趋于优化完善相辅相成的。所以，生态文明在一定意义上，是与工业文明相对应的更高级文明形态。

当今世界，各个国家，都十分注重人与自然的协调与和谐，这既是人类社会正在走向更高文明的重要标志，也是人类文明进步的共同规律。全球化时代，综合性竞争增强，世界各文明国家都更加注重对生态环境的保护，更加注重可持续发展，以保持更加持久的竞争能力。社会主义制度是旨在把全体社会成员引上更加富裕民主文明的社会，因此遵循人与自然协调和谐的规律，坚持实施可持续发展战略，正确处理经济发展同人口、资源、环境的关系，改善生态环境和美化生活环境是社会主义文明的应有内涵。生产发展、生活富裕和生态良好是当代社会主义文明的重要体现。①

生态文明包含丰富而深刻的内容，它有两个层次的含义：首先，生态文明是指在工业文明已经取得成果的基础上用更文明的态度对待自然，努力改善和优化人与自然的关系，认真保护和积极建设良好的生态环境，这是生态文明的初级形态。其次，生态文明在文化价值观上，表现为对自然的价值有明确的认识，树立符合自然生态原则的价值需求、价值规范和价值目标；在生产方式上，表现为转变高生产、高消耗、高污染的工业化生产方式，以生态技术为基础实现社会物质生产的生态化；在生活方式上，建立合理的社会消费结构，克服异化消费，使绿色消费成为人类生活的新目标、新时尚，从而使人们过上真正符合自然规律及社会道德的生活；在社会结构上，表现为生态化渗入到社会结构之中，以期维持人类活动对自然的最小损害并能进行一定的生态建设，这是生态文明的高级形态。只有全面把握生态文明的含义及其意义，才能更好地深入解决我国城市与乡村的环境治理问题，真正实现和谐社会构建的愿景。

和谐社会的构建离不开和谐乡村的建设，要遏制乡村生态失衡、解决

---

① 包心鉴：《全球化与社会主义社会文明》，《山东师范大学学报》（人文社会科学版）2002 年第 4 期。

乡村生态困境，必须走乡村生态文明的发展之路。党的十六届五中全会提出了包括"村容整洁"在内的新农村建设二十字方针。党的十七大报告中关于生态文明建设目标的论述可以归结为以下几个主题词：生产、生活、生态并举的文明发展道路；资源节约和环境友好型社会发展模式；速度和结构质量效益与经济和人口资源环境双统一的目标。按照生态文明的应有之义，乡村生态文明的应有含义应具体表现为：建立"资源节约型、环境友好型"的现代农业生产方式、生活方式和消费方式；增强乡村企业、家庭和个人的生态文明观念；建设良好的乡村人居生态环境；提升乡村和农业的可持续发展能力；转变农业发展方式、优化农业结构、实现农业的高产优质高效和生态安全的总体目标，走出一条中国特色的农业现代化道路和城乡经济社会发展一体化道路。① 从生态文明的高级形态来看，生态文明更强调人与自然在精神层面上的和谐相处。人类是生态文明的主体，处于主动而不是被动地位，因此，乡村生态文明绝不仅仅体现在村容村貌的改善上，更重要的是提升人们的生态意识，引导农民为了人类的长远利益和全局利益更好地享用自然、享受生活，自觉养成爱护自然环境和生态系统的生态保护意识、思想觉悟和相应的道德文明行为习惯，合理调节人与自然的关系，有意识地控制人对自然的盲目行为，营造一种环保、文明的乡村风尚。

第二节　乡村文明的内在要求

当代社会主义乡村文明作为社会主义文明的具体形态，是中国特色社会主义文明在乡村社会的独特体现，是立足于中国国情和面向乡村发展的一种文明表现。它既有人类文明、社会主义文明的一般性，也有中国乡村的特殊性。这种基于一般性产生的内在要求，是乡村文明发展进步的基本原则。

一　乡村文明的基本原则

当代中国乡村文明是社会主义文明理论与中国乡村社会生活实践相结

---

① 杜受祜、丁一：《我国新农村生态文明建设中的几个问题》，《西南民族大学学报》（人文社科版）2009 年第 2 期。

合的产物，是人类文明与中华民族文明优秀成果的继承和发展，是中国特色社会主义理论的重要组成部分。特殊中包含着一般，中国当代乡村文明的特殊性包含着中国特色社会主义文明的一般规定性。这种基于中国特色社会主义文明一般规定性产生的要求，即基于社会主义文明的规定性、社会主义对乡村社会的规定性和中国特色对乡村文明的规定性而产生的要求，就是乡村文明的基本原则。只有符合这些基本原则，才能保证乡村文明从乡村社会客观实际出发，沿着社会主义文明、中国特色社会主义发展的轨道前进。这些原则集中表现为坚持社会主义本质，符合乡村社会实际，体现乡村社会和谐，借鉴传统文化有益成果。

1. 坚持社会主义本质

中国特色社会主义乡村文明是社会主义性质的文明。坚持社会主义本质属性，走社会主义文明之路，是社会主义乡村文明发展的客观规律，也是中国当代乡村文明的内在需要。乡村文明的社会主义性质要求其物质文明的成果归全体人民共同享有，即以生产力发展为根本途径，以共同富裕为价值追求。其精神文明必须以马克思主义为指导，同社会主义政治经济相适应，精神文明成果符合人民的需要。其政治文明要求在中国共产党领导下，人民当家做主，依法治国，发展社会主义民主政治，这是社会主义文明的本质特点，是区别于西方现代文明和旧文明的根本之处。其社会文明要求社会和谐有序，人与自然和谐、人与人和谐、人与社会和谐。生态文明不仅是社会主义文明观的升华、丰富和完善，也是推进可持续发展战略，构建和谐社会，推进人类文明社会发展的必然要求。

乡村文明的社会主义本质，首先体现在乡村物质文明的建设上，即把解放和发展乡村生产力，提高农业综合生产能力，摆在首要地位。只有农业生产发展了，农民的农业生产收入和实际收入有了大幅度提高，乡村的集体经济有了发展，乡村才有足够的资金服务于乡村社会文明和生态文明的建设；只有农业生产发展了，农民体验到政策的实惠，才有足够的热情投身到乡村精神文明和政治文明建设中来。只有广大农民实现安居，衣食无忧，才能乐业、创业，才能逐步实现乡村社会的现代转型，建成社会主义乡村文明。其次，社会主义的乡村文明还要体现共同富裕。这是社会主义优越性的重要体现。所谓"共同富裕"是指使所有人能够共同参与发展的机会，共同提高发展的能力，共同促进发展的水平，共同分享发展的成果。社会主义乡村文明尤其要关注绝大多数农民的利益问题，赋予广大农民平等的发展机会，平等的享受发展的成果，弥合城乡差距与贫富差距，实现共同富裕。乡村共同富裕一方面表现为乡村人均收入的提高，另一方面表现为共同富裕层面的扩大，即乡村社会内部贫富差距缩小，城乡贫富差距缩小。只有乡村物质文明发展了，农民才能萌生改变传统生活方式、迈向现代化未来的强烈欲望和实际行动，才能有更多的时间、精力和财力投入到乡村社会文明、政治文明、精神文明和生态文明建设之中，充分体现出乡村文明的社会主义优越性。

2. 符合乡村社会实际

文明既不能嫁接，不能抄袭，也不能照搬，更不能编造。文明是特定主体历史活动的成果，只能学习、借鉴、继承、传衍、更新。

由于人类文明的多样性，不同的文明都有其生存发展的特殊环境，也都有自己独特的内容和形式，因此具有不同文明背景的国家在决定自己国家发展道路时，必须选择适合自己文明个性的发展道路和模式。中国特色社会主义文明的形成和发展就充分地体现了这种思想。乡村文明作为中国特色社会主义文明的重要组成部分，也是根据中国乡村社会自身的经济、政治、文化等发展状况和程度来确定具体的文明发展轨道。

新中国成立以来，我国农业取得了举世瞩目的巨大成就，在由"乡土中国"向"半耕社会"加速推进过程中，我国社会结构的分化、社会运行机制的转轨以及社会资源和利益的配置，为乡村社会带来了新发展，也造成了新的不平衡与不协调。一些曾经处于隐性状态的社会问题凸显，一些新的社会问题由此滋生，不仅直接影响到乡村社会稳定，也影响到和谐社会的构建，更直接关系到全面建设小康社会的进程。目前，农业不稳、农民不富、农村不强，是当前农村经济社会总特征，表现为：农业生产方式落后于生产发展需要，先进的农业科技成果与分散的小规模种植方式难以实现高效结合，农业生产力发展受到严重影响；农村经济结构层次较低并相对单一，种植养殖业和农副产品加工业相分离，农业生产与农产品销售相脱节，涉农高端产业对乡村经济发展的推动和带动作用不足；农民就业渠道狭窄，农民收入增长速度低于其他产业就业人员，形成城乡收入的巨大反差；乡村基础设施建设和社会公共事业的相对不足，影响农民社会交往方式和传统观念的转变；乡村中大量青壮年劳动力涌入城市，乡村社区中的空巢家庭日益增多，"389961（女人、老人和孩子）"群体成为乡村不得不面对的基本现实，部分乡村已呈现经济社会衰败迹象。同时，伴随城市化进展，乡村土地被大量占用，乡村人均耕地面积急剧减少。这些问题一方面让我们深入思考当代乡村文明的现实本质，另一方面也推动我们认识当代乡村文明在社会主义初级阶段所面临的具体任务。当代乡村文明应侧重围绕这些乡村现实问题，构建新型乡村社会。

常言道："顺民心者兴"，只有符合国情民俗的政策才能发挥巨大的社会作用。30 多年来，中国乡村经济之所以得到迅速恢复和发展，从一定意义上讲，就是由于农村经济改革适应了农民经济社会文化的特点。首先，它满足了以家庭为背景的社会文化需要。改革开放以后，广大农村普遍建立了家庭承包责任制，恢复了家庭生产经营等社会职能，大大促进了农业生产的发展。一定意义上，这也是政策符合乡村社会文化环境的作用。其次，是农村政策适应了广大农民从事农业生产的风俗习惯、社会心理、行为方式等社会文化的要求。改革使农民有了自主权，可以按照自己的习惯和心理办事，他们心情舒畅，充分发挥生产积极性和主动性，从而推动了农业生产的发展。这说明了乡村政策适应农民风俗习惯和社会心理等社会文化要求的重要性。可以说，在人类社会生产中，破坏了一定的社会文化环境，人们就失去了生存的能力；保持了一定的社会环境，人们就会有无穷的创造力。[①]

文明多样化是文明发展的规律之一。中国地域辽阔，乡村发展也极不平衡，因此，乡村文明建设也必须因地区制宜，因条件制宜，因传统制宜，因现状制宜。当年的农业学大寨运动之所以出问题，就在于不顾当地实际，大搞一刀切。中国西部地区的农村比东部地区的农村落后，山区的农村比川区的农村要落后，偏远地区的农村比城镇附近的农村要落后，少数民族地区的农村比非少数民族地区的农村要落后。这一切差别是乡村文明建设中必须要依据的出发点。

3. 体现乡村社会和谐

在现代化的推进中，摆在全人类面前的带普遍性、现实性的问题是包括人文环境与自然环境在内的人类生存的根本问题，这是发展现代文明的主要问题。人类的生存环境主要有两个方面的内容：一方面是人与自然环境的关系，另一方面是人与人、人与社会之间的人文环境关系，这两方面的有机结合就构成了整个人类的生态环境与生存环境。社会主义乡村文

---

① 司马云杰：《文化社会学》，山西教育出版社 2007 年版，第 353 页。

明，既体现人与自然、社会和谐发展的客观要求，也是建设中国特色社会主义新乡村的现实诉求。

构建和谐社会不是另外重新构建一种不同的社会形态，而是把和谐社会理念与我们党所提出的富强、民主、文明的现代化建设目标结合起来，细化社会发展的目标与要求，体现了对现实社会的批判和对未来社会的憧憬。

和谐社会建设是一个系统而持续的过程，乡村文明建设是推进农村和谐社会建设的有效途径。物质生产的发展，社会生活的有序，政治生活的民主，精神生活的昂扬，生态环境的改善都是社会和谐的条件和结果。乡村文明建设要从乡村现存的主要矛盾和发展瓶颈入手，千方百计化解矛盾和打破发展瓶颈。针对乡村文明建设的繁重任务，面对历史和现实对乡村造成的现实矛盾和冲突，要善于用和谐的方法、和谐的目的，和谐的思路，和谐的手段去解决、去应对。要和风细雨，不要暴风骤雨；要细致耐心，不要简单粗暴；要示范引导，不要强行命令；要讲求实效，不要摆花架子；要循序渐进，不要突飞猛进；要量力而行，不要不自量力；要尽职尽责，不要推诿扯皮。

4. 借鉴传统文化有益成果

我国乡村社会继承了中华文明几千年的乡土传统，形成与城市截然不同的文明样态。乡村文明作为人类文明系统的重要组成部分，具有文明的共性，又有区别于其他文明的个性：在物质层面上，除较发达的县城和部分活跃的镇，村一级没有林立的高楼大厦，只是传统的房舍，医疗、卫生、学校等公共设施比较缺乏；在制度层面上，乡村在村一级基层形成了礼制秩序维系乡村社会的有效运转，规章制度的约束效果较弱；在社会层面上，特别是在欠发达地区农村，人与人主要以血缘、地缘为纽带，不同于城市业缘纽带关系，因而乡村文明较城市文明多了几份亲情——乡里乡亲。①

人类文明的发展和社会的进步，总是以不同文明之间的互相汲取、互相补充、相互促进为前提的。即使是同一个国家文明的形成和发展，也是国内不同民族优秀文化和不同地域文明成果互相吸收、相互融合的结果。

---

① 张祥晶：《文明"冲突"：城市化过程中不容忽视的问题》，《福建省社会主义学院学报》2002年第4期。

正是这些文化精华互相融合，最终形成了大体统一的华夏文明。①

　　当代乡村文明与城市文明相比，在文化形态上虽然更接近传统文明，但从根本上又不同于传统农业文明，它是农业文明向现代文明过渡中的文明。现代文明是继承人类一切优秀文化成果而发展出来的新的文化形态与价值体系，是新的时代文明与进步状态。虽然许多人把现代工业社会的文明称为现代文明，这只是从生产方式的角度来讲的，没有考虑到现代文明复杂的社会文化形态。文化作为一种资源，合理配置后也会产生效益，所以现代文明的发展也需要借鉴不同的文化内容，才能实现可持续发展。对于现代文明，应该把它看成是人类多元文化相互关联的复合体，看成是整个文化的进步状态，某种文化的单纯的或片面的发展都不能被视为健全的现代文明。由此，现代文明是一个多层次的复杂的文化结构体系，它的发展绝不能是孤立的、片面的，而应该是一个社会的全面发展和进步。这种发展和进步无论如何都不能与民族文化传统割断联系，而应该是民族文化合乎理性地向现代文明延续。② 因为，任何国家的文明发展都是处于既定的有形文化（如政治、经济、制度）的制约中和无形文化（如信仰、道德、风俗）的影响下，任何个人、民族、国家都逃脱不了"传统的掌心"。华夏文化源远流长，激扬创新，传统文化对现代文明的发展具有重大的借鉴意义。

　　对传统文化的借鉴要弃其糟粕，取其精华。把真正优秀的文化成果拿过来，与中国特色社会主义乡村文明相结合，只有这样，才能推动中国乡村文明的发展和进步。中国传统文化内涵十分丰富，概括其精华部分主要包括："天人合一"观、民本思想、辩证的哲学思想、不断实践的科学创新、重视教育的观念、强调人与人之间的"仁"、"义"、"礼"等。这些思想可以帮助我们更好地弥补现代文明条件下个人与自然的关系、个人与社群的关系以及个人与他人的关系。当然，任何一种文明的存在状态都是有缺陷的，比如法制社会缺少道德感，市场环境下会少了正义感等。所以我们可以通过文化补位的办法来模塑理想中的乡村文化形态，当然这种补位文化可以来自传统文化也可以诉诸其他单元文化（比如城市文化）。③

　　传统文化中的许多优秀品质也即是现代文明进程中的宝贵资源，当代

① 张华金：《文明与社会发展》，上海社会科学出版社 1998 年版，第 128 页。

② 司马云杰：《文化社会学》，山西教育出版社 2007 年版，第 331 页。

③ 辛秋水：《传统文化与现代文明对接的若干问题》，《学术界》2010 年第 2 期。

乡村文明不可忽视传统文化的遗传基因，所以中国的乡村文明更应重视传统文化与现代文明的对接。经济现代化的进程不能忽视文化的力量，挖掘文化资源，进行文化对接融合，实现文化优化，才能推动乡村文明的现代发展。

二 乡村文明的基本要求

社会主义乡村文明的基本要求是基于中国特色社会主义乡村文明的特殊性而产生的具体规定性。中国特色社会主义乡村文明的基本要求是具体的，是基本原则的具体体现。而相对于中国特色社会主义文明的评价标准，中国特色社会主义文明的基本要求又是抽象的，是对乡村文明的一般要求。乡村文明的要求主要是基于科学发展的要求，这些要求包括：以农民为本、乡村经济社会全面进步、统筹城乡协调发展以及增强乡村可持续发展能力。

1. 以农民为本位

在乡村文明建设中，以人为本的理念体现为以农民为本。即乡村文明建设以农民为主力；乡村文明发展以农民为目的；乡村文明成果以农民为对象；乡村文明特征以农民为依据；乡村文明措施，以农民为依托；乡村文明评价，以农民为主人。

坚持以人为本，把人民群众的利益追求作为发展的立足点与出发点，让人民群众从发展中获得最大的好处，就会最大限度地调动其创造的积极性，为建设和谐社会提供不竭的动力。[①] 农民是乡村生产力发展的主体和探索乡村建设规律的主体，是乡村各项任务的直接承担者和全面发展的直接推动者。从一定程度上说，农业、农村问题都是农民问题，只有把农民问题解决好了，农业、农村问题才能顺利解决。

时代越发展，科技越进步，人的因素就越重要，农民在乡村中的主体作用就越是不能忽视。科学发展观的本质和核心就是以人为本。以人为本体现在当代乡村文明中就是坚持以农民群众为本，把广大农民群众的根本利益实现好、发展好、保护好，不断提高农民群众物质精神文化水平。这是社会主义乡村文明的着眼点和归宿。

社会主义乡村文明以农民为本，就是承认和尊重农民的社会主体地

---

① 傅治平：《和谐社会导论》，人民出版社 2006 年版，第 78 页。

位。农业的发展、乡村的繁荣依靠的是广大农民群众，农民群众既是乡村文明的实践主体又是乡村文明的价值主体，在乡村文明实践活动中实现自身的发展并成为自身所创造财富的占有者和获得者。承认和尊重农民的社会主体地位，就是让农民自己当家做主，参与新乡村文明的全过程，充分尊重农民的意愿和选择，把乡村的文明发展与农民求富、求安、求乐、求美、求和谐的要求结合起来，以农民愿意不愿意、赞成不赞成作为推动乡村文明发展的准则，使农民对乡村社会有一种主人翁意识和归属感。只有这样，当代中国农民对建设自己美好家园的愿望和热情才能充分调动，一切物质的和精神的、现实的和潜在的积极因素才能竞相迸发，一切分散的和孤立的力量才能有效凝聚。①

　　社会主义乡村文明以农民为本，就是切实维护和保障农民的正当权益。当代乡村文明实现农民的全面发展不仅包括物质财富的发展和精神财富的增长，还包括政治权利和法权的发展。维护和保障广大农民群众的正当权益，就必须确立农民的知情权、参与权和监督权，不仅使广大农民更充分有效地行使民主权利，而且要建立健全能维护和发展农民利益的长效机制，真正让广大农民在乡村建设中当家做主，在实现乡村社会财富增长和社会公正的基础上最终达到农民群众的共同富裕和农民的全面发展。

　　社会主义乡村文明以农民为本，就是着眼于全面提高农民的素质。当代乡村文明，要有具备现代文明素质的新型农民来创造，新型农民的文明素质包括文化素质、技术能力、思想道德水平和行为规范等多个方面。农民自身的素质状况直接决定乡村社会的文明程度，乡村文明的过程既是培养新型农民的过程，农民素质提高的过程也是乡村逐步文明的过程。全面提高农民的素质，就是要通过多种途径和手段去培育农民走向文明，养成现代文明的生产、生活方式和社会交往方式。首先，要把农民培训放在优先地位，将培育有文化、懂技术、会经营的新型农民作为重点，提高农民的发展能力，从而更多获得参与经济社会发展的机会，分享经济社会发展的成果；其次，加强对乡村基础设施和公共服务体系建设的支持，帮助农民改善最基本的生产、生活环境；最后，通过丰富多彩的文化活动，充实和活跃农民业余文化生活，满足广大农民日趋多样化的精神文化需求，陶冶情操，丰富农民的精神世界。

---

　　①　姜作培：《新农村建设应以农民为本》，《唯实》2007 年第 7 期。

2. 乡村经济社会全面进步

关系到农民切身利益的基础设施建设和社会事业发展是乡村发展中最薄弱的环节，也是农民反映最强烈的问题。这要求当代乡村文明要围绕农民需求，大力发展乡村的教育、科技、卫生、文化等各项社会事业。"木桶原理"告诉我们：维持木桶容量整体水平的是最短的那块木板。就社会发展来说，全面发展既要考虑其中发展最快的那一部分，也要考虑发展最慢的那一部分。在发展实践中，各项任务的实现不可能齐头并进，因为在一定时段、一定范围内社会发展强调的重点和区域不同，但就总体而言，必须做到全面均衡。所以，对于广大乡村地区，当代乡村文明不单单是以乡村经济发展为目标，更是要全面推进乡村经济、政治、文化、社会的建设，实现乡村社会的全面进步，在发展乡村生产力的同时完善乡村生产关系和上层建筑。所以，社会主义乡村文明应遵循科学发展观提供的方法论指导。

乡村经济社会全面进步，首先需要进一步深化农村改革，以改革促发展。在取消农业税以后，要全面启动以乡镇机构改革、县乡财政管理体制改革、乡村义务教育管理体制改革为主要内容的农村综合改革，巩固农村税费改革成果，积极推进乡村各方面制度的创新发展，为社会主义乡村文明的形成提供有力的制度保障。扩大公共财政覆盖范围，强化政府对乡村的公共服务，建立以工促农，以城带乡的长效机制，为社会主义乡村文明提供有力的机制保障。其次，重点发展乡村经济，改变乡村落后的经济面貌。1987年邓小平谈到"逐步改善人民的生活，提高人民的收入，必须建立在发展生产的基础上"。[①] 长期以来，尽管我国对乡村社会建设逐步重视，但是受经济发展条件的限制，只能围绕当时最突出的经济问题展开。党的十六大以来，我国的经济发展已具备一定基础，社会事业领域发展问题就摆在了突出位置，同时也有更多的精力关注社会事业，有更多的财力投入到社会事业的建设中去，因此，乡村社会全面进步的基础还是发展经济。在此基础上，从解决温饱问题到实现总体小康，又由总体小康向全面小康迈进，不断走上新台阶。再次，需要发展乡村公共事业，把以改善民生为重点的关乎今后我国乡村经济社会发展远景的社会建设、社会保障提到重要地位。"十一五"期间，国家基础设施建设重点由城市转向乡

---

① 《邓小平文选》（第2卷），人民出版社1994年版，第257—261页。

村，全国乡村基础设施严重不足的情况已有所缓解，而民生领域和基本公共服务供给不足的问题则相对突出。这需要公共财政在推进城乡义务教育均衡发展，发展乡村卫生事业，提高农民医疗保障水平，逐步建立适合乡村实际的社会救助和保障体系等方面发挥更大的作用，使广大农民学有所教、劳有所得、病有所医、老有所养、住有所居。最后，社会主义的乡村文明不仅需要雄厚的物质基础，更需要可靠的政治保障、稳定的社会环境以及正确的思想意识和良好的文化条件。乡村经济社会全面进步，需要发展乡村基层组织建设，健全充满活力的乡村治理机制；积极开展群众性精神文明创建活动，活跃乡村健康的文体活动，完善农民职业技能培训制度等措施，引导农民崇尚科学、移风易俗，在乡村形成良好的社会风貌；建立起一种适合于乡村文明建设的文化观念，既满足农民对民主政治生活的追求，也满足农民对精神文化生活的追求，保证广大农民共享文化发展的成果。

3. 统筹城乡协调发展

城乡分化是社会自然演进的必然选择，它反映了政治专业化、经济效率以及文明发展的多元诉求。"乡村在政治治理中的被动地位、经济生活中的竞争弱势以及社会文化中的边缘处境，都成为乡村社会发展的潜在矛盾。经验表明，农村社会的发展往往成为整个社会发展的基础，而这些潜在矛盾也成为了社会发展的关键制约因素。"[1]

我国改革开放 30 年，社会生产力得到极大的提高，然而，伴随着经济社会的发展，国民生产总值的增长并不会自动带来公平的收入分配，也不会自动增加下层群体的教育和就业机会，更不会自动产生一个城乡平衡发展的模式，从而实现社会公平正义的目标。特别是在向市场经济转轨中，由于竞争机制在不规范的市场中被引入，加剧了利益分配的不均衡，甚至是不公平。这种情况在我国造成城乡发展的不协调，长期以来形成二元经济社会结构，突出表现为：①市场经济的发展推动城乡分化的表现形式从政治结构、社会认同转移到了经济发展的城乡差别，乡村发展相对落后。②长期以来积极促进工业发展的战略布局，工业发展汲取农业资源，在一定程度上限制了农业生产的再投入，农业发展速度放缓。③乡村公共经济严重缺失，难以吸引人才和投资，农民成长并提高能力素质的环境较

---

①　刘金程、吴梅：《城乡分化的历史逻辑与我国现实选择》，《经济研究》2008 年第 6 期。

差。各方面的原因综合到一起致使"三农"问题长期封闭循环，甚至自我强化。由于市场本身的缺陷，政府主导的乡村建设就成为当然之选。正如亨廷顿所说："城乡区别就是社会最现代部分和最传统部分的区别。处于现代化之中的社会政治的一个基本问题就是找到填补这一差距的方式，通过政治手段重新创造被现代化摧毁了的那种社会统一性。"①

党的十六大以来，提出了"统筹城乡"、"两个趋向"、"建设社会主义新农村"等关于乡村建设的新思路。目前，中国总体上已进入"以工促农、以城带乡"的发展阶段，进入到加快改造传统农业、走中国特色农业现代化道路的关键时期，进入到破除城乡二元结构、形成城乡经济社会发展一体化新格局的重要时期，从而为当代的乡村文明提出了新要求。统筹城乡发展，是当前我国社会经济发展的基本走向，它要求把乡村经济社会发展纳入整个国民经济和社会发展全局进行通盘筹划，综合考虑。以城乡一体化发展为最终目标，统筹城乡物质文明、社会文明、政治文明、精神文明和生态环境建设，统筹解决城市和乡村经济社会发展中出现的各种问题，优化资源配置，打破城乡界限，实现共同繁荣。近几年，国家有关解决"三农"问题的"多予、少取、放活"的六字方针便体现了这一理念。"多予"，就是国家尽可能多地支持农业和农村的发展；"少取"就是尽可能减少从农村汲取资源，减轻农民负担；"放活"，就是充分尊重农民的主体地位，消除体制性障碍，调动农民的积极性。

在这里，需要明确的是，社会主义的乡村文明的发展方向并不是将乡村完全变成城市，也不是人为地抑制工业和城市的发展。恰恰相反，它要通过工业和城市的发展，支持和引导乡村的发展，由城乡分离走向城乡一体。在保持城与乡的特色的同时，从经济、社会、空间等方面融合城乡。城市以非农产业为主，乡村以农业为主，各有其经济特点。两者之间会保留功能上的差异，各自承载行业及景观上的差异。

4. 提升乡村可持续发展能力

乡村文明作为我国社会主义文明中的一个重要领域，它的奋斗目标是物质文明、社会文明、政治文明、精神文明和生态文明的有机结合。目前，我国乡村发展还处在农业文明向工业文明转变的过渡阶段，文明发展

①　［美］塞缪尔·亨廷顿：《变化社会中的政治秩序》，生活·读书·新知三联书店1989年版，第66页。

呈现较为复杂的情况，传统农业文明的发展落后与工业文明对生态环境的破坏交错在一起，乡村发展任务繁重。现实的发展状况证明工业文明是不可持续的文明，我们需要对工业文明的文明精神进行反思，转变社会经济发展方式。生态文明的发展思路对社会主义乡村文明的发展方式提出了更高的要求，要求科学发展和可持续发展，尤其注重发展对自然环境的影响。如果缺失了生态文明的发展取向，乡村发展将被导向不可避免的危机境界，就如同现代工业文明所遭遇的发展困境。

社会主义乡村文明走可持续发展的道路，就是在保持农业生产率稳定增长的前提下"发展农村经济，增加农民收入，改变农村贫困落后状况，保护和改善农业生态环境，合理、永续地利用自然资源，特别是生物资源和可再生能源，以满足逐年增长的国民经济发展和人民生活的需要。立足当前，着眼未来，在科学发展观的指导下，实现农业与农村的可持续发展"。① 当前，我国乡村发展肩负双重转型的历史使命，从传统农业向现代工业化农业转型，再进一步转型为生态农业，这对乡村发展方式提出了特殊的发展要求：①乡村经济社会可持续发展的核心，就是要从根本上改造传统农业。表现为加快农业科技进步，加强农业设施建设，调整农业产业结构，转变农业产业增长方式，提高综合生产能力。使乡村经济社会发展发生根本质变。②合理调整国民收入的分配格局，统筹城乡发展规划和产业布局，加大各级财政向乡村倾斜的力度，最大限度地减轻农民负担，增加农民收入。③实现乡村自然环境的保护和合理利用。乡村经济社会可持续发展应以资源的高效利用和循环利用为核心，探索农业资源保护和合理利用的有效途径，努力提高农业资源利用效率，实现农业生产、经济发展和生态环境治理与保护的有机结合，从对自然资源的破坏和盲目消耗转变为保护和合理利用上来。

中国作为最大的发展中国家，实现社会的可持续发展是保持社会长治久安、实现中华民族伟大复兴乃至维护世界和平的必要前提。近年来，每年的中央"一号文件"都以"三农"问题为主，强调"三农"问题对实现中国社会可持续发展的基础性作用。农业与农村的可持续发展，是中国可持续发展的根本保证和优先领域。社会主义乡村文明就是要走一条加强

---

① 王东辉：《新农村建设——实现可持续发展的必由之路》，《沈阳干部学刊》2006 年第 5 期。

农业基础作用，提高农业劳动生产率，实现乡村经济、社会、环境和资源相互协调的发展道路，为中国走可持续发展之路奠定坚实的基础。

三　乡村文明的评价标准

生产力只是社会进步的一种手段，而非目的本身。所以，衡量乡村文明的标准不能仅仅局限在生产力的发展上（尽管它是社会进步的重要途径），而是要从社会的各个领域全面衡量。由于文明是一个历史概念，乡村社会的进步更是一个全面、动态的过程，给乡村文明提出较为精确的评价标准是一件非常困难的事。但是，从当前中国乡村社会现状和未来可预见的乡村建设发展目标来理解，也可尝试给出一个相对微观的描述性标准，主要表现在以下几个方面。

1. 农业生产力发展、农民生活质量提高

改革开放以来，"发展才是硬道理"始终是我国经济建设和乡村建设围绕的主题。社会主义乡村文明，生产为首，富民为本。农民、农村富裕，这是乡村文明的根本。只有农民、农村富了，才有乡村的物质文明，才能有一切乡村社会赖以生存与发展的物质基础，才能有开展一切活动、开创一切事业的物质条件。

当前，我国农业生产发展的目标是："农业生产基础雄厚、农业内部产业结构合理、农业对自然、市场等风险具有较强的抗击能力、农业收益有可靠的保障。从事农业生产的农民因此也能获得较高收入，享受与城市日渐接近的生活水平。"[1] 2006 年 2 月 14 日，胡锦涛在省部级主要领导干部建设社会主义新农村专题研讨班开班式上强调，当前和今后一个时期建设社会主义新农村，要全面加强农村生产力建设，针对制约农村生产力发展的突出问题，抓住关键环节，采取综合措施，加强粮食综合生产能力建设，加快农业科技进步，加强农村基础设施建设，加快转变农业增长方式。[2]

人的素质、人的能力和人的价值能否在安全、公平的社会环境和良好的物质、精神生活条件下得到充分展示是衡量人们生活质量优劣的标准。在新时期，人们所关注的不仅仅是经济增长指数，还有受教育的权利与机

---

[1] 白蕴芳：《农村和谐社会构建研究》，西北农林科技大学出版社 2009 年版。
[2] 《人民日报》2006 年 2 月 15 日第 1 版。

会、人们主体能动性发挥的客观程度、医疗卫生保健条件、自然生态环境改善、文化娱乐休闲等。乡村文明发展的终极目的就是要给人们创造一个公平、文明、幸福的乡村社会环境，使人的权利、责任、能力和自然有机地融合在一起。

2. 乡村集体经济得以发展

乡村集体经济是社会主义乡村文明的保障力量。农民共同富裕，建设乡村各项基础设施、发展科教文卫事业、村庄规划与环境整治等都离不开村级集体经济的有力支撑。长期以来，我国乡村集体经济并没有得到良好发展。改革以前，我国曾尝试走集体合作化道路，但在旧有的集体体制下农民没有独立的土地占有权、使用权及由此而产生的生产经营决策权，农业劳动者事实上成为了生产队的雇佣人员，这大大挫伤了农民的生产积极性。20世纪80年代，我国乡村确立了以家庭承包经营为基础、统分结合的双层经营体制，农民获得了生产经营自主权，成为独立的财产和市场主体，极大地解放了乡村生产力。但是由于受自然、历史等因素的影响，目前我国乡村集体经济依然薄弱，成为乡村文明发展的重要瓶颈。

社会主义初级阶段，受生产力水平、人口素质差异等因素影响，要立刻完全改变小生产状态，建立符合社会化大生产要求的生产关系还存在诸多困难。由此，探索乡村多种所有制及公有制的多种实现形式，创新集体经济组织的体制和经营机制；发展以家庭承包经营为基础，统分结合双层经营体制前提下的生产、供销、信用、消费等各种形式的合作经济；对新型农民合作社的组织形式、管理办法、集资手段以及经营方式等不断摸索和完善，就成为社会主义初级阶段理论的重要组成部分。通过村级集体经济的发展，培育农民的市场素质，既可以增加农民收入、减轻农民负担、解决村级大量的费用开支问题，还可以改善农民生活环境、发展农村公共事业，实现村民的共同富裕。

党的第十七大提出，积极探索农村集体经济的有效实现形式，发展农民专业合作组织，支持农业产业化经营和龙头企业发展。这是对马克思主义中国化和邓小平理论认识的深化。在经济社会快速发展的今天，以家庭为单位的小农经济已落后于需求大市场的发展，而通过乡村集体经济的发展，进一步推进农业现代化进程、建设乡村基础设施以及实现"共同富裕"的宏伟目标则是推动乡村经济发展的一条有效途径。因此，农村改革的重点应注重发展新型集体经济，乡村文明更应该是集体经济大发展的文明。

3. 乡村社会保障体系基本健全

所谓乡村社会保障制度是指在乡村地区实施的，以农民为对象，以社会保险、社会救济、社会福利、社会优抚等生活保障为内容，以促进乡村经济增长和增进农民生活福利为目的的一种社会制度。完善的乡村社会保障体系既是实现社会主义乡村文明的有力保障，也是构建和谐社会的重要内容。社会主义社会应当保障每个社会成员都享有平等的国民待遇，使他们能够获得最基本的生存权和发展权。市场经济条件下，通过利益补偿和收入再分配调节的功能，形成基本健全的乡村社会保障体系，才能体现"民主法治、公平正义、诚信友爱、充满活力、安定有序、人和自然和谐相处"的社会主义本质。[1]

健全的乡村社会保障体系包括：完善的乡村最低生活保障制度、乡村养老保险制度、乡村医疗保险制度；不断推进乡村社会保障法制建设，扩大社会保障覆盖面，完善保障管理体制，为消除乡村绝对贫困、巩固温饱成果提供制度保证。通过健全的乡村社会保障体系，基本实现农村居民老有所养、病有所医、工伤有保险、灾害有赔偿、失业有救济、残疾有安置、贫困有支援，帮助乡村居民抵御未来生、老、病、死、伤、残等事故风险，降低农业生产市场风险，保障农民群体的基本物质生活，实现乡村社会稳定。农民的生活得到了基本保障，在加快发展乡村社会生产力的同时，农民才有条件、有时间进一步丰富乡村社会文化生活，促进乡村文明的发展，实现乡村社会的全面进步。

4. 乡村社会生活和谐有序

生存环境良好、社会关系融洽是社会主义乡村生活和谐有序的基本特征，也是衡量乡村文明的重要标准。乡村文明不仅体现在为广大的乡村群众创造出丰富的物质文明，还体现为发挥农民的主动性、积极性、创造性，营造和谐有序的乡村生活。乡村生活和谐，不仅建立在各社会阶层之间的关系上，而且也建立在乡村社会内部各群体之间的关系上，其目标是达到乡村社会的秩序稳定与关系和谐。

政治生活和谐有序是乡村社会生活和谐有序的重要方面。乡村经济的发展，使农民有了政治参与的物质基础。经济发展状况越良好的地区，民

---

[1] 《光明日报》2005 年 2 月 20 日第 1 版。

主政治的要求就越强烈，政治民主化程度和公民政治参与的水平也就越高。社会主义的乡村文明应是在发展乡村市场经济的过程中，农民独立平等的民主意识和公平竞争的政治参与意识增强，通过村民自治的平等民主实践，使村民自治在一个容纳多种多样的意见与看法的结构中，给村民提供一种捍卫自己利益与权利的可诉求力量，使村民自治成为一种真正公平正义的民主形态，村民的自由与财产受到应有的保护，在乡村社会造就一种无差别的待遇。同时，转变政府对农业和农村经济的领导方式和工作方式，充分尊重农民生产经营的自主权，避免生产上的瞎指挥，以市场为引导，帮助农民发展乡村经济，增强集体经济对农民的吸引力和凝聚力。

农民的日常劳动和生活组成现实的乡村社会。和睦互助的人际关系是乡村社会最主要的社会关系，也是乡村文明的社会氛围。市场经济条件下，随着外来文化和城市文明的传播，广大农民的价值观念和思想意识不断趋于丰富和多元，人们在处理集体与个人、公与私、义与利等重大问题上常常与主流意识形态不同甚至相反，一些不和谐的思想相继出现。目前乡村人际关系日渐疏离，呈现出淡漠与紧张并存的态势。邻里、甚至亲兄弟之间为生活琐事发生争执、纠纷甚至反目成仇的事件时有发生。乡村人际关系的恶化不仅使乡村集体合作经济很难开展，还直接影响到农民的日常生活。社会主义乡村文明就是在乡村形成倡导和谐融洽的人际关系氛围，倡导乡村社会成员发扬团结友爱的精神，重建乡村社会相恤互助的传统，加强乡村社会生活共同体的凝聚作用，努力把村庄建设成为管理有序、服务完善、环境优美、文明祥和的社会主义新乡村，使其真正成为广大农民舒心的生产和生活场所。

5. 乡村优秀文化传统得以传衍弘扬

乡村是传统文化存续的主要空间，传统文化是乡村文明的文化根基。社会主义乡村文明源于中华民族五千年灿烂辉煌的文明史，植根于有中国特色的丰富的社会主义实践，具有鲜明的民族特点。"中国传统乡村的生产机体，精耕细作的传统农业，血缘、地缘的人际关系，物我同根、天人合一的宇宙观念，培植了中国农民'精耕细锄，厚加粪壤，勉致人力，以助地力'的求是务实的态度，'敬时爱日，非老不休，非疾不止，非死不舍'的敬业精神，'夜寝早起，父子兄弟不忘其功。为而不倦，民不惮劳苦'的艰苦奋斗、刻苦耐劳的优秀品质，以及格于使命，爱家爱土，尊老爱幼，扶危济贫的道德情操。作为一种文化精神，它催人积极向上，标榜美好品行，伸张人间正义，陶冶高尚情操。"① 在今天，它们仍是中国乡村文明进步和现代化建设所不可缺少的人文精神。

我国乡村文化传统的形成是自然与社会多重因素共同作用的结果，作为与我国乡村社会互为表里、相互支撑的乡村文化，是指乡村居民在乡村环境中长期生产与生活，逐渐形成并发展起来的一套心理、思想、观念和行为模式。它承载了千百年来乡村居民在一定社会制度下形成的意识形态，包括乡村居民的情感心理、思想观念、伦理道德、生活情趣、人生追求、行为习惯，外显为民风民俗、典章制度和生活器物等，是乡村居民生活世界的重要组成部分，也是乡村居民安身立命的意义所在。

继承乡村优秀文化传统既是弘扬民族优秀传统文化的长远需要，也是衡量乡村文明的重要体现。乡村传统文化，农民世代相承，经过历史的沉淀，成为广大农民精神文化生活的基调和文化习俗。乡村优秀文化传统得以传衍就是"秉承农民特有的人文精神，具有自强自立、开拓进取、倡导和睦、追求和谐、修己安人、整体为上的民族文化特质和'重名节、重孝悌、重文教、重信义'的道德价值观念，这些思想观念世代传承，渗透于农民的精神世界，为农民认同，构成传统文化根基和传统思想道德规范，是千百年来人们进行自我教育、自我约束、自我管理的文化思想武器"；② 乡村优秀文化传统得以传衍就是要培育独具特色的乡村精神，把时代主旋律的远大目标同本村的发展目标结合起来，把乡村发展目标和乡民家庭发展目标整合起来，构建一种为本乡本村居民所共同认同、信仰、遵奉的文化精神，使村民形成对本乡本土的归宿感，对本村价值系统的认同感，对本村经济建设和社会发展的使命感，从而形成强烈的向心力和巨大的社会凝聚力。在新的历史条件下，以传统文化的优秀品质为依托，紧紧围绕建设有中国特色的社会主义这一指导思想，建构一种开拓进取，积极向上，敬业求是，艰苦奋斗，仁义善良，爱家爱国的价值体系和人文精神，才能凸显出当代乡村文明的区域性与时代性特征。

6. 乡村生态环境自然宜人

生态环境优美与否，也是衡量乡村是否文明的重要标准。伴随社会的进步，人们对生活的需求、对环境质量的要求也越来越高。一方面，优美

---

① 高长江：《乡村现代化与乡村文化建设》，《中国农村观察》1995 年第 4 期。

② 桂艳春：《新农村文化与传统文化关系的思考》，《学习月刊》2008 年第 3 期。

的生态环境可以丰富和满足人们的精神文化生活的需要，人们精神愉悦、身心健康，能更好地激发人们的想象力和创新精神，使人们的创造活动更富有成效，生活更富有质量。另一方面，优美的生态环境也能满足人的审美享受的需要。人的审美对象由社会和自然两方面构成，其中大自然、生态环境是人类极其重要的审美对象。现实生活中，优美的环境、秀丽的风光能净化人的心灵，陶冶人的情操，给人以莫大的美的享受。农业生产和农民生活都离不开自然环境，人居环境优良，人与自然和谐相处的乡村与农业生态环境是社会主义乡村文明的重要体现。社会主义乡村文明呈现在人们眼前的，应该是田园景色优美、环境干净整洁、生活方便舒适、农民安居乐业的美好景象。

乡村生态环境自然宜人首先包含绿色、生态农业的建立，绿色、安全、环保的农业与其依赖的自然环境之间建立持续的、可循环的关系。农业本应是一种天然的"绿色产业"，乡村的种植业、果树业、林业以及绿色食品产业对治理日益严重的环境污染、生态恶化、带动旅游业快速发展都起着重要作用，而且乡村的水、空气、土壤以及气候对乡村经济发展环境都有着直接影响。广大的乡村地区种植环境好起来了，农民生产、生活的环境也将会大大改善；其次要有合理的村庄规划和良好的人居环境。具体包括安全洁净的饮水、卫生的厕所和下水系统、集中的垃圾收集与治理、适当的牲畜饲养方法；舒适的住房、规划合理有序的村庄；完善的乡村道路、通信电力、公共交通等基础设施，等等，以满足农民作为乡村社会主体的需要，使广大乡民过上体面而有尊严的生活。

在乡村文明的进程中，构建人与自然和谐发展理念，需要尊重自然、善待自然，遵循自然生态环境，改善村庄居住条件。实践中要不断改造乡村传统生产、生活方式，重塑生态经济时代的乡村社会经济运行方式。

第三节　乡村文明的基本特征

中国是社会主义国家，乡村文明和社会主义事业相联系并组成为它的一部分。它要求以马克思主义为指导，体现社会主义先进生产力的发展方向，促进乡村社会全面进步，体现社会主义时代精神，继承和发扬民族优秀的传统文化。它既立足于乡村又吸收其他文明的精华，进一步彰显中华文明的优秀品质，提升乡村社会的影响力。乡村文明作为乡村社会生活的进步状态，有其内在的特性。正确把握这些特性，是科学认识乡村文明发展规律的客观要求，也是加强社会主义乡村文明建设的基本要求。

一　整体性与协调性

社会是一个有机整体，文明也是一个有机体系。文明的现实存在形态具有结构的不可分割性。文明结构是文明质的规定性，独特的结构形式不仅决定其功能、现实存在形态，而且规定其本质特征。一种文明只有在一定的结构形式中才成其为文明，才具有其内在的生命力，正如人手一旦脱离开人体就失去了质的规定性一样，文明的任一部分脱离开文明的整体也就不再成其为部分。

马克思主义经典作家从结构—功能理论的角度阐明了文明形态内在结构要素之间的相互关系与独特功能，为我们深入研究文明形态的内在结构及变迁，提供了一种有效的方法论工具。马克思在《政治经济学批判》序言中深刻地阐明了人类文明存在形态的一般结构原理："人们在自己生活的社会生产中发生一定的、必然的、不以他们的意志为转移的关系，即同他们的物质生产力的一定发展阶段相适应的生产关系。""这些生产关系的总和构成社会的经济结构，即有法律的和政治的上层建筑竖立其上并有一定的社会意识形态与之相适应的现实基础。物质生活的生产方式制约着整个社会生活、政治生活和精神生活的过程。不是人们的意识决定人们的存在，相反，是人们的社会存在决定人们的意识。"①

"结构的整体性来自于构成一种文明形态的各要素在功能性活动中的相互协调要求，缺乏质的同一性的文明要素在文明的整体运动中，由于各要素活动指向的不一，会造成整体功能的紊乱。"② 社会主义乡村文明就是由乡村物质文明、社会文明、政治文明、精神文明和生态文明五者构成的一个有机整体。五者之间是相互依存、相互促进、相互制约的关系。乡村物质文明表现乡村物质生产的进步和农民物质生活的改善，是整个乡村文明的基础，是乡村社会文明、政治文明、精神文明和生态文明的前提条件。

对社会主义乡村文明各要素的划分，依据的是生产力与生产关系的关

---

① 《马克思恩格斯选集》（第 2 卷），人民出版社 1995 年版，第 32 页。
② 吴克昌：《维度的缺失：文明比较研究的误区》，《湘潭大学学报》（哲学社会科学版）2000 年第 6 期。

系以及按照生产关系的构成所做的划分。它是马克思主义关于文明与历史的观察与理解的特殊视野，也是乡村文明观的科学性质所在。我们倡导对于人类文明的理解的广阔视野，反对用某一特定模式来理解文明。但这并不等于放弃关于文明形态的根本划分与判断标准。提出关于社会主义乡村文明进步及其内在结构理解上的整体性问题，坚持文明形态与社会形态一致性的观点，是科学的文明观、历史观的要求，标志社会主义文明也是一种包含多样性的文明。社会主义文明的构成并不仅仅限于作为其核心内容的社会主义制度文明，也不仅仅限于作为其基础的社会主义工业文明，而是一种内容全面的现代文明。社会主义乡村文明作为社会主义的一种文明形态，是一种以社会主义制度文明为中心的乡村社会的文明，是乡村经济、政治、文化协调发展的文明。

二　开放性与包容性

人类文明史就是一部互相交流、互相补充、互相融合和互相促进的历史。因此，文明本质上是开放的，这种开放性表现为一个文明系统与其外部环境总是保持着积极的相互联系与作用。文明是人类有意识、有目的地劳动创造的产物，而人类认识能力和创造能力的发展是无限的，所以文明的开放性是绝对的。只要人类存在，人类就不会停止劳动创造，作为劳动成果的文明就会持续不断地沉淀和积累。由此，文明发展的速度是随着社会经济文化发展水准的提高、交流范围的扩大而日趋加快，呈现出一种加速发展的态势。①

从人类社会发展史来看，文明是多元的，这种多元性由多种因素决定。只要存在不同的社会制度、不同的文化传统、不同的地域环境，就会有不同类型的文明。汤因比的《历史研究》一书曾列举人类历史迄今为止所存在的 23 种文明；亨廷顿在其《文明的冲突与世界秩序的重建》一书中认为当今世界存在 8 种文明。多种文明并存是人类文明发展的一个基本特征。多种文明并存，不同文明之间又有差别，那么各种文明之间就一定有比较、有借鉴、有发展。人类文明的发展和社会的进步，总是以不同文明之间的互相汲取、互相补充、相互促进为前提的，即使是同一个国家文明的形成和发展，也是国内不同民族优秀文化和不同地域文明成果互相

---

① 　王寿林：《论文明的内涵及其特性》，《北京行政学院学报》2003 年第 6 期。

吸收、相互融合的结果。以中国为例，中国在春秋战国以前存在着多种不同的地域性文化，如齐鲁文化、中原文化、吴越文化、巴蜀文化、荆楚文化、秦陇文化等，正是这些文化精华互相融合，最终形成了大体统一的华夏文明。[①]

社会主义乡村文明是中华民族优秀思想和文化的成果，是社会主义文明在我国乡村社会的表现形态。乡村文明具有社会主义文明的共性，遵循人类文明进程的基本规律，同时又具有区别于其他文明的个性。相对于工业文明来说，乡村文明所依赖的物质基础更多的来自于乡村独特的经济社会环境，受到我国乡村制度、政策因素（如户籍制度）的制约和影响，使乡村文明呈现出特有的乡土氛围。不可否认，维系中国几千年来社会结构稳定的农业文明在科学技术和市场经济的共同作用下日趋解体，工业文明和城市文明正以其强大的辐射能量在不断地改变着人们的思维习惯和生活习惯。但针对广大乡村社会群体的存在，伴随社会转型而来的农业文明向工业文明的转型仍是任重而道远的事情。社会主义乡村文明的建构，正是体现当代中国社会主义文明所具有的博大胸怀，"大胆拿来"，"为我所用"，"古为今用"，具有开放性和博大的包容性特征。正如邓小平指出的："社会主义要赢得与资本主义相比较的优势，就必须大胆吸收和借鉴人类社会创造的一切文明成果。"[②] 社会主义乡村文明在接受和融合工业文明成果的同时，实现中国传统文化与现代化的融合，从而避免"道德评价失范、价值趋向紊乱，非道德主义泛滥，社会道德控制机制弱化，道德教育扭曲变形"[③] 的后发展国家现代化的道德困境。使"乡村"理念并不仅仅是一个纯粹的自然地理的概念，而是伴随着社会的进步和体制的完善，成为现代农民的真正安身立命之地。

三 民族性与世界性

由于人类文明是在不同民族、地域，不同时代背景下发展起来的，所以必然会表现出不同的时代特征、地域风格和民族样式。文明间的差异正如生长在不同气候带的植物一样，是在自然环境和生活在那里的民族改造自然环境的历史过程中形成的。对民族而言，不同民族可以生活在同样的

---

① 张华金：《文明与社会发展》，上海社会科学出版社 1998 年版，第 126、128 页。
② 《邓小平文选》（第 3 卷），人民出版社 1994 年版，第 373 页。
③ 刘小敏、李振连：《WTO 与中国文化》，广东经济出版社 2000 年版，第 127 页。

文明类型下，同一民族也可以生活在不同的文明类型下，民族差异并不必然表现在不同文明类型上。这是因为文明的覆盖性和放射性超越了民族性。文明的形成是在一个比部落民族形成过程更为广大的范围内出现的，特别是在同一地域环境中生活的民族，生活习俗与传统文化的接近，使他们更容易生活在一种文明类型之下。

"文明是人的生存样态。以文化精神为内核的文明的各种现实存在形态，反映了特定的历史阶段上人们处理人与自然、人与人关系的独特方式，这种独特的处理方式也就是某一群人在地球上的特定时空范围中与众不同的生存方式。"① 社会主义乡村文明是反映当代中国社会转型期乡村居民独特的生产、生活方式，靠的是中华民族深厚灿烂的文化和民族自尊心、自信心和自豪感。不同国家、民族的文化传统在现代文明中都占有特殊的作用与历史地位。特别像中国这样一个有几千年文化或文明史的国家，如果不能坚守自己文化的价值，而是一切以西方文化或文明的价值为标准，就会在现代文明建设中失去根本，失去价值取向，从而变得浅薄。一个没有凝聚固守之道的民族的文明大树必然会倾倒，其花果必然会飘零，该民族也将因此而成为漂泊不定的民族。

文明越是民族的，就越能走向世界，为全人类所共有。当代中国社会主义乡村文明是中华民族缔造的文明，其民族特色、民族内容、民族形式、民族风格、民族精神是浓厚而显著的。文明世界发展到今天，不同的个人、群体、民族、国家都被逐渐卷入全球化、信息化的浪潮中，在相互交流、重叠、碰撞中生存发展。信息传媒的发展使地理和时空无限缩小，每个人都无法隔绝外界封闭自己，人们随时都会感到另外的文化和价值观的影响。随着世界交往的不断扩大"过去那种地方的和民族的自给自足和闭关自守状态，被各民族的各方面的互相往来和互相依赖所代替了，物质的生产如此，精神的生产也是如此。各民族的精神产品成了公共的财产。民族的片面性和局限性日益成为不可能"。② 但是即使在人类世界性的交往基础上，精神意识的民族性仍不可消除。文明的世界性，最终要通过各民族各国家的文明个性表现出来。正如斯大林所说：任何民族在世界上都会有一个鲜明的形象："各个民族之所以不同，不仅在于他们的生活

①　吴克昌：《维度的缺失：文明比较研究的误区》，《湘潭大学学报》（哲学社会科学版）2000 年第 6 期。

②　《马克思恩格斯选集》（第 1 卷），人民出版社 1995 年版，第 255 页。

条件不同，而且表现在民族文化特点上的精神形态不同。"① 是民族的，才可能是世界的。文明的多元化与民族的多元化，构成人类文明发展的特点，而只有民族多元化才能有文明的多元化，只有文明的多元化才是人类文明不断发展的生命之源。

四　时代性与稳定性

文明是随着时代的发展而不断变化的。在文明的早期阶段上，起主要作用的是肥沃的土壤、多鱼的水塘等生活资料的储藏；在较为发达的社会里，起主要作用的是河流、森林、金属、煤炭等生产资料的自然财富。而自然条件的不同给原始文明的要素带来了各种各样的差异。于是不同民族就形成了各自特殊的、独一无二的、无与伦比的风俗的、伦理的、信仰的种种观念，形成了独特的政治形式和法律形式，还有不同的发明、创造以及公共设施等。所有这些作为历史因素一旦形成，便不仅给周围的环境以影响，而且给整个民族的、地区的社会文明以独特的发展道路和特殊的民族形式。伴随工业与商业的发展，科学的创造和传播以及文明语言的形成等因素的交互作用，常常会形成不同的文明地区、文明地带。②

文明是人类改造客观世界和主观世界的积极成果，是人类创造的物质、精神财富的总和。只要人类社会还存在，人类改造世界、创造财富的活动就不会停止。正如恩格斯所言："当我们深思熟虑地考察自然界或人类历史或我们自己的精神的时候，首先呈现在我们眼前的，是一幅由种种联系和相互作用无穷无尽地交织起来的画面，其中没有任何东西是不动的和不变的，而是一切都在运动、变化、产生和消失。"③ 当代中国乡村文明是在工业化进程中与工业文明相互影响和相互作用，在两者互动基础上进一步得以提升和发展的，这种文明发展轨迹构成了当代中国乡村文明演进的基本方向和趋势。生产力决定生产关系，经济基础决定上层建筑的规律，决定了乡村文明发展是以生产为主导的文明发展模式，乡村文明形态要想取得真正成功，仍需要积极发展乡村社会生产力，提高生产效率。离开社会生产力的发展，离开生产方式的进步，乡村文明的发展就是"虚无"的发展，就是"不可持续"的发展。

①　《斯大林全集》（第2卷），人民出版社1953年版，第294页。
②　司马云杰：《文化社会学》，山西教育出版社2007年版，第320页。
③　《马克思恩格斯选集》（第3卷），人民出版社1995年版，第359页。

当代中国乡村文明不仅具有时代性，同时还具有稳定性特征。乡村文明在一定的社会历史条件下一旦形成，就会形成一种稳定的社会价值取向和文化模式，文明的因素就会渗透和显现到社会生活的各个方面，依附在社会个体的言谈举止中，从而使乡村社会呈现独特的行为准则、生活模式以及价值观念和文明尺度。同时，作为生产力的社会存在形式——生产关系也具有稳定性特征，一定的生产关系一经确立，只要在一定时期内能够满足生产力发展的需要，就可以保持相对不变。

五　创新性与前瞻性

创新是人类主体在实践活动中所激发出的积极性与能动性的反映，它意味着人类思想冲破固有的思维定式，打破旧的教条，在实践中培植社会发展新的生长点，重构社会发展新体制，在竞争中保持优势。一个民族，一个国家要获得生存与发展的动力源泉和现实力量，就需要不断创新。创新是一个民族进步的灵魂，是一个国家兴旺发达的不竭动力。社会主义文明不是一成不变的，它的进步性随着历史的发展而发展。同时，社会主义文明是一种面向现代化、面向世界、面向未来的文明。要面向世界、面向未来，就要具有相对的前瞻性、导向性和方向性。

改革开放以来，我国乡村经济、社会、文化发生了全面而深刻的变化，农业和乡村经济发展进入到一个新的历史阶段，乡村社会文明建设取得了令人瞩目的成就，但也遇到了许多新情况、新问题。特别是在从计划经济向社会主义市场经济转轨的过程中，社会主义文明建设面临着十分复杂的局面。各种矛盾相互交织，各种观念相互碰撞，人们的生产方式、生活方式、思维方式、价值取向、精神追求日趋多元。如何帮助人们满怀信心地建设中国特色社会主义，树立社会主义的理想、信念和道德风尚，这是一个重大的历史课题。

当今世界科学技术迅速发展，日益强烈的经济全球化趋势，使创新成为时代潮流。创新就是不断有所发现、有所发明、有所创造、有所前进，它既是自然科学和社会科学发展的必然规律和动力，也是人类不断地从必然王国向自由王国飞跃的阶梯。当前世界各国之间的竞争是以科学技术为基础的综合国力的竞争，科技竞争的核心就是科技创新的竞争。科技创新需要理论创新、知识创新、体制创新等一整套创新体系与之配合。理论创新就是坚持中国特色社会主义理论，使我们党的基本路线、基本理论在改革开放和社会主义现代化建设的实践中不断得到发展；知识创新就是努力学习掌握科学前沿的最新知识，不断地创造出推动科技进步的新知识，成为知识经济的基础；体制创新就是不断完善社会主义市场经济，全面建立、完善中国特色社会主义所要求的经济、政治、文化及其他各方面的体制。由此，对待当今我国的乡村发展问题就需要我们不断地解放思想、更新观念、深化认识，把乡村建设的科学理论和具体实践相结合，更好地研究新情况，解决新问题，把我们的思想认识和精神状态提高到时代所要求的水平和层次。反之，如果因循守旧、思想僵化，拘泥于过去的概念、范畴，人们就无法自由、自觉地活动，整个社会主义也将失去了活力，更谈不上文明发展。

第三章

马克思主义农业文明观及乡村文明建设思想

中国社会主义建设问题的复杂性在于中国至今仍然还是发展中国家，同时也是社会主义国家。经过民主革命、特别是新民主主义革命，以及60年社会主义的改造和建设以后，中国早已不再是一个"积贫积弱"的国家。但同时我们也要看到，资本主义文明应当完成的任务，一些方面中国还没有彻底完成。推行社会主义市场经济以来，封建时代曾盛行的官工、官商、权钱交易等现象时有发生；崇拜鬼神的封建迷信也在回潮；某些宗教的影响有扩大的趋势（尤其在乡村地区表现明显）；在乡村，某些地区的宗族关系势力还很强大，马克思所说的"人的依赖关系"还远未根除；一些乡村基层一定层次上的家长制作风依然存在，乡村民主政治建设并不顺利。"由这种实际情况决定，有中国特色的社会主义文明建设还要继续完成克服人的'自然局限性'的任务，实现'资本的伟大文明作用'。"① 当前，中国特色的社会主义文明建设面临着双重任务，那就是在继续克服人的自然局限性的同时，又避免资本所造成的社会局限性，避免资本对人与社会所造成的全面异化。

正确认识人类文明演变和更替的规律对任何一个国家和民族来说都是至关重要的。要实现中华民族的伟大复兴，就需要清楚地认识当今人类所处时代的特点，特别是对当今人类文明的演变与更替有一个正确的认识和把握。中国特色社会主义乡村文明是建立在马克思主义理论基础上，对中国社会主义乡村应有的进步状态所做的一个理论探究，是把马克思主义的理论与中国乡村实际相结合，探寻当代中国乡村社会的发展理念和践行路径。为了深刻而准确地把握这个问题，有必要重温马克思主义关于农业和乡村发展的主要思想和观点。

---

① 刘奔：《文明的思考——2004华夏文明论坛》，《探索与争鸣》2005年第1期。

第一节 马克思、恩格斯的农业文明观提炼

人类从采集天然食物的原始文明阶段进入到农业文明阶段，再到工业文明阶段及知识信息化的现代文明，人类的生存方式经历了不同的样式，人类文明以一种螺旋上升的方式不断进化而趋向完善。但是不论人类社会进步到何种程度，要维持其自身的生存和发展都不能放松农业发展和遗弃乡村社会。关于农业社会与农民问题，马克思、恩格斯也有过许多的论述。

一 马克思：村社制度的历史沉淀性与出路

马克思从 19 世纪 50 年代开始到他逝世前，从探讨人类社会发展的普遍规律和不同民族、国家实际发展的多样性关系角度，对东方社会（主要是以印度为代表，包括中国、俄国、埃及、波斯、土耳其在内）的特点进行了研究。马克思最先提出"亚细亚生产方式"这一概念，用以揭示东方农业社会结构及发展形态问题。在对东西方社会进行比较研究时，它认为整个亚洲古代文明地区呈现出典型的"东方"图景：一方面是土地公有的村社共同体；另一方面是建立在村社制度基础上的东方专制制度。而"东方（他指的是土耳其、波斯、印度斯坦）一切现象的基础是不存在土地私有制。这甚至是了解东方天国的一把真正的钥匙"。①

亚细亚生产方式是奴隶占有制、封建制、资本主义三种生产方式之前的一种生产方式，是原始共产制的别名。马克思和恩格斯所说的亚细亚社会形态，作为一种特定的生产者和生产资料结合的方式，在逻辑上和历史上都是指原始社会形态。所以，"亚细亚"不是地理概念，而是马克思基于对世界历史深刻研究抽象出来用以说明奴隶制以前更原始的社会经济形态的一个概念，尽管他们早期并不知道有个原始社会。后来，马克思再也没有用过这一概念。

1. 由于自然条件的恶劣，导致东方社会的集权

马克思晚年在其《人类学笔记》中，主要研究了东方社会的土地所有制和村社制度，认为东方社会经济结构完全不同于西方。明确提出了印

———————

① 《马克思恩格斯全集》（第 28 卷），人民出版社 1973 年版，第 256 页。

度这样的东方国家根本不存在西欧意义上的封建主义；并确认亚洲各国存在的农村公社是"自然形成的共同体"，其实质上是一种从原生态到次生态社会过渡时期的土地所有制形式。马克思认为这种亚细亚生产方式基本的特征是农业生产条件下的土地公有制，这是古代东方社会的经济结构，也是它的政治结构的基础。

古代东方社会有比西方优越的农业生产条件，但由于恶劣的自然条件常常使农业生产面临着很大挑战，比如气候因素、土壤墒情、兴修水利等。在低下的生产力条件下，这些自然因素对农业生产造成了巨大影响，而要克服这些自然因素的不利条件，只有在一定范围内把农业人口集中组织起来，共同降低自然风险。所以，公有制特别是土地公有制就理所当然成为当时农村公社内的最佳选择。马克思对东方国家的土地公有进行分析指出："但是东方各民族为什么没有达到土地私有制，甚至没有达到封建的土地所有制呢？我认为，这主要是由于气候和土壤的性质，特别是由于大沙漠地带，这个地带从撒哈拉经过阿拉伯、波斯、印度和鞑靼直到亚洲高原的最高地区，在这里，农业的第一个条件是人工灌溉，而这是村庄、省或中央政府的事。"①由于东方社会的自然条件，需要有一个集中的权力来实施大规模的公共工程，并进行统一规划、组织和管理，这决定了国家权力必然超越各个小村庄而成为其之上的统治力量。通过对农业生产过程的直接管理和组织，国家作为公社代表而成为最高的土地所有者。

东方社会结构中这种村社制度和地理环境的独特性，反映在社会政治结构上，就表现为个人对群体的高度依附以及国家在这种经济结构中处于重要地位。马克思指出："节省用水和共同用水是基本的要求，这种要求，在西方，例如在费兰德和意大利，曾使私人企业家结成自愿的联合；但是在东方，却不能产生自愿的联合，所以就迫切需要中央集权的政府来干预。"② 这也让我们更深刻地理解了马克思所说的"真正的钥匙"——"东方不存在土地私有制"这句话的实质意义，即"在于存在着一个实际上拥有全部土地所有制的专制集权的中央政府"。③

---

① 《马克思恩格斯全集》（第28卷），人民出版社1973年版，第260—263页。
② 《马克思恩格斯选集》（第1卷），人民出版社1995年版，第762页。
③ 赵一红：《马克思的"亚细亚生产方式"理论与东方社会结构》，《马克思主义研究》2002年第5期。

2. 村社制度的本质是封闭的、自足的和依赖于公共权力的

东方社会的村社制度是一种典型的自给自足的大陆封闭型农业制度。马克思曾指出："在印度有这样两种情况：一方面，印度人民也像所有东方人一样，把他们的农业和商业所凭借的主要条件即大规模公共工程交给中央政府去管，另一方面，他们又散处于全国各地，通过农业和制造业的家庭结合而聚居在各个很小的中心地点。由于这两种情况，所以从远古的时候起，在印度产生了一种特殊的社会制度，即所谓村社制度，这种制度使每一个这样的小结合体都成为独立的组织。过着自己独特的生活。"①"在某些这样的村社中，全村的土地是共同耕种的，但在大多数情况下是每个土地所有者耕种自己的土地。在这种村社内部存在着奴隶制和种姓制。荒地作为公共牧场。妻子和女儿从事家庭纺织业。这些田园共和国只是怀着猜忌的心情防范邻近村社侵犯自己村社的边界，它们在新近刚被英国人侵占的印度西北部还相当完整地存在着。我认为，很难想象亚洲的专制制度和停滞状态有比这更坚实的基础。"②

这种自足的、封闭的经济实体，是以单个人对公社原有关系的再生产为其存在和发展的基础的，而且在公社自身内部就包含着这种生产和扩大再生产的一切条件。村社农民关心的只是自己的小块土地和家庭的生活所依，对国家的政权形式漠不关心。所以，马克思认为，正是这种孤立、分散的村社共同体"使人们的头脑局限在极小的范围内，成为迷信的驯服工具，成为传统规则的奴隶，表现不出任何伟大和任何历史首创精神"。③人们对外部世界的社会变革无动于衷，以至于王朝的兴衰更迭也不能影响村社制度的存在和发展。

村社之间的彼此孤立、分散和封闭，限制了社会的流动和交往，使村社之间缺乏任何联合的动力和能量。由此，也决定了村社共同体必须依赖凌驾于它们之上的中央集权政府，依赖最高统治者利用自己至高无上的权力来调动人员，实施各项社会公共工程，保障每一个家庭乃至单个的村社不至于失去生存的可能。这样，国家的政治统治以社会经济职能即管理社会公共事务的职能为基础，并借助于村社共同体的力量而得以实现，公社本身事实上已经难以完全独立自主地进行生产活动。由于村社共同体生产

---

① 《马克思恩格斯选集》（第 1 卷），人民出版社 1995 年版，第 764 页。
② 《马克思恩格斯全集》（第 28 卷），人民出版社 1973 年版，第 272 页。
③ 《马克思恩格斯选集》（第 1 卷），人民出版社 1995 年版，第 765 页。

的需要而使其成为国家实现自己的专制统治的工具。①

3. 村社制度的顽强的历史复制性使它根本没有自己的历史

马克思认为，造成东方社会长期停滞不前的直接原因是东方社会农业和手工业相结合的自然经济结构。这种尚未脱离氏族或公社脐带的村庄生产共同体，缺乏自我发展的强大动力，被社会结构的机制严重地束缚和抑制。村社制度一方面为农民在一定程度上抵御专制政府的压迫有帮助，但另一方面由于它排除竞争，使工业和农业水平长期保持固定不变。② 马克思说："这些自给自足的公社不断地按照同一形式把自己再生产出来。当它们偶然遭到破坏时，会在同一地点以同一名称再建立起来，这种公社的简单的生产机体，为揭示下面这个秘密提供了一把钥匙：亚洲各国不断瓦解，不断重建和经常改朝换代；与此截然相反，亚洲的社会却没有变化。这种社会的基本经济要素的结构，不为政治领域中的风暴所触动。"③因而，马克思断言，印度等东方社会"根本没有历史，至少是没有为人所知的历史。我们通常所说的它的历史，不过是一个接着一个的入侵者的历史"，④"从地理上看，一个村社就是一片占有几百或几千英亩耕地和荒地的地方；从政治上看，它很像一个地方自治体或市镇自治区……从很古的时候起，这个国家的居民就在这种简单的自治制的管理形式下生活着。"⑤

这种"亚细亚生产方式"是人类历史上一种极其原始的、保守的和具有高度凝聚力的特殊社会形态，它的生产力基础是早期农业与始终处于胚胎状态的手工业在低水平上的牢固结合，人们生产活动和经济生活的范围和形式也是极其狭窄的、封闭式的和自给自足型的；它的最突出特点就是国家（由最高统治者个人体现）对社会全体成员的经济的和（尤其是）超经济的强制，主要表现在国家对基本的生产资料（特别是土地、灌溉系统和其他维系生存必需的生产手段）绝对的、世袭的特权（所有权），国家对生产出来的大部分剩余产品的无偿占有、调拨和使用，对社会成员思想内容的近乎神秘的绝对控制和社会全体成员对最高统治者个人的近乎

---

① 秦龙：《马克思从"共同体"视角看东方国家专制性的思想探析》，《大连海事大学学报》（社会科学版）2007 年第 5 期。

② 赵一红：《马克思的"亚细亚生产方式"理论与东方社会结构》，《马克思主义研究》2002 年第 5 期。

③ 《马克思恩格斯全集》（第 23 卷），人民出版社 1972 年版，第 396—397 页。

④ 《马克思恩格斯选集》（第 1 卷），人民出版社 1995 年版，第 767 页。

⑤ 《马克思恩格斯全集》（第 28 卷），人民出版社 1972 年版，第 271 页。

愚昧的绝对效忠等。由于各方面的狭隘性和守旧性，"亚细亚生产方式"看上去仿佛是一个停滞不前的社会经济形态。这就是马克思在"经济学手稿"和《资本论》中为我们呈现的一幅社会画面。①

4. 真正触动农业社会深层的是蒸汽机、商品交换和对外贸易

马克思认为，东方社会的这种稳定结构，使其自身不可能产生一个根本的革命，只有西方资本主义入侵才能动摇它的基础。由于西方对亚洲的殖民侵略，使亚洲社会爆发了一系列政治、经济、文化领域的革命，触动了农业社会的深层，对亚洲革命充当了历史不自觉的工具。关于这种观点，马克思有过多方面的论述。

马克思认为东方一旦与西方接触，客观上就会推动殖民地的贸易、交换手段和一般的商品的增加。对于英国殖民地对印度的入侵，一方面，马克思表示了极大愤懑，指出"英国在印度斯坦造成社会革命完全是被极卑鄙的利益所驱使，而且谋取这些利益的方式也很愚蠢"。② 另一方面也指出了英国殖民者在把印度变成殖民地的过程中，为了自身利益而进行的文明的建树。马克思指出："问题在于，如果亚洲的社会状态没有一个根本的革命，人类能不能完成自己的使命。如果不能，那么，英国不管干了多少罪行，它造成这个革命毕竟是充当了历史的不自觉的工具。"③ 马克思说："曾以制造业闻名于世的印度城市遭到这样的衰落绝不是英国统治的最坏的结果。不列颠的蒸汽机和不列颠的科学在印度斯坦全境彻底摧毁了农业和制造业的结合。"④ "这些家族式的公社是建立在家庭工业上面的，靠着手织业、手纺业和手耕农业的特殊结合而自给自足，英国的干涉则把纺工放在兰开夏郡，把织工放在孟加拉，或是把印度纺工和印度织工一起消灭，这就破坏了这种小小的半野蛮半文明的公社，因为这摧毁了它们的经济基础；结果，就在亚洲造成了一场最大的、老实说也是唯一的一次社会革命。"⑤ 这种对农业的冲击，也对古老的传统信仰、生活方式、宗法制度具有破坏作用，从整个人类历史来看在一定程度上也是文明的进步。

---

① 王逸舟：《对马克思的"亚细亚生产方式"概念的探讨》，《马克思主义研究》1985 年第 10 期。

② 《马克思恩格斯选集》（第 1 卷），人民出版社 1995 年版，第 766 页。

③ 同上。

④ 《马克思恩格斯选集》（第 9 卷），人民出版社 1995 年版，第 147 页。

⑤ 《马克思恩格斯选集》（第 1 卷），人民出版社 1995 年版，第 765 页。

马克思认为，从客观的角度来看，英国殖民者使印度的社会结构发生了改变，成为世界交往链条中的一环，并使新的生产工具和生产力的应用成为可能；但是从价值尺度来说，印度成为英国殖民者掠夺的对象，而新的生产工具的使用只不过是掠夺的手段而已。英国殖民者"没有任何重新改建印度社会的意思"，造成的结果是"印度失掉了他的旧世界而没有获得一个新世界"。① "既不会使人民群众得到解放，也不会根本改善他们的社会状况，因为这两者不仅仅决定于生产力的发展，而且还决定于生产力是否归人民所有"。② 这同时也为东方国家清除资本主义的消极方面指明了方向，即进行社会变革，使生产力归于人民所有。③

5. 村社制度的二重性为公社未来的发展提供了两种可能

马克思在对俄国社会历史考察中发现，19 世纪 60 年代前后仍保存完好、普遍存在的俄国农村公社具有明显的二重性：一方面，耕地是公社集体所有；另一方面，耕地定期在公社成员之间进行重新分配，每个农民用自己的力量来耕种分配给他们的土地并把生产所得留为己有。马克思认为，村社本身包含着天生的二重性并为公社未来的发展提供了两种结局。他说："农村公社既然是原生的社会形态的最后阶段，所以它同时也是向次生的形态过渡的阶段，即以公有制为基础的社会向以私有制为基础的社会的过渡。不言而喻，次生形态包括建立在奴隶制上的一系列社会。""但是，这是不是说，农村公社的历史道路必然要导致这种结局呢？绝对不是的。农村公社天生的二重性使它只可能是上面两种情况之一：或者是私有原则在公社中战胜集体原则，或者是后者战胜前者。一切都取决于它所处的历史环境。"④

马克思认为农村公社向何种次生社会形态发展，取决于它所处的历史环境，其中起决定作用的是其内部土地所有制形式的变化。如果自由的土地私有制取代了集体所有制，就会导致社会奴隶制的发展方向，例如希腊的雅典和继之而起的罗马；如果土地公有原则战胜了私有原则，在旧的农村公社的基础上就会形成"最初只是为了维护共同利益（例如在东方是

---

① 《马克思恩格斯选集》（第 1 卷），人民出版社 1995 年版，第 766 页。

② 同上书，第 771 页。

③ 熊振均：《马克思的村社理论及其当代意义》，《安庆师范学院学报》（社会科学版）2008 年第 1 期。

④ 《马克思恩格斯全集》（第 19 卷），人民出版社 1972 年版，第 435 页。

灌溉）、为了抵御外敌而发展成的国家"，并导致对为数众多的农村公社成员实行地租和课税合并在一起的贡赋制社会。① 马克思认为，农村公社天生的二重性一方面可能成为农村公社本身强大生命力的源泉，因为"它摆脱了牢固而狭窄的血统亲属关系的束缚，并以土地公社所有制以及由此而产生的各种社会关系为自己的坚实基础"；② 另一方面也可能成为公社自身瓦解的根源。马克思指出"除了外来的各种破坏性影响，公社内部就有使自己毁灭的因素。土地私有制已经通过房屋及农作园地的私有渗入公社内部，这就可能变为从那里准备对公有土地进攻的堡垒。这是已经发生的事情。但是，最重要的还是私人占有的源泉——小土地劳动。它是牲畜、货币、有时甚至奴隶或农奴等动产积累的基础。这种不受公社控制的动产，个体交换的对象（在交换中，投机取巧起极大的作用）将日益强烈地对整个农村经济施加压力。这就是破坏原始的经济平等和社会平等的因素。它把别的因素带进来，引起公社内部各种利益和私欲的冲突，这种冲突，首先破坏耕地的公有制，然后破坏森林、牧场、荒地的公有制，一旦这些东西变成了私有制的公社附属物，也就会逐渐变成私有了。"③ 因此，从农村公社自身的内在结构来看，其未来命运并不明朗，通过资本主义和非资本主义两种方式实现社会发展的可能都存在，一切都取决于它所处的现实环境。

以上提炼观点表明，马克思作为人类解放学说和社会发展理论的伟大思想家，在 100 多年前关于农业文明的许多思想至今仍闪烁着伟大的光辉，穿越时空，启迪后人。马克思对"亚细亚生产方式"的分析不仅从理论观点上丰富和发展了唯物史观，而且也有助于我们理解现实社会主义发展中的某些问题。亚细亚生产方式作为一种农业文明的产物，虽然曾对许多东方国家农业社会的稳定发展起过很大的作用，但也是造成大多数东方国家近代以来落伍的主要原因。在我国今天的乡村文明建设中，要深刻认识封闭性对乡村发展的影响和制约，积极推动乡村的开放，坚决打破小农经济的习惯和格局，实现乡村的社会化；马克思力图从东方社会特有的乡村社会结构出发，从对东方社会特殊历史环境的具体分析入手，揭示出

———————————

① 黄伟城：《试论奴隶社会并非阶级社会首先必经的历史阶段兼论商朝不是奴隶社会》（上），《广西民族学院学报》（社会科学版）1980 年第 7 期。

② 《马克思恩格斯选集》（第 1 卷），人民出版社 1995 年版，第 450 页。

③ 同上。

东方社会不同于西方社会的特殊发展道路，从而说明人类社会的发展既不是单线的，也不是多线的，而是多样性的统一。在建设乡村文明的过程中，必须因地制宜，一切从当地实际出发，在中央基本战略指导下，发展有当地特色的乡村文明；马克思关于在分散的村社制度下对政府大型公共工程必然要求的思想，启迪我们必须始终重视乡村的基础设施建设，像大型水利设施这样高投入的基础设施，没有政府的出面是不可想象的。作为乡村公共产品，中央和地方政府必须给予长期的战略性投入，绝不能急功近利；马克思关于只有商品经济、蒸汽机、对外贸易才能触动乡村深层结构的思想，让我们把乡村文明建设的基点和战略放在大力推进乡村商品经济发展和工业化对乡村经济的推动上。

二　恩格斯：农业文明与小农策略

在马克思主义经典作家著作中，关于文明的论述较多地体现于恩格斯的不朽著作《家庭、私有制和国家的起源》中，这部著作对文明时代的划分和人类进入文明时代以来阶级社会的文明发展规律与特点进行了具体分析。在《法德农民问题》中恩格斯给我们提出了用什么样的态度对待农民以及采取什么方法引导农民走向社会主义的问题。为我们探索人类文明发展的必然趋势以及对我们今天建设社会主义新型文明都有着十分重要的指导意义。

1. 一定历史条件下的社会制度受劳动和家庭两种发展阶段的制约

恩格斯在 1884 年《家庭、私有制和国家的起源》（以下简称《起源》）第 1 版序言中，阐述了人类社会存在和发展的基础。他指出："根据唯物主义观点，历史中的决定性因素，归根结底是直接生活的生产和再生产。但是，生产本身又有两种。一方面是生活资料即食物、衣服、住房以及为此所必需的工具的生产；另一方面是人自身的生产，即种的繁衍。一定历史时代和一定地区内的人们生活于其下的社会制度，受着两种生产的制约：一方面受劳动的发展阶段的制约，另一方面受家庭的发展阶段的制约。"[1] 这就是著名的"两种生产"理论。在恩格斯看来，物质资料的生产方式即是劳动的形式，人自身的生产方式即是家庭的形式。物质资料生产方式的变革形成了劳动发展的不同阶段，人自身生产方式的变革形成

---

① 《马克思恩格斯选集》（第 4 卷），人民出版社 1995 年版，第 2 页。

了家庭发展的不同阶段。这两个阶段共同制约着一定时代和一定地区的人们，并对社会的发展产生重大的影响。恩格斯认为，不同历史时代和不同地区的社会制度之所以不同，是由于受不同的物质资料生产方式变革和人类自身生产方式变革的作用，即所谓受两种生产的制约作用不同。同时，两种生产对社会制度的制约作用，也因不同的历史时代各有所不同。恩格斯说："劳动愈不发展，劳动产品的数量，从而社会的财富愈受限制，社会制度就愈受血族关系的支配。然而，在以血族关系为基础的这种社会结构中，劳动生产率日益发展起来；与此同时，私有制和交换、财产差别、使用他人劳动力的可能性，从而阶级对立的基础等等新的社会成分，也日益发展起来，这些新的社会成分在几世代中竭力使旧的社会制度适应新的条件，直到两者的不相容性最后导致一个彻底的变革为止。"① 也就是说，越是生产力不发达的社会阶段（比如原始社会），人类自身生产方式对社会制度的制约作用越强，血族关系成为社会结构的基础。随着生产的发展，劳动生产率的提高，社会出现了私有制度、财产差别以及阶级剥削等新的社会成分，使原始社会最后为阶级社会所代替。所以，在阶级社会时代，社会制度的更替主要受物质资料生产方式的制约，其中家庭制度也完全受所有制的支配。

　　尽管两种生产在不同的历史时代对社会制度的制约作用各有所不同，但他们却都是一切历史时代社会存在和发展的必要条件。物质资料的生产构成为主要的、基础的东西，因为物质资料的生产是人类赖以存在的基础。但这一生产又总是通过人类自身的生产而得以实现。虽然原始社会的历史发展主要受人类自身生产制约，但并不是完全否认物质资料生产对原始社会发展的影响，只不过在原始社会时期，人类自身生产起着更重要的基础作用。从人类历史的发展过程来说，这两种生产是同一过程的两个方面，其相互作用的结果便构成了人类社会历史的全部内容。

　　2. 根据生产资料生产的进步把人类社会划分为蒙昧时代、野蛮时代和文明时代

　　摩尔根以物质资料生产的进步作为历史分期标准。他将人类社会分为三个主要时期：蒙昧时代、野蛮时代、文明时代。恩格斯在《起源》中对摩尔根的人类社会分期法做出了肯定的评价："文明时代是学会对天然

---

① 《马克思恩格斯选集》（第4卷），人民出版社1995年版，第2页。

产物进一步加工的时期，是真正的工业和艺术产生的时期。"① 恩格斯在《起源》中主要用蒙昧野蛮来说明国家产生前的无阶级社会，用文明时代来说明阶级社会。"文明时代的基础是一个阶级对另一个阶级的剥削"，"国家是文明社会的概括"，② 他又指出，"奴隶制是古希腊罗马时代世界所固有的第一个剥削形式；继之而来的是中世纪的农奴制和近代的雇佣劳动制。这就是文明时代的三大时期所特有的三大奴役形式；公开的而近来是隐蔽的奴隶制始终伴随着文明时代"。③

　　恩格斯在《起源》中认为，到原始社会末期，随着人类改造世界能力的增强，生产力发展到了一定的阶段，出现了社会大分工，由社会分工产生的个人之间的交换，以及把这两个过程结合起来的商品生产"完全改变了先前的整个社会"。伴随着私有制和阶级的出现，氏族社会组织被破坏以致完全瓦解，取而代之的是建立在阶级对立基础上的国家和物质生产与精神生产的分离。人类最终跨入了文明时代的门槛，才有了现代意义的文明。

　　恩格斯进一步认为，文明的进步是一个由低级向高级发展的渐进过程，它会随着生产力的发展而不断发展：作为社会制度，文明时代是社会发展的一个阶段，由于它的矛盾对抗性质使它必将为更高的新型文明所代替。恩格斯认为人类进入阶级社会以后，文明的发展就开始建立在"级别"等级和阶级的对抗上。他指出："生产的每一进步，同时也就是被压迫阶级即大多数人的生活状况的一个退步。对一些人是好事的，对另一些人必然是坏事，一个阶级任何新的解放，必然是对另一个阶级的新的压迫。"④ 由此看来，一切剥削制度下的文明都具有两重性：既推动社会的进步，又产生和扩大社会的对抗性质。为了使人类文明沿着正常的轨道发展，就必须用新的生产关系代替旧的生产关系，在新的社会条件下发展社会生产力，使文明得以健康的发展。所以，恩格斯高度赞赏并在《起源》一书的结尾引用了资产阶级民族学家摩尔根所做的科学结论："管理上的民主，社会中的博爱，权利的平等，普及的教育，将揭开社会的下一个更高的阶段，经验、理智和科学正在不断向这个阶段努力。这将是古代民族

① 《马克思恩格斯选集》（第4卷），人民出版社1995年版，第24页。
② 同上书，第177页。
③ 同上书，第176页。
④ 同上书，第177—178页。

自由，平等和博爱的复活，但却是在更高级形式上的复活。"①

3. 血缘关系和所有制关系在相互抗争中导致社会变迁

恩格斯在《起源》一书中详细地、系统地分析了由于物质资料生产的进步，特别是社会分工的发生与发展，使私有制和阶级产生。由此导致人们的经济关系和血缘关系之间出现矛盾，经济关系逐步冲破血缘关系的制约以致最后完全代替了血缘关系，而成为社会的主要支配力量。

恩格斯认为，在人类社会发展初期是没有家庭的，家庭是社会历史发展的产物。人类在刚刚从动物界分化出来时，对自然的认识能力、支配能力还很低下，缺乏对自然灾害和猛兽危害的抵御能力，只有成群居住才能生存。到了蒙昧时代初级阶段的后期，生产力有了一定发展，人们生存的地域也日渐广阔，原始群落逐渐分裂为许多新的原始集团，产生了第一个家庭形式——血缘家庭。恩格斯认为原始社会的氏族、胞族、部落以致部落联盟这些组织，都是代表着不同程度的血缘亲属关系的"自然发生的共同体"。血缘家庭最明显的特征是，中断了父母和子女之间的婚姻关系。在原始社会的氏族制度中，"血族关系"或家庭关系是"唯一的社会关系"，从而也就只有一种物质资料的生产方式——原始共产制，即"血族团体"的氏族成员共同占有生产资料、集体劳动和平均分配产品；到了蒙昧时代中级阶段，生产力的发展促使人群的结合和居住得以固定下来，产生了"普那路亚家庭"（即母系氏族——作者注）；到蒙昧时代和野蛮时代的交替时期，经济生活条件的发展导致原始共产制开始瓦解，人们的道德观念发展起来，对偶家庭（开始为母系氏族后演变为父系氏族——作者注）产生。对偶家庭的最基本特征是排除了任何群婚形式。私有制度的产生，使人们的财产关系与亲属关系出现矛盾，经济因素开始逐渐支配家庭和婚姻制度。② 如在希腊人的父系制度下，"富有的女继承人财产在她出嫁时应当归她的丈夫所有，从而归别的氏族所有，所以，这便摧毁了整个氏族权利的基础，在这种情况下，为了把少女的财产保存在氏族以内，不仅容许少女在氏族内出嫁，而且也规定要这样做"。③ 在野蛮时代中级与高级阶段的交替时期，一夫一妻制家庭产生。恩格斯认为，

———————

① 《马克思恩格斯选集》（第4卷），人民出版社1995年版，第179页。

② 韦经利：《关于两种生产的理论是历史唯物论的一个重要原理》，《哲学研究》1979年第10期。

③ 《马克思恩格斯选集》（第4卷），人民出版社1995年版，第98页。

一夫一妻制其纯粹的目的是为了保持男子的财产继承权，这种家庭制度一直延续到现代的资本主义社会。恩格斯在《起源》中讲到对偶制（即个体婚制）家庭形成的经济条件和所有制关系时指出："一夫一妻制是不以自然条件为基础，而以经济条件为基础，即以私有制对原始的自然产生的公有制的胜利为基础的第一个家庭形式。""在历史上出现的最初的阶级对立，是同个体婚制下的夫妻间的对抗的发展同时发生的，而最初的阶级压迫是同男性对女性的压迫同时发生的。"①

伴随着社会生产力的进一步发展，特别是冶金术的发明、社会分工的产生和私有制度的发展，导致了阶级分化，并最终使奴隶制成为社会制度的一个本质组成部分。这表明：构成社会制度实质内容的权利义务关系，已经不再由血缘家庭关系来决定，而是由所有制关系、阶级关系来决定了。维护这种权利和义务的机关是形成中的国家机关。这样，原始社会的历史时代也就结束了。

4. 不能剥夺小农，只能采取以示范和自愿的办法引导他们

农民是伴随着古代农业文明产生并普遍存在的一个庞大的社会群体。它是构成社会基础和推动历史进程的重要部分。恩格斯在 1894 年发表的《法德农民问题》一文中，系统全面地分析了农民的不同组成部分及其特点，明确提出通过走合作化道路对农民进行社会主义改造的设想，并且阐述了在合作化过程中无产阶级对待农民的态度。

恩格斯指出，小农"是指小块土地的所有者或租佃者——尤其是所有者。这块土地通常既不大于他以自己全家的力量所能耕种的限度，也不小于足以养活他的家口的限度"。"这个小农，像小手工业者一样，是一种工人"。② 它是以家庭为生产单元的。从恩格斯对小农所做的定义来看，小农在经济上是自给自足的生产组织形式，既是小土地所有者同时也是家庭手工业的工人，这种"十足的自然经济"的破坏，把现代小农卷入到了商品经济和竞争之中。由于闭塞的乡村生活环境，造成了小农在政治态度上的冷漠，这种冷漠态度也成为封建专制主义和资本主义制度强有力的支柱。

恩格斯认为，"在所有的农民当中，小农不仅一般说来对于西欧是最

① 《马克思恩格斯选集》（第 4 卷），人民出版社 1995 年版，第 62—63 页。
② 同上书，第 486—487 页。

重要的农民，而且还给我们提供了解开整个问题的关键"。① 恩格斯进一步指出"只要我们搞清楚了我们对小农应有的态度，我们便有了确定我们对农村居民其他组成部分的态度的一切立足点"。② 由此看来，采取正确的态度对待小农是非常重要的。

无产阶级政党对待小农应该采取什么策略呢？恩格斯认为针对小农既是小私有者又是劳动者的两重性特征，在改造小农过程中，首先不能违背小农的意志。恩格斯说："我们只能向他们许诺，我们不会违反他们的意志而强行干预他们的财产关系。"③ 其次，不能干预小农灭亡和不用暴力剥夺小农，这是无产阶级政党夺取全国政权后对待农民的一项基本方针。再次，改造小农的途径是建立农业合作社。"我们对于小农的任务，首先是把他们的私人生产和私人占有变为合作社的生产和占有，不是采取暴力，而是通过示范和为此提供社会帮助。"④ 恩格斯强调指出，要通过自愿、示范、社会帮助等手段，来建立农业合作社，最终使"整个合作社及其社员个人的权利和义务跟整个社会其他部门的权利和义务处于平等的地位"。⑤ 农业合作社的示范作用可以使小农了解、认识到合作社的好处，这些好处可以通过社会帮助来实现。"至于怎样具体地在每一个特殊场合下实现这一点，那将取决于这一场合的情况，以及我们夺得政权时的情况。"⑥

以上提炼观点表明，恩格斯在100多年前关于农业文明的思想，今天仍然具有伟大的历史和实践价值。在建设乡村文明的进程中，如何使乡村经济社会最终突破传统的家庭经济的历史重围，引领农民特别是经济落后地区的农民彻底冲破自然经济的历史藩篱，走现代化农业发展道路，是一个重要的理论和实践问题；恩格斯关于社会分工和生产力的进步是社会从野蛮走向文明的动力的思想，使我们更深刻地认识到，发展社会主义乡村文明，最根本的是发展乡村的社会生产力，乡村文明建设必须以物质文明建设为依托，否则其他方面的文明就成为一句空话或形式，乡村文明建设的根本出路在于用现代化生产方式改造传统农业；恩格斯关于不能剥夺小

---

① 《马克思恩格斯选集》（第4卷），人民出版社1995年版，第486页。
② 同上。
③ 同上书，第500页。
④ 同上书，第499页。
⑤ 同上。
⑥ 同上书，第501页。

农，只能以示范的方式引领他们走向合作的思想，促使我们不断反思人民公社化时期的历史教训，在乡村文明的推进中，尊重和保护农民的财产权利，尊重和维护农民的自愿选择。引领而不是强迫农民发展集体经济，不能急于求成，不能权力驱使，把乡村文明建设建立在以农民为本的基础上。

第二节　列宁、毛泽东的乡村社会主义改造思想

在理论上，尽管马克思、恩格斯对农村社会的认识和对待农民的态度都是科学的。但是，在实践中，如何在生产力水平低下，小农占极大优势的农业国家进行社会主义的改造，转变乡村社会性质，实现乡村社会主义文明，这对于社会主义刚刚取得胜利的俄国和社会主义新中国来说却是一个难题。在某种程度上讲，列宁领导的布尔什维克党和毛泽东领导的中国共产党所探索的社会主义文明道路，就是从对农村和农民进行社会主义改造这个问题开始的，因为对待农村和农民的态度如何，不仅关系国计民生，更涉及政权巩固。

一　列宁：农业社会主义改造的道路

列宁在其革命和政治活动中始终关注农业和农民问题，他对俄国资本主义发展的研究也是从农业开始的。但列宁探索俄国发展道路的过程可以说艰难曲折，他在将马克思主义俄国化的过程中，在理论上和思想上也曾出现过几次的思想转变。尽管如此，列宁在引导俄国农民阶级走向社会主义、探寻东方落后国家发展农业经济等一系列问题上为今天中国社会主义乡村发展提供了重要的启示作用。

1. 徭役经济下农民被束缚在土地上，商品经济是徭役经济瓦解的先声

在人类历史发展过程中，以自然经济为主的农村社会长期处于停滞状态。尽管俄国自19世纪60年代废除了农奴制，但正如列宁所说："资本主义经济不能一下子产生，徭役经济不能一下子消灭。因此，唯一可能的经济制度只能是一种既包括徭役制特点又包括资本主义制度特点的过渡的制度。"①

---

① 《列宁全集》（第3卷），人民出版社1984年版，第165页。

在农奴制时期，俄国的农村经济是徭役经济（即地主利用份地直接剥削农民的制度），列宁分析了这种徭役经济的条件和状况："第一，自然经济占统治地位。农奴制的领地必然是一个自给自足的和闭关自守的整体，同外界很少联系。地主为出卖而生产粮食（这种生产在农奴制后期特别发达），这是旧制度崩溃的先声。第二，在这种经济下，直接生产者必须分得生产资料特别是土地，同时他必须被束缚在土地上，否则就不能保证地主获得劳动力。因此，攫取剩余产品的方法在徭役经济下和在资本主义经济下是截然相反的：前者以生产者分得土地为基础，后者则以生产者从土地上游离出来为基础。第三，农民对地主的人身依附是这种经济制度的条件……所以，必须实行'超经济的强制'……第四，技术的极端低劣和停滞是上述经济制度的前提和后果，因为经营农业的都是些迫于贫困、处于人身依附地位和头脑愚昧的小农。"① 从列宁的分析可以看出，在俄国农奴制的后期，已经出现了商品经济的萌芽，但是由于自然经济的统治地位使得俄国经济始终落后于西欧各国。

俄国废除了农奴制以后，农村商品经济逐步得到发展，成为促进农村生产力发展的巨大动力。列宁认为农业中商品经济代替自然经济是一个巨大的历史进步，他这样描述商品经济的作用："农业资本主义第一次打破了我国农业数百年来的停滞状态，大大地推动了我国农业技术的改造和社会劳动生产力的发展。几十年资本主义的'破坏'所做的事情，比过去整整几个世纪做到的还要多。"②

虽然商品经济代替自然经济是一个必然趋势，但是列宁认为，由于农业本身的特性决定了农村由自然经济向商品经济转变不同于工业的特点。所以他认为，在研究农村商品经济发展时，既要注意它与城市经济的共性，又要注意它的特殊性。由于农业既是经济再生产，又是自然再生产，它本身的特点是"阻碍农业依附市场"的，因此，"商业性农业的形成过程本身同工厂工业不尽相同。在工业中，这采取简单的、直线的形式；在农业中，情况却不同：那里大多是商业性农业和非商业性农业相互掺杂，各种不同的形式结合在一起。每一个地区，运往市场的主要是某一种产品。一方面，地主的生产，特别是农民的生产是商品性生产，另一方面，

---

① 《列宁全集》（第3卷），人民出版社1984年版，第161—162页。
② 同上书，第280—281页。

这种生产又留着自己的消费性质"。① 即农民会依据市场情况来决定，是把自己的消费部分拿出来卖一部分，还是将商品部分转化为自身的消费部分。②

2. 通过共耕制发展农村生产力

十月革命胜利初期苏维埃政府实行土地社会化法令，主张将土地平均分配给农民，确立了个体农业生产的形式。这种形式虽然满足了当时农民对土地的需求，但显然同社会主义原则和苏俄工人阶级执政党的理想相悖。所以，在苏俄国内战争时期，列宁提出了向共耕制过渡的思想，以加快个体小农经济向集体经济转变。

所谓共耕制，是指苏俄早期在农村中实行的一种土地公有制，即土地、农具、牲畜等生产资料公有，进行乡村集体生产——共同耕种，集中经营，统一分配。其包括三种形式：①农业公社，即按照共产主义原则，社员原有的一切生产、生活资料归公，劳动产品按人口平均分配，吃饭在免费公共食堂；②农业劳动组合，社员集中劳动，按劳动日计酬，允许社员保留家禽、家畜和少量宅旁园地等少量生产资料；③共耕社，在耕种土地时共同劳动，临时互助。耕畜、农具等生产资料仍为农民私有，一部分劳动产品集中分配。这三种形式反映出了共耕制是一种具有社会主义或共产主义性质的经济制度。

1918 年 11 月，列宁提出向共耕制过渡的思想。他在中部各省贫苦农民委员会代表会议上的讲话中，总结前一阶段分配土地的斗争时说："分地只在开始的时候是好的。它是要表明土地从地主手里转到农民手里。但这是不够的。只有实行共耕制才是出路。本来你们没有这种认识，但生活本身会使你们产生这种信念。公社、劳动组合耕种制、农民协作社，——这就是摆脱小经济的弊病的出路，这就是振兴农业，改进农业，节省人力以及同富农、寄生虫和剥削者作斗争的手段。"③同年 12 月，他又说："只有共耕制才是一条真正可靠，真正能使农民群众更快地过上文明生活、真正能使他们同其他公民处在平等地位的出路，而苏维埃政权现在正竭力通

---

① 《列宁全集》（第 7 卷），人民出版社 1986 年版，第 94 页。

② 杨承训：《农业两个转变的理论借鉴——学习列宁关于农村商品经济的论述》，《马克思主义与现实》1997 年第 6 期。

③ 《列宁全集》（第 35 卷），人民出版社 1985 年版，第 174 页。

过渐进的办法一步一步地来实现这个共耕制。"① 这表明，要求向共耕制过渡成为列宁这一时期解决土地问题的核心内容。在 1919 年俄共（布）八大上，通过了由列宁起草的新纲领，纲领规定苏维埃政权在完全废除土地私有制以后，要通过建立国有农场（即社会主义大农场）、农业公社（农民经营公共大经济的联合体）和规模较小的共耕社等经济组织形式来直接过渡到社会主义大农业。为建立集体农庄、引导农民走集体化的道路，列宁和苏维埃政权作了不懈的努力。

共耕制是与战时共产主义直接过渡计划以及集权经济体制相联系的，试图依靠国家政权的强制力量，走直接过渡道路的措施。但这些措施并未达到预期目的，农民们普遍反对共耕制。列宁在后来的实践中认识到，通过共耕制来组织农民发展经济的道路，在当时是行不通的。从 1921 年起，列宁就不再提及建立农业公社和集体农庄，相反对合作社这种经济形式却给予了极大关注。

3. 必须选择农民可以接受的市场原则，而不能够直接过渡到社会主义

是什么原因导致农民普遍反对这种集体共耕制呢？其主要原因在于共耕制忽视了农民自身的利益，没有和农民的切身利益直接挂钩。也就是说，在这一时期俄国尽管实行了土地国有化，但几千年来形成的小农意识并没有改变，农民要求有自己的耕地，有自由支配劳动产品的权利。

在俄国这样经济文化落后和小农经济占优势的国家实现集体农业，引导农民过渡到社会主义可以说任重道远。因为它既缺乏一定的物质基础，又缺乏现代文明的文化基础，而要改变这种落后状况将是漫长而艰巨的任务。马克思、恩格斯曾经设想，小农国家向社会主义过渡可以通过合作制或集体所有制的中间环节。列宁也曾认为，搞大农业（国有农场、农业公社、集体农庄等大而公的组织形式）是农村向社会主义过渡的最好手段，是"摆脱小经济的弊病的出路"；而自发形成的小而分散的合作社，只不过便于对个体经济的"计算和监督"，是一种国家资本主义形式。通过实践列宁认识到，"处于名副其实的养老院的可怜状态"的集体农庄和农业公社，"现在还不能设想向社会主义和集体化过渡"。② 列宁更为明确

---

① 《列宁全集》（第 35 卷），人民出版社 1985 年版，第 357 页。
② 《列宁全集》（第 40 卷），人民出版社 1986 年版，第 177 页。

地指出："通过新经济政策"实现合作化，"需要整整一个历史时代"，在最好的情况下"也要一二十年"，其中仅仅使农民成为"文明商人"就"需要整整一个时代"。① 这里，列宁再次强调农村合作化道路是漫长的，而且只有通过新经济政策和使农民成为商品生产者与经销者，才能使俄国逐步完成向社会主义的转变。

在列宁看来，合作社对于俄国向社会主义社会过渡是十分有利的。列宁在《论合作社》一文中指出："在新经济政策中，我们向作为商人的农民作了让步，即向私人买卖的原则作了让步；正是从这一点……产生了合作社的巨大意义。"② 那么合作社的巨大意义是什么呢？其意义在于利用商品货币原则，国家不仅可以通过合作社这种方式在经济上把农民们组织起来，引导他们走上社会主义道路，而且也是落后国家对农业及各种小生产实现社会主义改造、过渡到社会主义的最好形式。在论述农村合作社的地位和作用时，列宁认为它首先是"买卖的合作社"，即是主要以履行商业媒介职能的合作社，然后才是履行生产职能的生产合作社。列宁之所以强调从消费和流通领域入手搞合作制，是因为这种形式可以让农民的个人收益比较直接和明显，容易为最讲实惠的农民们接受。后来，列宁在他主持制定的俄共第十二次代表会议的决议上进一步提出"由以履行商业媒介职能为主的合作社过渡到以履行生产职能为主的合作社"③ 的思想，向全党发出了"学会经商"的号召。这说明在列宁的合作制设想中包含着"两个转化"：不仅要使个体经济转化为集体经济，还要使自然经济转化为商品经济，这是列宁合作制计划的双重主题。

4. 能够让农民收益与代价对应起来的变革才能实现乡村社会主义改造

农民的特性决定了其是最讲究实际的社会阶层，无产阶级执政党在制定各项方针、政策时，必须考虑到他们的切身利益。列宁认为，苏维埃俄国的社会主义改造过程是一个长期、艰巨和复杂的过程，要引导农民走上社会主义道路，就必须从苏维埃俄国的国情出发，从广大农民的切身利益出发，合理地解决社会主义改造和建设过程中关于小农生产与社会主义大

---

① 《列宁选集》（第4卷），人民出版社1995年版，第770页。
② 《列宁全集》（第43卷），人民出版社1987年版，第362页。
③ 《苏联共产党代表大会、代表会议和中央全会决议汇编》（第2分册），人民出版社1964年版，第232页。

生产、个人利益与国家利益等一系列社会主义前进中的重大问题。列宁认为这是过去许多社会主义者尚未解决的难题，包括马克思、恩格斯甚至列宁早期都没能解决这一难题。

列宁在对小生产和小生产者认识的变化过程中得出观点认为：应当重视小农的利益和经济特点。因为列宁在总结战时共产主义政策经验教训时看到，在战时共产主义时期，苏维埃政权推行集体农庄失败的主要原因就是过分强调国家的利益而忽视了农民的利益。而新经济政策的实行虽然促进了农民私人经济的发展，但不可避免地会出现小生产的盲目性，为使这种私人经济能够置于国家的检查监督下，就必须找到一种适当的经济形式使私人利益与国家、集体的利益结合起来。列宁在晚年认为合作社这种经济形式是苏维埃政权组织农民过渡到社会主义制度的最简单、易行的方法。这是因为：通过合作社，农民不但可以进行私人买卖，以实现其自身利益；而且国家还也可以收购到所需的农产品及销售农民所需的生产、生活资料，排挤私人资本对市场的操纵，以促进国家经济和农民私人经济的双重发展，同时国家还可以通过各种经济手段引导合作社经济向社会主义方向发展。所以，合作社经济最终实现了农民私人利益与国家利益的最佳结合。这也是以往任何一种经济组织所不可比拟的。

列宁进一步认为，农村合作社在组建时，应遵循自愿参加并与经济利益相结合的原则；强调苏维埃政权不能采取任何强迫措施使农民走向合作制。而要真正贯彻自愿原则，就既要考虑农民的长远利益，也要考虑农民当前的切身利益，让农民在合作化过程中切切实实得到好处、尝到甜头。只有通过与农民个人利益相结合，农民才能自觉自愿地走上合作化道路。这说明，在社会主义改造过程中必须要考虑到农民这个群体的特殊性，能够让农民获得的收益与付出的代价对应起来才能真正实现社会主义改造。大半个世纪的历史经验从正反两方面证明，列宁关于合作制的思路是符合经济落后国家建设社会主义的客观规律的。

5. 解决农民问题需要工人阶级和农民阶级的可靠联盟

十月革命胜利以后，无产阶级政党应该如何对待和解决农民问题？这项没有任何现成经验可循的艰巨事业再一次历史地摆在列宁面前。列宁深知，尽管苏维埃俄国建立了社会主义制度，但这仅仅是社会主义事业的一个开端。在农村人口占多数的经济文化落后的俄国，如果得不到大多数的农民阶级的认同与拥护，想顺利进行社会主义建设和发展是不可能的。无产阶级政党要想获得农民对社会主义的认同与拥护，就需要通过更多的关乎农村经济发展的政策最大限度地满足农民阶级的利益需求。这也是当时俄国的政治、社会发展形势所需要的。

首先，这是巩固无产阶级政权的需要。列宁认为："在俄国，一个政权要能长期存在下去，就要有能力把工人阶级、大多数农民、一切被剥削劳动阶级团结成一支彼此密切联系的反对地主和资产阶级的力量。"[①] 他还指出，无产阶级政党帮助农民，是因为不和农民联盟就不可能有无产阶级政权及其巩固，无产阶级政权的基础和支柱是工农联盟。这就决定了革命胜利以后的社会主义建设过程中，无产阶级政党必须始终关注本国的农民、农村问题，建立最广泛的工农联盟才能保证政权的巩固。

其次，这是推动社会主义事业发展的需要。列宁说："只有这个阶级（农民阶级——作者注）才能帮助劳动群众联合起来、团结起来，彻底捍卫和巩固共产主义社会，最终建成共产主义社会。"[②] 列宁认为，只有把社会主义国家经济与农民经济结合在一起，才能建设社会主义、建设共产主义。这种结合，就是在向社会主义过渡的时期，无产阶级国家通过商品货币关系，利用市场，同农民经济建立紧密的联系。因此，到战时共产主义后期，为了充分调动农民的积极性，布尔什维克党根据列宁的提议实施了新经济政策，为社会主义建设中的工农联盟奠定了新的经济基础。

列宁执政后始终把维护农民利益作为建设社会主义建设的一项重要任务。诚如他所言："我们如果不在农村中建立起真正无产阶级的（不是全体农民的）支柱，只靠工人阶级在城市中的胜利，只是把一切工厂收归无产阶级国家所有，是不能创立和巩固社会主义制度的基础的。"[③] "1921年春天形成了这样的政治形势：要求必须立刻采取迅速的、最坚决的、最紧急的办法来改善农民的生活状况和提高他们的生产力"，"谁若不明白这一点，谁若认为把农民提到第一位就等于'放弃'或者类似于放弃无产阶级专政，那他简直是不动脑筋，只会空谈"。[④] 在列宁看来，一个落后的农业国建设社会主义的进程中，执政党必须处理和解决好农民问题，才能实现工农两个阶级的共同利益，也才能推动社会的发展与进步。

① 《列宁全集》（第33卷），人民出版社1985年版，第263页。
② 《列宁全集》（第39卷），人民出版社1986年版，第304页。
③ 《列宁全集》（第35卷），人民出版社1985年版，第405页。
④ 《列宁全集》（第41卷），人民出版社1986年版，第207页。

6. 农村文化建设是社会主义建设的应有之义

苏维埃俄国是一个农民人口占多数且经济文化落后的国家，农民中文盲者居多。这不仅不利于农业生产技术的普及和新农业机器的采用，也不利于农村苏维埃政权的巩固和新经济政策在农村的推行。列宁认为，如果农民文化素质不提高，"就不能改变小农经济的落后性，结果就会失去农业和粮食这个基础。而失去这个基础，任何经济建设都不能进行。无论怎么伟大的计划都会落空"，"国家电气化就无从谈起"。① 当列宁看到，由于农民文化素质低，思想不开化，不愿意接受合作社这一新生事物时，列宁明确地指出："完全合作化这一条件本身就包含有农民（正是人数众多的农民）的文化水平的问题，就是说，没有一场文化革命，要完全合作化是不可能的。"②

在如何开展农村文化建设的问题上，列宁认为，需要加强农村的教育投资，扫除文盲，以增强农民建设社会主义的能力；消除旧文化的消极影响，使农民阶级摆脱旧制度遗留下来的旧习惯、旧习气，培养积极向上的精神风貌；加强城乡之间的文化交流和融合，使无产阶级的先进文化渗透到农村，坚定农民对社会主义的信仰。在此认识基础上，1923 年年初列宁提出说："从前我们是把重心放在而且也应该放在政治斗争、革命、夺取政权等等方面，而现在重心改变了，转到和平组织'文化'工作上面去了。"③ "我们的政治和社会变革成了我们目前正面临的文化变革，文化革命的先导。现在，只要实现了这个文化革命，我们的国家就能成为完全社会主义的国家了。"④ 据此来看，列宁认为农村的文化建设是社会主义建设的重要内容。

在列宁的指导下，苏维埃俄国一方面增加对农村教育的投资，同时也要求动员社会出资办学，提高教师地位、改善教师物质生活条件；另一方面利用城市文化水平较高的优势，在农村开展思想政治教育工作，尤其主张城市党支部和城市文化团体经常下农村，促进农村的文化建设。在俄共及列宁的倡导下，城市一些单位建立了帮助农村发展文化教育的文化团体，城市党支部也支援、帮助农村党支部，定期在农村有组织地开展文化

① 《列宁全集》（第41卷），人民出版社1986年版，第207页。
② 《列宁全集》（第43卷），人民出版社1987年版，第359页。
③ 同上书，第367页。
④ 同上书，第368页。

教育工作。列宁肯定这种形式说："经常下农村的做法，在提高农村农民的文化教育水平方面，会起特别重要的作用。这种工作我们已经进行，必须有计划地加以发展"。① 列宁在晚年非常重视城乡之间的文化交流与合作，认为苏维埃俄国只有建立起真正社会主义意义上的城乡文化联系，才能把最能构成利益互补的城市与农村、工人与农民联结起来，互相促进，推动农村文化教育工作的发展与进步。

以上提炼的观点表明，列宁对苏俄处理农村问题经验教训的初步总结，从不同层面揭示出无产阶级政党解决农村问题的一般规律。列宁认为，苏俄农村的经济社会发展，一靠合作制经济发展，二靠开展农村文化工作。这两项措施的开展，将从根本上改变俄国农村的落后面貌，产生合作制的、文明的社会主义新农村；列宁关于小农经济汪洋大海和小农观念根深蒂固的判断，让我们把乡村文明建设看作是一个艰巨、复杂而长期的历史任务来对待，既要尊重农民和农村的文化传统，又要用现代化的观念武装和启发农民，这就是新的历史时期乡村文明建设的难点，在传统的基础上走向现代化，在历史的扬弃中实现历史的更新是必然的选择；列宁关于工人阶级必须和农民建立可靠的同盟军的思想，对社会主义中国更具有现实意义。宪法规定，我国是工人阶级领导的，以工农联盟为基础的社会主义国家。城乡关系、工农关系虽然在利益上有冲突，但在社会主义条件下，城乡之间、工农之间的根本利益是一致的，乡村文明的建设和发展离不开城镇的支持，离不开工人阶级的支持。工业反哺农业应该在社会主义制度下更为有效，更为自觉，更有可为。列宁关于农村文化建设的思想对我国乡村文明建设同样具有巨大的现实指导意义。这个原理启迪我们，乡村文化建设是乡村文明建设的重要内容。

作为社会主义实践开拓者的列宁，虽然过早地离开了人间，但其弥足珍贵的社会主义建设经验和理性思考却是留给社会主义国家的极其宝贵的精神财富和理论宝库。列宁的思想是针对俄国农村实际提出的，是对马克思主义理论的创新与发展，同时也成为马克思主义中国化成果——毛泽东思想、邓小平理论中农村建设思想的重要理论来源。

二　毛泽东：特定历史阶段的农村集体化尝试

新中国成立以后，毛泽东始终重视农业和农村工作，从未放弃过对社

---

① 《列宁全集》（第43卷），人民出版社1987年版，第359页。

会主义新农村建设的探索，尤其是他的农村集体化合作化思想，为中国共产党在 21 世纪建设社会主义新乡村提供了宝贵的精神财富。从 20 世纪 40—50 年代，毛泽东先后写了《组织起来》、《论合作社》、《关于农业合作化问题》、《农业合作化的一场辩论和当前的阶级斗争》等一系列著作，继承和发展马列主义思想，结合土地改革后中国的农村实际，在中国长期建设实践中，探索出了一条通过合作化引导农民走向社会主义的道路，并系统阐述了我国农业合作化的步骤、方针和政策，极大地丰富了马列主义关于合作制的思想。毛泽东农业合作化思想在中国社会主义革命和建设史上具有特殊的地位和作用。

1. 农业合作化是组织农民走社会主义道路的一种尝试

新中国成立前后，人民政府在全国普遍开展了土地改革，使广大农民实现了"耕者有其田"。这虽然满足了无地少地农民对土地和其他生产资料的需求。但是，农村仍然呈现出人口的增长与土地资源紧缺的矛盾，买卖土地的现象时有发生。1950 年 1 月，华北局在向中央的综合报告中指出：他们（农民——作者注）中的一部分人开始出卖土地，有的开始借贷和外出雇工了，"农村阶级已经开始有了新的分化"。[①] 同时，农村分散、落后的小农经济状况并未改变，农业生产能力严重落后于工业化及城镇人口对农产品的需求。如何改变农村重新出现的两极分化，解决工业化建设与小农经济之间的矛盾，这是毛泽东及中共必须要解决的问题。为此，毛泽东确立了从私有到小集体再到大集体，从分散落后的个体小农经济走农业集体化合作化道路的思路。他依据列宁改造个体农业的构想，结合我国实际，通过改土地个人占有为集体占有，变农户经营为集体经营，将农民固定在集体组织中，确立了土地所有权、占有权与经营权相统一的社会主义农业集体经济体制。

毛泽东指出农业合作化是对小农进行社会主义改造的主要途径，"逐步地实现对于整个农业的社会主义的改造，即实行合作化，在农村中消灭富农经济制度和个体经济制度，使全体农村人民共同富裕起来"。[②] 他明确提出了农业合作化经过互助组阶段，到初级社——农业合作社阶段，再到高级社——集体农庄阶段分"三步走"，这反映出毛泽东对农业社会主

---

① 国家农业委员会办公厅编：《农业集体化文件汇编》，中央党校出版社 1981 年版，第 8 页。

② 《毛泽东文集》（第 6 卷），人民出版社 1993 年版，第 437 页。

义改造的审慎态度。他说："在这些小型的半社会主义的合作社的基础上，按照同样的自愿和互利的原则，号召农民进一步的联合起来，组织大型的完全社会主义性质的农业生产合作社。"① 通过人民公社这种理想的社会主义农村发展模式，希望实现农民共同富裕和农业的现代化。

尽管从历史角度来看，人民公社运动被认为是不成功的尝试，但是通过农村集体化合作化运动，农业生产经营的主体变成了国家控制下的各级农业生产合作社，使广大农民被纳入一个个社会共同体中，以最少的资本投入和最多的劳动力投入，进行了许多大规模的农田水利基本建设，在一定程度上，解决了农村的基本社会保障问题。总体来说，农业合作化通过解放和发展农业生产力，变革农村生产关系，为中国社会主义农村发展开辟了新道路。

2. 用大力发展农业的办法为工业积累资金

毛泽东认为一个国家的繁荣富强是建立在雄厚的工业基础之上的，发展农业是实现社会主义工业化的基础。毛泽东倡导实施的农业合作化政策正是为工业化服务的，其最终目的是建立起完整的社会主义经济体系。他在《关于农业合作化问题》一文中指出："社会主义工业化是不能离开农业合作化而孤立地去进行的。首先，大家知道，我国的商品粮食和工业原料的生产水平，现在是很低的，而国家对于这些物资的需要却是一年一年地增大，这是一个尖锐的矛盾。如果我们不能在大约三个五年计划的时期内基本上解决农业合作化的问题，即农业由使用畜力农具的小规模的经营跃进到使用机器的大规模的经营，包括由国家组织的使用机器的大规模的移民垦荒在内（三个五年计划期内，准备垦荒 4 亿—5 亿亩），我们就不能解决年年增长的商品粮食和工业原料的需要同现时主要农作物一般产量很低之间的矛盾，我们的社会主义工业化事业就会遇到绝大的困难，我们就不可能完成社会主义工业化。"②

毛泽东在深刻总结苏联工业化发展道路的经验教训时，探讨了在社会主义建设初期如何解决工业发展，特别是重工业发展所需资金问题，提出了适当地调整农业与轻工业、重工业的占资比例，用多发展一些农业来发展工业的著名观点。他认为解决工业化的资金应该走自力更生的道路，即

① 《毛泽东文集》（第 6 卷），人民出版社 1993 年版，第 434—435 页。
② 《毛泽东选集》（第 5 卷），人民出版社 1977 年版，第 181—182 页。

多发展农业和轻工业进行内部资金积累。当然，其前提是通过发展生产，在满足人民对消费的需要的基础上，为工业化建设提供坚实的物质基础。毛泽东对解决工业化资金来源问题有过精彩论述，他说："为了完成国家工业化和农业技术改造所需要的大量资金，其中有一个相当大的部分是要从农业方面积累起来的。这除了直接的农业税以外，就是发展为农民所需要的大量生活资料的轻工业的生产，拿这些东西去同农民的商品粮食和轻工业原料相交换，既满足了农民和国家两方面的物资需要，又为国家积累了资金。而轻工业的大规模的发展不但需要重工业的发展，也需要农业的发展。"① 他还说："农业和轻工业发展了，重工业有了市场，有了资金，它就会更快地发展。"②

在工业化发展方面，毛泽东尤其强调必须依靠农业发展重工业的思路。他说："社会主义工业化的一个最重要的部门——重工业，它的拖拉机的生产，它的其他农业机器的生产，它的化学肥料的生产，它的供农业使用的煤油和电力的生产等等，所有这些，只有在农业已经形成了合作化的大规模经营的基础上才有使用的可能……在我国的条件下（在资本主义国家内是使农业资本主义化），则必须有合作化，然后才能使用大机器。"③ 为解决工业化发展所需资金和人力、物力、市场，国家对农产品实行了统购统销政策，通过工农产品价格剪刀差，来保证对工业的投资。

这种循环尽管建立起了社会主义的经济体系，但是，却使农民的利益受到了损害，加之政治上出现的一些错误，我国农业及农村发展在相当一段时间停滞不前。

3. 农业的根本出路在于机械化

由于我国农村基础设施薄弱，劳动生产率极低。毛泽东认为要使我国从一个农业国转变为一个工业国，实现农业的现代化是非常重要的。20世纪50年代中期，毛泽东明确提出了"农业现代化"目标。所谓农业现代化，在当时就是指用4—5个五年计划逐步实现农业的"四化"——机械化、水利化、化学化、电气化，其中最重要的就是机械化。并于1959年4月提出了"农业的根本出路在于机械化"的著名论断。

毛泽东反复强调农业机械化对我国农业乃至整个国民经济发展的重要

① 《毛泽东选集》（第5卷），人民出版社1977年版，第182页。
② 《毛泽东著作选读》（下册），人民出版社1986年版，第797页。
③ 《毛泽东文集》（第6卷），人民出版社1993年版，第431—432页。

性，他认为农村机械化的道路是衡量农业生产现代化的重要标准，并且进一步对农业技术改造和机械化问题进行了深入探讨。他说农业机械化的目标是："新式农具、双轮桦犁、抽水机、适合中国各个不同区域的拖拉机及用摩托开动的运输工具等。"① 这是农业走向现代化的关键的一步。1959 年 4 月，他在《党内通信》中明确指出："农业的根本出路在于机械化……搜集全省、全地、全县、各种比较进步的农具，加以比较、加以试验、加以进步，试制新式农具，试制成功，在田里实验，确实有意义，然后才能成批制造，加以推广，提高机械化，用机械制造化学肥料这件事，必须包括在内，逐年增加化学肥料，是一件十分重要的事。"② "用机械装备农业，是农、林、木三结合大发展的先决条件。"③

毛泽东认为农业现代化首先就是生产工具的现代化。通过农业机械化、电气化，不仅可以降低农业劳动者的工作强度，还可以提高农业的劳动生产率。毛泽东从 1956 年开始主持制定农业发展纲要，《一九五六年到一九六七年全国农业发展纲要（草案）》（即"农业发展纲要四十条"）于 1960 年 4 月 10 日经全国人大第二次会议通过实施。纲要提出"推广新式农具，从 1956 年开始，在 3—5 年内推广双轮双桦犁 600 万部和相应数量的播种机、种耕器、喷雾器、喷粉器、收割机、脱粒机、铡草机等，并且作好新式农具的修配工作。随着国家工业的发展，逐步地实行农业机械化"。④ 中共八届六中全会又根据毛泽东的提议进一步做出要求：机械部门要十分重视新式农具的设计研究和维修工作，尽快完成我国第一个拖拉机制造厂的建设和第二、第三拖拉机制造厂的筹建工作，以适应农业机械化发展的需要。毛泽东从改变落后的农业生产力出发，深刻理解农业现代化的时代内容，从农业机械化入手推动农业的现代化发展，这是符合中国农业实际和发展方向的。

4. 把医疗卫生工作的重点放到农村去

新中国刚刚成立时，农村人口占全国人口 80% 以上，农民因病致贫的状况时有发生，严重影响了农村经济社会的发展。毛泽东认识到要从根

---

① 《毛泽东文集》（第 7 卷），人民出版社 1999 年版，第 346 页。
② 《毛泽东文集》（第 8 卷），人民出版社 1999 年版，第 49 页。
③ 同上书，第 101 页。
④ 国家农业委员会办公厅编：《农业集体化重要集体文件汇编（1949—1957）》（上），中共中央党校出版社 1981 年版。

本上改变农村落后的医疗面貌，保障广大农民的身体健康，就要搞好农村公共卫生和基本医疗服务体系的建设。1965 年 6 月 26 日，毛泽东明确提出："要把医疗卫生工作的重点放到农村去。"

在农村基本医疗服务体系方面，毛泽东充分肯定了农村合作医疗制度。所谓农村合作医疗制度，就是指随着农业互助合作化的兴起而发展起来的一种集体医疗保健制度。1968 年，毛泽东在一份反映农村合作医疗情况的调查报告上指出"合作医疗好"。称赞合作医疗"是医疗战线上的一场大革命"，"解决了农村群众看不起病，买不起药的困难"，"值得在全国推广"。在毛泽东的大力提倡下，农村出现了合作医疗的高潮。建立了县、社、村三级医疗预防保健网，形成了以县级医疗机构为指导中心，以乡镇卫生院为枢纽，行政村卫生室为基础的、集医疗、预防、保健工作为一体的农村医疗预防保健体系。农村合作医疗，尽管并没有使农民享受到国家层面的医疗保险福利，但也基本解决了当时农村缺医少药的状况，一定程度上缓解了农民看病吃药问题。

伴随着农村合作医疗的发展，农村医疗卫生队伍的扩大至关重要。毛泽东对此提出了很多有价值的思想。1965 年，毛泽东指示卫生部在全国农村推行"赤脚医生"制度。这些赤脚医生既是农民又是医生，他们能理解农民的疾苦，随时随地为农民服务。在毛泽东看来，这样的医生在农村即使本事不大，但也能解决农民看得起病的实际困难。面对当时的困难局面，毛泽东从传统中医的角度评价农村赤脚医生的作用，1956 年在同卫生部长谈话中说，"乡村神医有三个好处：神药它保险，不会害人，没有毒；第二个好处是省钱，几个铜板就可以了；第三是给病人精神安慰，病也就好了"。[1] 赤脚医生制度是中国卫生事业的一次实践探索，是毛泽东农村卫生事业思想中的一个重要内容。赤脚医生为改善农民健康、改变农村缺医少药状况发挥了不小的作用。

随着人民公社的诞生，以"赤脚医生"为骨干的农村合作医疗队伍和以县医院为中心、公社卫生院及大队卫生保健站为辅助的农村医疗保健组织体系逐步建立，使血吸虫、麻风病等严重危害农民健康的疾病基本被消灭，在防止农民因病致贫，保证农业生产等方面发挥了巨大的作用，中国也曾因此一度成为初级卫生保健的故乡。尽管合作医疗制度在后来的推

---

① 　汪伟：《毛泽东与中医的命运》，《新民周刊》2006 年 11 月 17 日第 2 版。

行过程中几经波折，但其有力地推动了我国医疗卫生事业的发展，初步解决了一个经济文化水平落后国家几亿农民的医疗保健问题。为促进社会主义新农村的社会和谐提供了条件，为社会主义乡村文明建设积累了经验。

毛泽东同志作为新中国的创立者和中国社会主义建设道路的开拓者，他和第一代中共领导集体，为新中国的社会主义建设殚精竭虑，在社会主义工业和农业现代化道路的艰难探索和伟大实践中提出了许多适合中国国情的发展思想和设想，为中国特色社会主义理论体系的建立奠定了基石。毛泽东关于农业是国民经济基础的思想；关于建立工农联盟的思想；关于农业的根本出路在于机械化的思想；关于引导农民发展农村集体经济避免两极分化的思想；关于农业发展为工业发展积累资金的思想；关于医疗事业以农村为重点的思想；关于重视对农民进行社会主义教育的思想，至今仍然闪烁着熠熠光辉。是我们在新时期建设中国特色的乡村文明的伟大行动指南和根本指导原则。

第三节　中国特色社会主义理论体系蕴含的乡村文明建设指导思想

党的十七大报告指出："《共产党宣言》发表以来近一百六十年的实践证明，马克思主义只有与本国国情相结合、与时代发展同进步、与人民群众共命运，才能焕发出强大的生命力、创造力、感召力。"[①] 经过改革开放30多年的实践，我们党走出了一条有中国特色的社会主义道路，形成了中国特色社会主义理论体系，使中国特色社会主义实现了实践形态和理论形态的逻辑的历史的统一，从而使社会主义在我国实践中焕发出勃勃生机。30年来中国农村的历史性变化，最根本的是因为有中国特色社会主义理论的指引，中国特色社会主义理论包涵了建设中国特色社会主义农业和农村的思想，认真研究中国特色社会主义理论体系关于农村改革和建设的理论，对于我们认真总结、深刻认识我国农村改革与发展的基本经验，进一步加快我国当代乡村经济社会的全面发展，无疑是非常重要的。

---

① 《中国共产党第十七次全国代表大会文件汇编》，人民出版社2007年版，第11—12页。

一　邓小平理论的农村改革与发展思想

1978 年以后我国开始实施改革开放的政策，邓小平作为我国改革开放的总设计师，立足于我国是农业大国的现实，确立了农村改革在整个改革中的先导地位。通过对农村改革实践的科学总结，阐述了农村改革的主要内容和基本经验等重大问题。邓小平关于农村改革与发展的一系列精辟论述，是从我国新时期社会主义现代化建设的实际出发，总结 30 年社会主义建设的经验教训，冲破各种思想束缚，在改革开放的实践中逐渐形成和发展的。

1. 农村改革是社会主义改革的先导

邓小平始终强调农村改革在我国经济建设中的重要战略地位，因为它关系到我国现代化建设的全局。邓小平多次提出，要把解决农村问题放在突出位置。他说："党的十一届三中全会以来，我们逐步进行改革。改革首先从农村开始。"[1] 邓小平关于农村改革重要地位的论述，概括起来有三个方面：第一，农村的稳定是整个国家稳定的基础。1984 年 6 月，邓小平在会见外宾时指出："从中国的实际出发，我们率先解决农村问题，中国有 80% 以上的人口住在农村，中国稳定不稳定，首先要看这 80% 的人口稳定不稳定，城市搞得再漂亮，没有农村这一稳定的基础是不行的。"[2] 在一个农村人口占大多数的发展中国家，"保持农村稳定，既是我们党在农村工作总部署中的一个重要方面，也是党在农村各项工作的基本保证"。[3] 所以邓小平说："农村不稳定，整个政治局势就不稳定。"[4]第二，通过农村改革促进农业发展、增加粮食生产。在中国这样一个人口大国，解决人民的吃饭问题是一个大问题。1982 年，邓小平在总结我国经济建设的历史经验时告诫我们："不管天下发生什么事，只要人民吃饱肚子，一切就好办了。"1986 年，邓小平在针对当时粮食生产出现滑坡局面时指出："从长远看，粮食问题很重要。要通过改革解决农业发展后劲问题。"邓小平还进一步揭示了农业对整个国民经济的基础作用。他要求：

---

[1]　《邓小平文选》（第 3 卷），人民出版社 1993 年版，第 136 页。

[2]　同上书，第 65 页。

[3]　陈占安、孟志中：《邓小平农村改革思想及其现实启迪》，《北京行政学院学报》2005 年第 2 期。

[4]　《邓小平文选》（第 3 卷），人民出版社 1993 年版，第 237 页。

发展工业，发展其他产业，必须确立以农业为基础、为农业服务的思想，"工业越发展，越要把农业放在第一位"。第三，没有农民的小康，就没有全国的小康。农民的脱贫致富是国家走向繁荣富强的前提。我国的改革从农村发端，是因为"工业的发展，商业和其他的经济活动，不能建立在80%的人口贫困的基础之上"。① 邓小平非常明确地指出："中国经济能不能发展，首先要看农村能不能发展，农民生活是不是好起来。"1980年7月22日，邓小平在湖北视察"二汽"时，就对当时的湖北省委主要负责人说过，这次出来到几个省看看，最感兴趣的是两个问题，一个是如何实现农村奔小康，达到人均1000美元，一个是选拔青年干部。这说明农村小康是邓小平始终牵肠挂肚的大事情。农村改革的根本目的，就是要促进农村经济社会的全面发展和进步。全国能不能实现小康，关键在农村。总之，在农村人口比重这么大的国家，只有农村经济发展、社会稳定，才有国家和社会的长治久安与繁荣发展。

2. 农村改革要历经"两个飞跃"的思想

一个以农民占主体的农业大国，究竟如何实现农业生产的长期稳定发展，这是我们党长期探索的问题。改革开放前，通过人民公社这种形式来组织农民的生产活动，但20多年的实践证明了这一组织形式是不成功的。所以，农业生产发展的根本出路还是在于从农民自身的积极性和农业生产的实际出发，以生产关系的变革和调整来解决农业的持续发展问题。这就是中国广大农民自己创造的、以包产到户为基本内容的农业生产责任制。

邓小平从我国国情和农情出发，积极倡导、推广农业生产责任制。他指出："中国社会主义农业的改革和发展，从长远的观点看，要有两个飞跃。第一个飞跃，是废除人民公社，实行家庭联产承包责任制。这是一个很大的前进，要长期坚持不变。第二个飞跃，是适应科学种田和生产社会化的需要，发展适度规模经营，发展集体经济，这是又一个很大的前进，当然，这是很长的过程。"② 从"第一个飞跃"来说，党的十一届三中全会以后，农村改革废除了人民公社，通过实行家庭联产承包责任制，极大地激发了广大农民的生产积极性，解放了农村生产力，使我国基本解决了农民的温饱问题。这是历史的进步。但是，家庭联产承包责任制的分散性

---

① 《邓小平文选》（第3卷），人民出版社1993年版，第117页。
② 同上书，第355页。

特点，使农业生产难以获得规模经济效益，先进的科学技术也难以在小农户中推广，劳动生产率的提高受到一定制约，这就对我国农业生产的适度规模经营以及生产的社会化提出了要求。邓小平所强调的"第二个飞跃"，就是适度规模经营。所谓适度规模经营，就是在土地集体所有，耕地用途不变的前提下，使土地使用权流动起来，实行有偿转包转让，通过这种机制，扩大经营规模。这是提高农业经济效益，增加农民收入的重要途径，也是农业继续发展的动力源泉。①

当然，无论是发展家庭联产承包责任制，还是发展规模经营，始终都要发展和壮大农村集体经济。1980 年 9 月，《关于进一步加强和完善农业生产责任制的几个问题》的中央文件提出："集体经济是我国农业向现代化前进的不可动摇的基础。它具有个体经济所不能比拟的优越性。"② 邓小平指出："只要生产发展了，农村的社会分工和商品经济发展了，低水平的集体化就会发展到高水平的集体化，集体经济不巩固的也会巩固起来。"③ 总之，从调整生产关系入手的农村经济体制改革，废除了人民公社制度，把家庭经营引入了集体经济。这种以家庭承包经营为基础、统分结合的双层经营体制，理顺了农村最基本的生产关系，极大地解放了农村生产力。正如邓小平所说："这几年进行的农村的改革，是一种带革命意义的改革。"

3. 依靠科技进步推动现代农业发展

邓小平说："全面实现农业、工业、国防和科学技术的现代化，把我们的国家建设成为社会主义的现代化强国，是我国人民肩负的伟大历史使命。"④ 为了实现我国农业现代化发展目标，"不能照抄西方国家或苏联一类国家的办法，要走出一条在社会主义制度下合乎中国情况的道路"。⑤ 邓小平还提出，"农业的发展一靠政策，二靠科学。科学技术的发展和作用是无穷无尽的"。⑥ 这就要求在我国人多、地少，人均资源相对不足的条件下，只能走依靠科技进步，实现生产经营集约化，提高资源利用率、投入产出率和劳动生产率的农业现代化道路。

① 高晓林、刘先春：《邓小平理论与中国的农村改革》，《理论前沿》2000 年第 10 期。
② 《三中全会以来重要文献选编》（上），中央文献出版社 1982 年版，第 542 页。
③ 《邓小平文选》（第 2 卷），人民出版社 1994 年版，第 315 页。
④ 同上书，第 85—86 页。
⑤ 同上书，第 362 页。
⑥ 《邓小平文选》（第 3 卷），人民出版社 1993 年版，第 17 页。

邓小平关于依靠科技进步发展现代农业的重要论述，为我国农业现代化建设提供了重要指导作用。我们可以从以下三个方面来领会和贯彻邓小平的这一战略思想。首先，提倡科技兴农。要发展现代农业，必须应用农业新技术和新成果。同时，也要加快对我国农业科技力量和推广队伍的培养。而要做好这一点，就必须农业、科技、教育等部门共同努力，密切配合，协调动作，为加速农业科技成果的应用和推广创造更好的条件。其次，加强农民的文化教育，提高农民素质。提高农民的科学文化水平和素质是农业现代化的要求。邓小平指出："靠空讲不能实现现代化，必须有知识，有人才。没有知识，没有人才，怎么上得去？科学技术这么落后怎么行？"① 为此，需要调动广大农业科技人员的积极性，加强农业科学的基础研究和应用研究。同时，改革农村教育体制，大力发展初、中等农业职业技术教育；扫除青壮年文盲，改变农村劳动力的知识结构。最后，改革农业科技体制，增加农业科技投入。邓小平说："科学技术方面的投入、农业方面的投入要注意，再一个就是教育方面。"② 也就是说，农科教的发展都要靠政策，靠投入。只有不断增加农业科技投入、创新农业科技体制，才能真正为农业科技发展提供良好的支撑条件，使农业科技事业的发展获得巨大的推动力量。

4. 农业和农村经济要全面发展

调整农村产业结构，积极发展多种经营，全面发展和繁荣农村经济，是邓小平的一个重要思想。邓小平打破了农业"以粮为纲"单一种植结构的传统指导思想，确立了现代化大农业思想，并且提出要因地制宜，多渠道增加农民收入。

邓小平提出，农业发展应从当地的具体条件出发，尊重自然规律，做到因地制宜。他说："所谓因地制宜，就是说那里适宜发展什么就发展什么，不适宜发展的就不要去硬搞。像西北的不少地方，应该下决心种牧草为主，发展畜牧业。现在有些干部，对于怎样适合本地情况，多搞一些经济收益大、群众得实惠的东西，还是考虑不多，仍然是按老框框办事，思想很不解放。"③ "从当地具体条件和群众意愿出发，这一点很重要。"④

---

① 《邓小平文选》（第2卷），人民出版社1994年版，第40页。
② 同上书，第275页。
③ 同上书，第316页。
④ 同上。

农村改革以来，就是要本着因地制宜、从实际出发的原则，才能形成各具特色的农业发展道路。

邓小平强调要引导各地利用当地资源搞多种经营，全面发展农业经济。他指出，"农业翻番不能只靠粮食，主要靠多种经营"。[①] "农业实行多种经营，因地制宜，该种粮食的地方种粮食，该种经济作物的地方种经济作物，不仅粮食大幅度增长，经济作物也大幅度增长"。[②] 同时，他还认为，农林牧渔各行业要相互促进、全面发展，把多种经营与农村分工分业、发展市场经济联系起来。事实证明，发展多种经营不仅可以容纳更多的劳动力，增加农民收入，提高农业经济效益，还可以改善农业产业结构，促进农村经济全面发展。[③]

乡镇企业是十一届三中全会以来，在党的基本路线指引下农民自己伟大创造的产物，它的兴起对中国特色社会主义乡村事业的发展具有特殊意义和作用。1987年，他在会见外宾时说："农村改革中，我们完全没有预料到的最大收获，就是乡镇企业发展起来了，突然冒出搞多种行业，搞商品经济，搞各种小型企业，异军突起。"[④] 同时，乡镇企业的发展又能够为农业的发展提供物质资金条件。正如邓小平指出的，"乡镇企业反过来对农业又有很大帮助，促进了农业的发展"。[⑤] 改革开放以来，许多富裕乡村的农业和乡镇企业共同发展，相互促进，就充分说明了乡镇企业对于农业发展的重要性。

改革开放以来，乡镇企业的发展一方面有效地解决了我国农村剩余劳动力的问题，由此带动小城镇的发展，加速了城乡一体化进程，正如邓小平所说"乡镇企业的发展，解决了百分之五十的人的出路。农民不往城市跑，而是建设大批小型新型乡镇"；[⑥] 另一方面，乡镇企业把广大的乡村卷入了工业化领域，大大增加了农民的收入，增强了中国工业经济乃至整个国民经济的实力，成功地走出了一条有中国特色的工业化道路。所以，邓小平说："农民积极性提高，农产品大幅度增加，大量农业劳动力

---

① 《邓小平文选》（第3卷），人民出版社1993年版，第23页。

② 同上书，第238页。

③ 韩长赋：《邓小平理论是我国农村改革与发展的理论指南》，《中国特色社会主义研究》1999年第4期。

④ 《邓小平文选》（第3卷），人民出版社1993年版，第251—252页。

⑤ 同上书，第252页。

⑥ 同上。

转到新兴的城镇和新兴的中小企业。这恐怕是必由之路。总不能老把农民束缚在小块土地上，那样有什么希望?"①

邓小平理论作为对中国社会主义改革开放启程和发展的中国共产党人集体智慧的结晶，在解放思想，实事求是的思想路线指导下，回答了什么是社会主义，怎样建设社会主义这样一个关系中国命运、社会主义命运的历史性课题。邓小平理论中关于农村改革是城市改革出发点的思想，启迪我们把乡村文明建设与农村的深化改革结合起来，大胆地闯、大胆地试，勇于实现乡村文明建设的突破；邓小平关于农村改革"两个飞跃"的思想使我们明确了农村改革的发展前景，明确了在农村走社会主义共同富裕道路的根本途径；邓小平关于农村小康建设的思想为我们勾画出了乡村文明建设和发展的蓝图；邓小平关于靠科技进步推动农业发展的思想，使我们明确了作为科学技术第一生产力对乡村文明建设的伟大意义。这些鲜活的中国化马克思主义成果是我们建设社会主义乡村文明的伟大精神动力。

二 "三个代表"重要思想指导下的农村建设战略思路

"三个代表"重要思想提出："中国共产党必须始终代表中国先进生产力的发展要求，代表中国先进文化的前进方向，代表中国最广大人民的根本利益。"② 理解和把握"三个代表"重要思想，关键在坚持与时俱进，核心在保持党的先进性，本质在坚持执政为民。以江泽民为代表的中共第三代领导集体继承发展了毛泽东、邓小平的农村建设思想，针对新时期我国农村中出现的新问题、新特点，提出了一系列建设农村的思路，对指导我国的农村改革，实现农业、农村经济稳定发展以及农民收入的较快增长做出了重要贡献。

1. 巩固和加强农业基础地位，实施科教兴农战略

以江泽民为代表的党的第三代领导集体继承发展了毛泽东、邓小平关于农业重要性的观点，强调我国必须始终巩固和加强农业的基础地位。江泽民指出："我国农业的物质技术基础还相当脆弱，而且随着人口的增长和人民生活水平的提高，农业负荷一年比一年加重，必须加倍扶持。农业形势越好，越要保持清醒头脑，越要善于见微知著、防微杜渐，敏感地观

---

① 《邓小平文选》(第3卷)，人民出版社1993年版，第238页。
② 江泽民:《论三个代表》，中央文献出版社2001年版，第152页。

察和发现新情况新苗头，并及时果断地予以处理，不断增强农村工作的预见性、把握主动权。"① 所以，"加强农业是国民经济发展的首要问题，我国农业不仅要为十多亿人口提供粮食和其他农产品，而且要为第二产业、第三产业提供重要原料和广阔市场。加强农业也就是支持工业和第三产业，为农业做贡献就是为国民经济做贡献"。② 伴随我国改革开放步伐的加快，社会主义市场经济体制开始建立。作为弱质产业的农业，受到了来自市场和自然因素的双重影响。江泽民强调指出："市场经济越发展，工业化程度越高，越需要加强对农业的保护和扶持。"③

党中央指出，在新的历史时期要积极探索扶持和保护农业发展的新机制和新办法。要通过国家宏观调控，引导资金等生产要素向农业流动，多方筹集农业发展资金。健全主要农产品风险基金和储备调节制度，引导非农产业部门对农业的支持，逐步形成以工补农、以工建农、以工带农的机制。同时，强调要不断加强农业基础设施建设，改善农业生产条件，以保证农业稳定增长和增加农业后劲。江泽民指出："要通过不断探索，逐步建立起有中国特色的对农业强有力的支持和保护体系，并使之制度化和法律化。"④ 促进农村经济快速持续发展。

基于科学技术在现代农业中的重要地位，1991 年 10 月，江泽民在与农业科学家座谈会上首次讲到了科教兴农问题，并于同年 11 月党的十三届八中全会上正式提出了科教兴农战略。他指出："要坚持科教兴农的方针。现在，一些发达国家已经把基因育种工程、互联网、卫星定位系统等高科技运用于农业。我们必须有紧迫感，尽快迎头赶上。要切实抓好农业科技攻关、先进适用技术推广和农民科技培训，使农业增长真正转到依靠科技进步和提高劳动者素质的轨道上。"⑤ 国内外农业发展的实践已经证明，科学技术在传统农业向现代农业转变中的重要作用。由于土地的沙漠化、建设用地增加等原因，我国地少人多的矛盾进一步加剧，以科学技术促进现代农业的发展，走集约型增长的可持续发展道路势在必行。江泽民明确指出："我国农业现代化的实现和大农业经济的发展，最终取决科学

---

①　《江泽民文选》（第 1 卷），人民出版社 2006 年版，第 267 页。

②　同上书，第 464 页。

③　《江泽民论有中国特色社会主义》（专题摘编），中央文献出版社 2000 年版，第 129 页。

④　《十四大以来重要文献选编》（下）；人民出版社 1999 年版，第 949 页。

⑤　《江泽民文选》（第 2 卷），人民出版社 2006 年版，第 215 页。

技术进步和实用技术的广泛应用。"① 实现农业现代化，只有加大科技的支持，这样才能最终加强农业的基础地位。

2. 以市场为取向，不断深化农村经济体制改革

党的十一届三中全会以后，我国农村实行了家庭联产承包经营责任制，农业劳动生产率显著提高。在我国农村取得巨大成绩的同时，江泽民明确指出，农村改革"还远没完成，深化农村改革的任务仍然很艰巨"，②必须"按照建立社会主义市场经济体制的目标，坚定不移地把农村改革引向深入"。③ 他提出，深化农村改革，必须长期稳定以家庭联产承包经营为基础的、统分结合的双层经营体制，这是党在农村的基本政策，任何时候都不能动摇。这种经营体制打破了集体所有，集体统一经营的传统模式，既坚持了社会主义生产资料的公有性质，又充分调动了广大农民的积极性，提高了农业生产力。江泽民在 1991 年 11 月 29 日党的十三届八中全会闭幕时的讲话中指出："这种经营体制，保证了农民的生产经营自主权，有效地克服了管理过分集中和分配上的平均主义弊端，使农户承包经营的积极性和集体统一经营的优越性都得到了发挥。"④ 党的十五届三中全会《关于农业和农村工作若干重大问题的决定》中也指出："实行家庭承包经营，符合生产关系要适应生产力发展要求的规律。……具有广泛的适应性和旺盛的生命力，必须长期坚持。"⑤

"积极探索在农村建立社会主义市场经济体制的具体路子，进一步解放和发展农村生产力，是我国广大农民奔向小康、农业走向现代化的必由之路，是党在农村工作中面临的新的重大课题。"⑥ 对于如何按照社会主义市场经济体制的目标深化农村改革，江泽民指出："深化农村经济体制改革，总的目标是建立以家庭承包经营为基础，以农业社会化服务体系、农产品市场体系和国家对农业的保护体系为支撑，适应社会主义市场经济要求的农村经济体制。"⑦ 可以看出，以市场为导向的农村改革，就是要

① 《江泽民论有中国特色社会主义》（专题摘编），中央文献出版社 2002 年版，第 124 页。

② 《江泽民文选》（第 2 卷），人民出版社 2006 年版，第 215 页。

③ 同上。

④ 《新时期农业和农村工作重要文献选编》，中央文献出版社 1992 年版，第 790 页。

⑤ 《中共十三届四中全会以来历次全国代表大会中央全会重要文献选编》，中央文献出版社 2002 年版，第 529—530 页。

⑥ 《江泽民文选》（第 1 卷），人民出版社 2006 年版，第 268 页。

⑦ 《江泽民文选》（第 2 卷），人民出版社 2006 年版，第 213—214 页。

进一步调整农村产业结构，走资源优化配置的现代农业道路。第一，"进一步完善农村所有制结构"。第二，"在稳定和完善双重经营体制的基础上，促进农村土地、资金、技术、劳动力等生产要素合理流动和优化组合，发展多种形式的联合和合作"。第三，"支持农民发展各类专业服务组织，同时转变政府农业经济、技术部门的职能，建立国家、集体、农民及其合作组织相结合的农业社会化服务体系"。第四，"深化农产品流通体制改革，逐步形成国家宏观调控下主要由市场形成价格的新机制，建立统一、开放、竞争、有序的农产品市场体系"。①

稳定家庭联产承包经营责任制，是党的农村政策的基石。深化农村经济体制改革是农村经济社会全面发展的强大动力。江泽民深化农村经济体制改革的思想，为我国农村朝着社会主义市场经济体制目标迈进提供了重要理论依据。

3. 深入开展农村扶贫开发工作

改革开放以来，我国经济发展实现了巨大的跃升，但社会主义初级阶段的国情决定了我国扶贫开发工作仍然十分艰巨。据国务院扶贫办统计结果显示，我国农村绝对贫困人口由 1978 年的 2.5 亿减少到 2006 年的 2148 万，贫困发生率从 30.7% 下降到 2.3%；低收入人口也从 2000 年的 6213 万减少到 2006 年的 3550 万，低收入人口占农村人口比例从 6.7% 下降到 3.7%。② 尽管如此，由于我国庞大的人口基数和农村户籍的存在，农村贫困人口的绝对数量巨大，做好农村扶贫工作，仍然是我们党和国家在社会主义初级阶段面临的一项重要任务。江泽民指出："解决农村贫困人口的温饱问题，关系到'九五'计划目标的全面实现，关系到整个国民经济和社会的协调发展和长期稳定，关系到社会主义的优越性和党在人民群众中的威信。这不仅是个经济问题，也是个政治问题。"③ 他说："帮助贫困地区群众脱贫致富，是实现各地区协调发展、全面建设小康社会、进而实现第三步战略目标的必然要求，是逐步实现各族人民共同富裕的重大战略措施，也是维护国家改革发展稳定大局的需要。"④

江泽民高度重视扶贫开发工作，提出党和国家、社会共同合作解决贫

① 《江泽民文选》（第 2 卷），人民出版社 2006 年版，第 213—214 页。

② 罗晶：《中国到底有多少贫困人口》，《中国财经报》2007 年 12 月 20 日。

③ 《江泽民论有中国特色社会主义》（专题摘编），中央文献出版社 2000 年版，第 136 页。

④ 《江泽民文选》（第 3 卷），人民出版社 2006 年版，第 250 页。

困问题。他指出，做好扶贫开发工作，首先要坚持党和政府在扶贫开发中的重要地位，加强党和政府对扶贫开发工作的领导作用。因为"我们党是以全心全意为人民服务为宗旨的，我们的政府是人民的政府，帮助贫困地区脱贫致富，是党和政府义不容辞的责任"。① 其次，弘扬中华民族扶贫济困的优良传统，"广泛动员全社会力量参与扶贫，是扶贫工作的一个重要方针"。② 最后，注重发挥贫困地区干部群众的积极性和主动性，通过自身的努力脱贫致富。通过基层党组织坚强有力的领导，依靠贫困地区干部群众发扬自力更生、艰苦创业的精神，有效改变贫困地区的落后面貌。农村扶贫是我们党全心全意为人民服务宗旨的最实际的体现。

4. 加强农村基层民主与精神文明建设

改革开放以来，农村的变化翻天覆地，但是农村封闭落后的状态并没有得到彻底改变。发展社会主义的新农村，不仅要发展农村生产力，增加农民收入，更要抓好农村民主法制和精神文明建设。江泽民在《开创农业和农村工作新局面》中指出："农村工作要始终坚持两手抓、两手都要硬，这是我们党领导农村工作的一条基本方针。必须大力加强农村精神文明建设、民主法制建设和基层组织建设。只有两个文明都搞好，经济社会协调发展，才是有中国特色的社会主义新农村。"③

江泽民非常重视农村基层民主制度建设。农村基层民主包括民主选举、民主决策、民主管理、民主监督。这四方面的民主是一个有机统一整体。而重点要抓好村级民主制度建设，依法健全三项制度：一是村民委员会的直接选举制度，要让农民群众选举自己满意的人来管理村务。二是要实行村民议事制度，"村里的大事，尤其是与家家户户密切相关的事都要经过村民大会或村民选出来的代表讨论，不能由少数人说了算"。④ 三是村务公开制度。群众关注的问题要定期向村民公开，接受群众的监督。江泽民认为农村基层民主建设是发展社会主义民主的基础。发展农村基层民主，保障农民直接行使民主权利，有利于巩固农村基层政权，密切干群关系，推进农村经济社会的全面发展与进步。

社会主义精神文明是社会主义的重要特征，农村精神文明是社会主义

---

① 《江泽民文选》（第3卷），人民出版社2006年版，第250页。
② 《江泽民文选》（第1卷），人民出版社2006年版，第555页。
③ 《江泽民文选》（第3卷），人民出版社2006年版，第220页。
④ 同上书，第214—215页。

精神文明的重要组成部分，建设高度的社会主义精神文明是社会主义现代化的重要目标，要把握好社会主义先进文化的前进方向。江泽民指出："加强农村的社会主义精神文明建设和民主法制建设，搞好农村社会治安综合治理。这是农村现代化建设和社会进步的重要内容，也是促进农业和农村经济发展的重要保证。"① "在领导农村工作的过程中，既要大力加强农村社会主义物质文明建设，又要重视和加强农村社会主义精神文明建设；既要坚持改革开放，又要依法严厉打击各种经济犯罪和刑事犯罪活动，扫除各种丑恶现象，努力消除各种消极腐朽东西的影响，维护好农村社会治安，保障农民群众生产生活的安全。"② 只有这样，才能促进农村经济繁荣和社会稳定，最终建成中国特色的社会主义新农村。

5. 大力发展乡镇企业，推动小城镇建设

江泽民认为在社会主义市场经济条件下发展乡镇企业和小城镇建设，可以有效地带动农业的发展、合理有序地转移农村剩余劳动力、解决农民就业和增收等问题，对解决"三农"问题发挥了不可替代的作用。江泽民说："发展乡镇企业……这是我国农民群众一个新的伟大创造，是解决农村剩余劳动力出路的一条重要途径，对于保持农村和整个社会的稳定具有重大意义。"要"通过发展乡镇企业和农村第三产业，就地消化农村剩余劳动力。这项原则要长期坚持，不能动摇"。③ 他在《逐步解决我国二元经济社会结构问题》一文中讲道："降低农村人口比例，是一个回避不了的问题。但是，也要看到，这是一个长期的渐进的过程，太急了不行。一是要继续发展乡镇企业，加快技术改造和结构调整。二是要发展小城镇。三是要引导农民有序流动，对进城务工农民要搞好管理和服务，不能搞歧视政策。"④

乡镇企业是我国农村经济的重要支柱，为农村发展做出了巨大的贡献，江泽民认为社会主义市场经济条件下的乡镇企业，必须走体制创新、发展科技、加强管理的路子。发展乡镇企业是实现农业现代化和农村小康的必由之路。只有把乡镇企业搞起来，才能不断地增加农民收入和吸纳农村剩余劳动力，壮大农村集体经济实力，这是一条中国特色的农村工业化

---

① 《十四大以来重要文献选编》，人民出版社 1996 年版，第 431 页。
② 同上书，第 276 页。
③ 同上书，第 270 页。
④ 同上书，第 407 页。

道路。

　　发展小城镇，这是中国农村城市化的一个选择，是农村人口非农化的过程。城镇化的发展所产生的聚集效应，可以推动农村第三产业和乡镇企业的发展，增加劳动力就业水平，促进农民增收。同时，还可以打破城乡壁垒，实现社会资源在城乡范围的合理流动，实现城乡协调，共同发展。江泽民指出："农村富余劳动力向非农产业和城镇化转移，是工业化和现代化的必然趋势。要逐步提高城镇化水平，坚持大中小城市和小城镇协调发展，走中国特色的城镇化道路。"①

　　江泽民强调要把乡镇企业的发展与城镇化的发展结合起来，共同带动农村的发展。他指出："发展乡镇企业应该注意与建设新型集镇结合起来，适当集中，上水平，上台阶，使新型集镇成为当地农村的经济中心、文化中心，并成为商品集散地。"② 从而为消除我国二元经济社会结构，推进城乡一体化发展提供了有益的思路。

三　以科学发展观为统领的农村发展战略

　　党的十六大以来，以胡锦涛为总书记的党中央领导集体，坚持邓小平理论和"三个代表"重要思想，不断理论创新，提出了许多中国特色农村经济社会发展的战略方针及政策，尤其是提出了"建设社会主义新农村"的思想和观点。胡锦涛指出："建设社会主义新农村，要以邓小平理论和'三个代表'重要思想为指导，牢固树立和全面落实科学发展观，坚持以经济建设为中心，协调推进农村社会主义经济建设、政治建设、文化建设、社会建设和党的建设，推动农村走上生产发展、生态良好、生活富裕的文明发展道路。"③ 我国的社会主义新农村建设是一项长期、艰巨而又复杂的重大历史任务，必须尊重客观规律，科学发展，结合我国工业化发展阶段及农村经济社会发展特征，把社会主义农村建设事业推向一个新的更高发展阶段。

　　1. 强调"三农"问题是全党工作的重中之重

　　"三农"问题是关系到社会主义小康社会顺利实现的重大问题。"三

---

　　①　《江泽民文选》（第3卷），人民出版社2006年版，第546页。

　　②　《江泽民文选》（第1卷），人民出版社2006年版，第270页。

　　③　胡锦涛：《统一思想，科学规划，扎实推进，使建设社会主义新农村成为惠及广大农民的民心工程》，《人民日报》2006年1月27日第1版。

农"问题积累得越多，农民生活与城市居民生活相差越大，对社会的稳定越不利。因此，采取措施，进行政策调整，加大力度逐步解决好"三农"问题，不仅是关系到我国经济社会持续发展的问题，也是关系到国家、社会和谐稳定的大问题。

十六大以来，以胡锦涛为总书记的党中央始终坚持把"三农"问题放在国民经济和社会发展的重要地位，指出："'三农'问题始终是关系党和人民事业发展的全局性和根本性问题，农业丰则基础强，农民富则国家盛，农村稳则社会安。"[①] 2003 年 1 月召开的中央农村工作会议上，胡锦涛提出："为了实现十六大提出的全面建设小康社会的宏伟目标，必须统筹城乡经济社会协调发展，更多地关注农村，关心农民，支持农业，把解决好农业、农村和农民问题作为全党工作的重中之重，放在更加突出的位置，努力开创农业和农村工作的新局面。"[②] 2004 年在中央政治局第十一次集体学习时，胡锦涛强调："深刻学习科学发展观，深刻认识加快农业发展的重要性，科学发展农业的重要性、正确性，始终坚持基础地位不动摇、始终坚持加强、支持、保护农业不动摇，大力建设现代农业，切实巩固农业基础地位。"[③] 2005 年十六届五中全会上，温家宝再次强调，实现全面建设小康社会目标的难点和关键在农村，"十一五"期间解决好"三农"问题仍然是全党工作的"重中之重"，并提出"社会主义新农村建设"是"中国现代化历史进程的重大历史任务"的观点。十七届三中全会通过的《中共中央关于推进农村改革发展若干重大问题的决定》指出："只有坚持把解决好农业、农村、农民问题作为全党工作重中之重，坚持农业基础地位，坚持社会主义市场经济改革方向，坚持走中国特色农业现代化道路，坚持保障农民物质利益和民主权利，才能不断解放和发展农村社会生产力，推动农村经济社会全面发展。"[④]

把解决"三农"问题放在全党乃至全部工作的重心位置充分说明了"三农"问题在全国经济、政治中的战略地位和历史性意义。这也意味着：中国开始进入到一个"以工促农、以城带乡"的新的历史发展阶段，

①　《胡锦涛在省部级主要领导干部建设社会主义新农村专题研讨班开班式上的讲话》，《人民日报》2006 年 2 月 15 日第 1 版。

②　《十六大以来重要文献选编》（上），中央文献出版社 2005 年版，第 112 页。

③　胡锦涛：《始终重视科学发展观》，《人民日报》2004 年 3 月 31 日第 1 版。

④　《中共中央关于推进农村改革发展若干重大问题的决定》，《人民日报》2008 年 10 月 22 日第 1 版。

这是一个重大的、新的战略定位，不仅体现了对农业基础地位的重视，而且是对"三农"理论的创新。

2. 明确统筹城乡发展的基本方略

进入 21 世纪，我国人民生活总体达到小康，但城乡之间在经济社会发展、居民收入、基本建设、义务教育、医疗卫生、社会保障等方面存在着巨大反差。这些问题已成为目前制约我国构建和谐社会的一大瓶颈，是全面建设小康社会和现代化建设的重点和难点。因此，党的十六大明确提出"统筹城乡经济社会发展，建设现代农业，发展农村经济，增加农民收入，是全面建设小康社会的重大任务"。[①] 这是用新的思路调整城乡关系，实现农村和城市共同繁荣进步的新举措。

2003 年 1 月中央农村工作会议上，胡锦涛指出："统筹城乡经济社会发展，就是要充分发挥城市对农村的带动作用和农村对城市的促进作用，实现城乡一体化发展。"[②] 这是以胡锦涛为总书记的党中央领导集体对解决"三农"问题所提出的基本方针，是对统筹城乡发展的科学阐释。2003 年 10 月，党的十六届三中全会进一步强调统筹城乡发展，把"统筹城乡发展"摆在"五个统筹"之首。胡锦涛在会上提出把"建立有利于逐步改变城乡二元经济结构体制"作为完善社会主义市场经济体制的重要目标。2004 年 12 月中央经济工作会议上，他再次指出，统筹城乡发展是我国社会发展和全面建设小康社会的必然选择，并为此提出了加大对农业的支持和保护力度，搞好农村富余劳动力向非农产业和城镇转移、提高城镇化水平等措施。2005 年的"中央一号"文件明确提出了"坚持统筹城乡发展的方略"。

党的十七大进一步明确提出形成城乡经济社会发展一体化新格局的重要理念。十七届三中全会指出，要把加快形成城乡经济社会发展一体化新格局作为新形势下推进农村改革发展的根本要求，并围绕着统筹城乡规划、产业布局、公共服务、劳动就业、基础设施建设、社会管理等六个方面提出了建立促进城乡经济社会发展一体化制度的政策措施，形成了比较全面的保障城乡协调发展的政策体系。

统筹城乡、城乡经济社会发展一体化理念的提出，反映出我们党开始

---

① 江泽民：《全面建设小康社会，开创中国特色社会主义事业新局面》，《人民日报》2002年 11 月 18 日第 1 版。

② 《十六大以来重要文献选编》（上），中央文献出版社 2005 年版，第 120 页。

突破传统思维定式的束缚，从整个经济社会发展全局和战略高度寻求解决"三农"问题的对策。这是对"三农"问题作为"重中之重"认识的深化。

3. 做出工农业关系"两个趋向"的重要论断

2004 年 9 月，胡锦涛在党的十六届四中全会上明确提出了"两个趋向"的重要论断。他指出："纵观一些工业化国家发展的历程，在工业化初始阶段，农业支持工业、为工业提供积累是带有普遍性的趋向；但在工业化达到相当程度以后，工业反哺农业、城市支持农村，实现工业与农业、城市与农村协调发展，也是带有普遍性的趋向。"①"两个趋向"的重要论断是立足于世界工业化和现代化的客观规律，从我国国情特点出发做出的科学判断。因为在工业化初期阶段，农业尽管对国民经济的贡献率呈下降趋势，但农业为工业发展所提供的物质、资金支持却是工业化发展必不可少的条件。进入工业化中期阶段后，工业成为推动经济社会发展的主导产业，工业支持农业，为农业发展和缩小城乡差别提供支持，从而协调城乡经济社会发展就是大势所趋。

"两个趋向"重要论断提出后，在 2004 年年底召开的中央经济工作会议上，胡锦涛进一步指出："我国现在总体上已到了以工促农、以城带乡的发展阶段。我们应当顺应这一趋势，更加自觉地调整国民收入分配格局，更加积极地支持'三农'发展。"② 2005 年十六届五中全会通过的《中共中央关于制定国民经济和社会发展第十一个五年规划的建议》进一步提出，要"建立以工促农、以城带乡的长效机制"。在 2006 年 2 月新农村专题研讨班上，胡锦涛指出，解决好农业和农村发展、农民增收问题，仅靠农村内部资源和力量已经不够，必须在继续挖掘农村内部资源和力量的同时，充分运用外部资源和力量，推动国民收入分配向农业和农村倾斜，依靠工业的反哺和城市的支持。温家宝也指出，建设社会主义新农村必须实行城乡统筹，加大对农业和农村发展的支持力度。要认真贯彻"工业反哺农业、城市支持农村"的方针，坚持"多予少取放活"，尤其要在"多予"上下工夫。

"两个趋向"的重要论断以及"以工促农、以城带乡"的指导方针，

---

① 《中共中央关于加强党的执政能力建设的决定》，《人民日报》2004 年 9 月 27 日第 1 版。

② 胡锦涛：《扎扎实实规划和推进社会主义新农村建设》，《人民日报》2006 年 2 月 15 日第 1 版。

是对马克思主义工农关系、城乡关系思想的重要发展，是我们党在新时期新形势下对乡村建设问题做出的新的战略调整，为加快建设社会主义新农村奠定了理论基础。

4. 提出建设社会主义新农村的目标任务

以胡锦涛为总书记的党中央领导集体继承和发展了我们党历史上关于"三农"问题及新农村建设的思想，在一系列加强"三农"工作的新理念、新举措基础上，于十六届五中全会上，明确提出了"建设社会主义新农村"的战略目标和任务。全会指出："要按照生产发展、生活宽裕、乡风文明、村容整洁、管理民主的要求，坚持从各地实际出发，尊重农民意愿，扎实稳步推进新农村建设。"① 此次提出的"社会主义新农村"，内涵更加丰富、科学；多角度（政治、经济、文化、社会）、多领域（生产力、生产关系和上层建筑）、多方位（生产、生活、风俗、环境和管理）对社会主义新农村进行了科学界定。包括发展农村生产力、调整农村生产关系；经济发展与社会建设；既加强农村物质文明建设，又加强农村精神文明、政治文明、生态文明与社会建设。这五方面的内容意义深刻，既相互贯通又相辅相成。同年12月，胡锦涛在中央经济工作会议上指出，要"坚持以发展农村经济为中心任务，同时协调推进农村经济建设、政治建设、文化建设、社会建设和党的建设，着力解决广大农民生产生活中最迫切的实际问题，让农民真正受益；坚持农村基本经营制度，在实践中推进农村各方面制度的创新发展，为社会主义新农村建设提供有力的制度保障；坚持从实际出发，尊重农民意愿，科学规划，因地制宜，分类指导，不强求一律，不盲目攀比，不搞强迫命令，更不能搞形式主义；坚持充分发挥各方面的积极性，使社会主义新农村建设成为全党全国的共同行动"。② 2006年1月，胡锦涛主持政治局第二十八次集体学习时强调指出："要从建设中国特色社会主义事业的全局出发，深刻认识建设社会主义新农村的重要性和紧迫性，切实增强做好建设社会主义新农村各项工作的自觉性和坚定性，积极、全面、扎实地把建设新农村的重大历史任务落到实

---

① 《中共中央关于制定国民经济和社会发展第十一个五年规划的建议》，《人民日报》2005年10月19日第1版。

② 《中共中央国务院关于推进社会主义新农村建设的若干意见》，《人民日报》2006年2月22日第1版。

处，使新农村建设成为惠及广大农民群众的民心工程。"① 总体而言，社会主义新农村建设理论的提出，是党和国家新时期农村建设思路的转变，体现了党和国家在农村建设思想上日趋成熟和完善，为我国今后做好"三农"工作指明了方向。正如温家宝在中央农村工作会议上的讲话所指出的，"建设社会主义新农村，是一个全面的目标，是一项长期的任务，必须因地制宜，从实际出发，尊重农民意愿，注重实效，着力解决农民生产生活中最迫切的实际问题。只有这样，才能使新农村建设真正带给农民实惠、受到农民拥护，从而扎实稳步地推进农村现代化步伐"。②

5. 把发展现代农业和增加农民收入作为农村建设的切入点

世界农业发展的规律证明：实现农业现代化是实现农业可持续发展的有效途径。现代农业最显著的特点就是更多地依靠资本、科技、知识、信息、管理等市场要素发展农业，少投入高产出。针对我国农业基础脆弱、农业生产条件落后和发展方式粗放的现状，我们党逐步摸索出一条具有中国特色的农业现代化之路。党的十六大提出建设现代农业是全面建设小康社会的任务。2006 年，党中央指出要把发展现代农业作为推进社会主义新农村建设的着力点。党的十七大强调要"走中国特色农业现代化道路"，"坚持把发展现代农业、繁荣农村经济作为首要任务"。③ 2007 年的中央"一号文件"强调，建设现代农业的过程，就是改造传统农业，不断发展农村生产力的过程，就是转变农业增长方式、促进农业又快又好发展的过程。从"统筹城乡"的提出，到社会主义新农村建设的战略目标，再到明确发展现代农业是新农村建设的首要任务，体现出我们党解决社会主义农村建设的思路在不断清晰和具体。把发展现代农业作为新农村建设的首要任务，既是对我国农业发展总体趋势的整体把握，也明确了社会主义新农村建设的切入点和着力点。

有效解决"三农"问题，推进社会主义新农村建设，要切实解决农民增收困难这一突出矛盾。胡锦涛多次强调"坚持'多予、少取、放活'的方针，采取综合措施，努力增加农民收入"。④ 他还指出："中央关于促

① 《时政文献辑览（2004 年 3 月—2006 年 3 月）》，人民出版社 2006 年版，第 880 页。

② 温家宝：《在中央农村工作会议上的讲话》，http：//cpc. people. com. cn/GB/64162/64165/74856/75017/5201882. html。

③ 胡锦涛：《高举中国特色社会主义伟大旗帜 为夺取全面建设小康社会新胜利而奋斗》，《人民日报》2007 年 10 月 25 日第 1 版。

④ 《十六大以来重要文献选编》（上），中央文献出版社 2005 年版，第 116 页。

进农村经济社会发展、调整农业结构、增加农业投入和减轻农民负担，发展农村教育、科技、文化和卫生事业，加强农村民主法制建设和精神文明建设的各项政策措施，也都要一项一项地落实到位。"① 依据这个思想，在 2003 年的《中共中央国务院关于促进农民增加收入若干政策的意见》中明确强调："调整农业结构，扩大农民就业，加快科技进步，深化农村改革，增加农业投入，强化对农业的支持保护，力争实现农民收入较快增长，尽快扭转城乡居民收入差距不断扩大的趋势。"② 与此同时，中央还采取了一系列支农惠农措施，通过"多予"——加大对"三农"的扶持力度，增加农民收入；"少取"——推进农村税费改革，减轻农民负担；"放活"——深化农村改革，落实党在农村的各项政策，活跃农村经济，拓宽农民增收渠道等各项措施，真正让农民得到了实惠。

综上所述，以胡锦涛为总书记的党中央站在战略高度，从中国实际情况出发，以新的思维和新的视野来认识和解决"三农"问题。揭示了"两个趋向"的发展规律，提出统筹城乡协调发展；建设社会主义新农村；走农业现代化道路；坚持"多予、少取、放活"的方针、千方百计地增加农民收入等重要思想，深刻反映了科学发展与构建社会主义和谐社会的时代要求，对于指导我们解决"三农"问题，建设社会主义乡村文明，全面推进小康社会建设具有重要意义。

---

① 《十六大以来重要文献选编》（上），中央文献出版社 2005 年版，第 116 页。
② 同上。

第四章

近现代中国乡村改造与文明建设的
历史叙事与启迪

中国的乡村建设问题是现代化背景下提出来的一个社会变革和发展问题。作为农业大国的中国，乡村建设从根本上制约着整个社会的演进，是国家工业化、现代化进程中不可绕过的难题。在以农业文明为特质的传统社会里，农业是主要产业，农民是民众主体，乡村有其自身的逻辑演绎和发展规律，今天所说的"三农"问题并不构成社会和政治问题。但是，随着以工业文明为载体的现代工业和城市文明的出现，与传统农业文明密切相关的乡村社会便成为了当今社会发展需要特别关注的领域。特别是对于中国而言，自 20 世纪以来，面对西方工业文明冲击下日益凸显的乡村经济社会矛盾，传统的乡村面临着严峻的挑战——生存还是毁灭，衰败或是复兴，遗弃抑或重建……这是任何一个从传统向现代转型的国家都必然面临并必须解决的难题。

近百年来，中国的知识分子和中国共产党不断地对乡村建设问题提出了各自的思想主张，并对中国乡村现代化道路进行了可贵的尝试和探索。学习和梳理这些历史经验可以为我们解决当今乡村和农民问题提供思路，为社会主义乡村文明构建、实现中华民族的伟大复兴提供积极的借鉴作用。诚如林贤治所言"如果没有历史，我们在现实中将找不到判断事物的坐标，以及通往未来的坐标。"[①]

第一节　二十世纪二三十年代民国时期
乡村建设模式探析

近代中国关于乡村建设的研究可追溯到 20 世纪二三十年代的民国时

---

①　林贤治：《五四之魂——中国知识分子精神史》，广西师范大学出版社 2008 年版，第 2 页。

期。这一时期，由于帝国主义的入侵以及封建势力的长期统治，加上国内军阀混战和连续多年的严重自然灾害，致使中国乡村经济遭到极大破坏。土地的高度集中、农产品价格低落、农民流离失所加速了乡村社会的衰败和乡村经济的破产。日益凋敝的乡村社会，引起了当时的知识精英和民国政府的广泛关注。一批知识分子抱着复兴乡村经济、实现"民族再造"的强烈愿望，发动了一场规模宏大的"乡村建设运动"。民国时期乡村建设运动是一场自觉的、自下而上的社会改良运动，是对晚清以来中国乡村社会问题的首次深层次的关注，它触及了许多中国乡村现代化面临和需要解决的问题，乡村政治的自治化与民主化、乡村经济的市场化和企业化、文化的科学化与大众化等观念在这场运动中得到了宣扬和提倡。这些思考和实践，对于解决当时的乡村问题、推动社会进步起到过一定积极作用，对当代的社会主义乡村建设也是一笔宝贵的财富。

从总体上看，发端于民国初期的乡村建设思想，在20世纪20年代形成了村治和乡村教育思想，并成为当时乡村建设思想的主流。30年代以后，乡村建设思想进入到了成熟期，乡村建设活动也正式成为了一种全国性社会运动，涌现出很多乡建派别，其中尤以晏阳初和梁漱溟为代表的乡村建设运动为典型。

一　晏阳初的平民教育思想及其乡村建设实践

晏阳初在20世纪20年代，推行以青壮年文盲为主要对象的平民教育运动，组织了"中华平民教育促进会"（简称平教会），后在河北定县创办了乡村建设实验区。晏阳初的乡村建设实践源于其平民教育思想，他认为国家和社会衰颓的原因，是由于广大民众缺少文化，愚昧无知，任人宰割。所以，以晏阳初为代表的乡村建设运动针对中国人的"愚、穷、弱、私"四大问题，主要从教育入手。他甚至进一步说："中国不必亡，亡不亡全在教育界。教育界可以支配中国，支配前途，改造社会。"[①] 他提出了三种教育方式：学校方式（办讲习班）、社会方式（办团体等）和家庭方式；主张四种教育途径：以"文艺教育攻愚"；以"生计教育攻穷"；以"卫生教育攻弱"；以"公民教育攻私"。认为教育与建设具有表里作用：人民进行了建设，也受到了教育；建设是教育的内容。结合四大教育

---

① 晏阳初：《晏阳初文集》，四川教育出版社1991年版，第3—4页。

提出四大建设，即文化建设、经济建设、卫生建设和政权建设。总之，实行平民教育是晏阳初乡村建设的核心。晏阳初在河北定县领导的乡建实验在民国乡村建设史上产生过重大影响，后来被人们称之为"定县模式"。

1. 开展文艺教育，提高乡民素质

晏阳初认为一个文化落后的民族是没有希望的，而民族的强盛离不开教育。因此"要中国有希望，须乡下佬有希望，要乡下佬有希望，须乡下佬识字受教育"。[①] 在定县实验中，晏阳初通过文艺教育来提高农民的识字能力与文化素养，文艺教育又包括文字教育和艺术教育。晏阳初认为文字既是传播知识的工具，又是寻求知识的钥匙。一个人获得知识最便利的方法是读书，而要读书就必先认字，"所以文字教育是培养知识力的一个重要方法，人类文明与野蛮的分野，就在文字的有无"。[②] 艺术教育包括图画、音乐、无线电广播和戏剧教育。如果说文字教育目的在于使农民获得学习知识的工具，为接受一切建设事业做好知识准备，那么，艺术教育的目的则在于促进农民的文化生活，使他们学会对自然环境和社会环境的欣赏与了解，以应对现实生活的复杂变化。为此，在定县实验中，平教会把文艺教育分成平民文学、艺术教育和农村戏剧三大部分，并分别组织了研究与实验。

2. 开展生计教育，增强经济能力

晏阳初认为，乡村生产力薄弱，生产技术落后，农民缺乏经济上的合作能力是乡村经济最大的困难。所以需要一方面普及农民的科学常识，另一方面要训练农民参加各种经济合作组织的能力。为此，晏阳初认为生计教育的内容应包括这么几个方面：在农业生产方面，普及农民在选种、园艺、畜牧等方面的知识，使他们能应用农业科学，提高生产；在农村经济方面，通过组织各种合作社、自助社等合作方式教育农民，使农民学会农业经济的补救方法；在农村工艺方面，大力提倡包括农民手工业在内的农村副业发展，以补充农民的经济收入。定县实验中，平教会根据他们实践调查所掌握的情况制定了一整套方法，通过展开对农民的生计训练、建立合作组织、改进动植物生产、发展乡村工业等几个部分的工作，力图为传统农业经济的发展找到一条振兴之路。

---

① 晏阳初：《晏阳初全集》（第1卷），湖南教育出版社1989年版，第230页。
② 晏阳初：《晏阳初全集》（第2卷），湖南教育出版社1989年版，第38页。

3. 开展卫生教育，建立保健制度

人们讲究卫生的程度从一个侧面反映这个社会的文明程度。通过普及卫生知识，提高人们生活的卫生水平，用公共力量创办公共卫生事业，是不断地提高文明程度、培养人民"强健力"的途径。晏阳初认为，在农村实施卫生教育，一是要创建医疗卫生保健制度。改进农村医药设备的分配状况，动员城里的医生去农村，形成公共卫生的良好环境，从而使农民在乡村低水平经济条件下，有病也能得到及时治疗；二是要对农民实施公共卫生教育。宣传基本的卫生常识，培养良好的卫生习惯，使农民成为健康的国民。在定县，晏阳初建立了中国第一个由村、区、县三级构成，以县为单位的保健制度体系，通过预防、治疗、训练相结合的方式普及、发展乡村医疗，"使各村农民，都有享受科学医药治疗的机会"。①

4. 开展公民教育，推行乡村自治

晏阳初在《中华平民教育促进会定县工作大概》中指出，实施公民教育是要"激起人民的道德观念，施以良好的公民训练，使他们有公共心、团结力，有最低限度的公民常识、政治道德，以立地方自治的基础。我们办教育，固然要注意文艺、生计、卫生，但是我们不要忘记了根本的根本，就是人与人的问题，大家要都是自私自利，国家就根本不能有办法，也没有复兴的希望。所以我们办公民教育，用家庭方式的教育，在家庭每个分子里，施以公民道德的训练，使每一个分子，了解一个人与社会的关系，以发扬他们公共心的观念"。② 从最初针对民众的"私"而提出的公民教育，到后来乡村建设实践中的乡村自治，晏阳初不断丰富着公民教育的内涵和范围。

晏阳初制定的"四大教育"是与"三大方式"密切结合的。即通过学校、社会、家庭三大教育方式的结合，避免学校教育范围的狭窄而辅之以家庭和社会教育的熏陶。

晏阳初的乡村建设理论成功地指导了定县的乡建实验，既体现了晏阳初教育民众、再造民族的社会改革宗旨，也体现了其思想讲求科学性的一面。晏阳初曾说："平教运动者办识字运动，不仅编编课本，而是要看课本适用不适用；讲农村建设，不是自己在城里呐喊，而是要到乡下去研

---

① 晏阳初：《晏阳初全集》（第2卷），湖南教育出版社1989年版，第248页。
② 同上。

究，探讨农村的问题，农民的需求；主张县政改革，不是空发议论，而是实际地办实验县。……整个的实验精神是这样一种精神，是绝对的科学的态度。"① 晏阳初的观点认为乡村建设不仅仅是一场运动，更要讲求内容、方法和技术。他在全国第三次乡村工作讨论会上强调"要把科学研究的成果带到民间去，与农民发生关系，养成农民运用科学的习惯，使农民生活科学化，实属迫切之图"。②

二　梁漱溟的文化复兴思想及其乡村建设实践

深受中国传统儒家文化浸染的梁漱溟从文化本位出发，认为以都市文明为载体的西方文化破坏了中华文明传统的风俗习惯和道德规范，一味仿效西方都市化、工业化文明使得财富和机会集中于城市，造成了乡村的无序和混乱，农民群众为此付出了沉重的代价。所以，西化道路不可能解决中国的乡村和农民问题。解决乡村问题进而解决中国问题的唯一出路是通过乡村建设复兴中华文明。乡村建设的基本任务就是在受西方文明浸染较少且受苦难最多的乡村，依靠乡村自治，创造一种以伦理为基础的新团体组织，推动乡村经济、政治与社会的全面进步。③

在国民党地方派的支持下，梁漱溟和他的同事身体力行，在1931年，创办了山东乡村建设研究院，培养有志于乡村建设的知识精英，后来又到山东省邹平县进行乡村建设实验。逐步形成了一套系统完整的乡村建设理论及"文化—乡村改造"模式，即民国乡村建设史上的"邹平模式"。"邹平模式"的主要内容是：第一，以文化复兴为乡村建设的根本思想。在中国传统文化基础上"创造新文化，救活旧农村"，"建设一个新的社会组织构造"，④ 以此解决乡村建设的根本问题。第二，创办村学乡学这一政教合一的机构组织，村学乡学既是行政机关，又是教育机关和乡民的自治团体。通过"行政机关教育化"和"社会学校化"，以村学代替村公所，以乡学代替区公所，推行改革乡村的各项行政措施。文化上对农民进行伦理道德教育，改变乡村陋习和不良风俗；经济上组织各类农村合作

---

① 晏阳初：《晏阳初全集》（第1卷），湖南教育出版社1989年版，第537页。
② 同上书，第385页。
③ 徐勇、徐增阳：《中国农村和农民问题研究的百年回顾》，《华中师范大学学报》（人文社会科学版）1999年第6期。
④ 《梁漱溟全集》（第2卷），山东人民出版社1990年版，第496页。

社，谋取乡村经济的发展；在防卫上组织地方自卫团体，维护治安等活动。通过在乡村强化各种组织，借助教育力量，试图改变乡村散漫、落后封闭的状况，将当地农民纳入政、教、富、卫于一体的乡村改造与经济建设之中。1933—1937 年，在梁漱溟的亲自主持下，山东乡村建设研究院对邹平的政治、经济、文化教育等进行了全方位的改革实验。

1. 兴办村学乡学，重建新的社会组织结构

梁漱溟认为西方社会是"个体本位，阶级对立"，而中国则是一个"伦理本位，职业分立"的社会。① 由于近代以来西方工业文明的冲击，中国的社会组织结构出现了瓦解趋势，但是"个体本位，阶级对立"的社会结构又未建立起来，这就需要在中国文化的基础上建立一个适应现代文明的新的社会结构，并且坚持两个原则，"一是从理性求组织，一是从乡村入手"，即"以伦理情谊为本原，以人心向上为目的"，发挥中国乡村固有的"伦理的社会、情理的社会"的风气。② 从这两个原则出发，梁漱溟认为，新社会组织构造应该从改造古人乡约③而建立，其具体形式是村学、乡学，即于乡设乡学，于村设村学。最早以乡农学校形式出现的村学乡学，首先推选本地区德才兼备，热心乡村建设事业的德高望重之士担任主要领导，其职责除教学工作之外，主要是办理本村本乡的一切公共事务和上级政府交办的事务。全体学众遵守民主集中制和传统优秀伦理道德的原则。于是，乡学村学既构成了一个巨大的学校，也构成为一个乡村自治组织。教育和政治组织相辅相成，政教合一。邹平的村学、乡学采取学校与社会相结合的教育形式，村学的学校式教育设儿童部、成人部和妇女部；社会式教育包括推动社会改良运动和兴办各项社会建设事业等。梁漱溟试图通过这种乡村自治模式，将乡民组织起来，培养他们的团体精神，并通过向农民传授各种现代思想和科学技术，以期实现"村民自觉，乡村自救"的理想。

---

① 《梁漱溟全集》（第 2 卷），山东人民出版社 1992 年版，第 168 页。

② 同上书，第 308—317 页。

③ 乡约是古代中国基层社会实现教化的重要组织形式，历代乡约多有不同，特别是到清代后期，很多乡约成为军事性的自保组织。不过，总体来看，乡约的主要精神仍然体现在《吕氏乡约》最基本的四项当中："德业相劝，过失相规，礼俗相交，患难相恤。"为了保证乡约中的内容得以执行，乡约有比较严格的组织形式，要有约正，定期召集全体乡民集会，奖善罚恶，以保证"德业相劝，过失相规"两条的实现。而"礼俗相交"和"患难相恤"则更多体现在平时的生活当中。

2. 发展合作组织，改进乡村经济生活

梁漱溟认为乡村建设包含三大任务："照天然的程序，则经济为先；必经济上进展一步，而后才有政治改进、教育改进的需要，亦才有作政治改进、教育改进的可能。""所谓乡村经济的建设，便是……促兴农业……所谓促兴农业，又包括两方面的事：一是谋其技术的改进；一是谋其经济的改进。技术的改进，是求生产的品质与量数有进益。诸如改良种子、防病治虫，改良农具，改良土壤，改良农产制造等事皆是。经济的改进，是求生产费之低省与生产值之优厚；一切为农家合算着可以省钱，或合算着多赚钱的办法皆是。其主要者即为各项'合作'，如信用合作、产业合作等。"① 可以看出，梁漱溟把合作社作为农业经营技术的一种进步。他分析说："中国社会病在散漫，救之之道，在于团体组织。"② 他认为，在乡村建设运动中，通过乡农学校增进社会关系的伦理特性，使"合作主义"成为农民道义层面的信仰与追求，这是乡村经济合作得以成功的必经之路。在邹平的乡村建设实验中，一方面重视农民的合作教育；另一方面则要求农民走合作化道路。邹平县政府为此专门颁发了《乡学村学实施合作教育之原则及办法》和《乡学村学实验小学及其他小学合作教学计划大纲》等文件，明确要求各乡学村学，在教学和实践中，加强对组织合作社的指导作用。

在梁漱溟合作社思想的指导下，邹平实验中改良乡村经济的主要举措就是建立了各种形式的合作社。乡村建设实验区的合作社大致分金融合作社、生产合作社和运销合作社。自 1931 年开始，邹平县成立了信用合作社，美棉运销合作社、蚕业合作社、机织合作社、消费合作社等实验合作组织。发展到 1936 年年底，全县合作社数总计 307 所，社员共有 8828 人。

3. 推动社会改良，提升乡风文明

梁漱溟认为中国社会在过去靠礼仪道德来维持，将来仍要如此，但要区分中国传统礼仪道德中的精华和糟粕。通过乡学村学宣传"人生向上"和"伦理情谊"为内涵的传统优秀道德规范，以乡约的形式进行乡村风俗改良，倡导敬老、慈幼、礼贤、恤贫、睦邻、勤劳、俭朴、抑恶、扬善、尚武、尚公、尚义等传统美德，目的就是提高乡民的道德水平，形成

---

① 梁漱溟：《本院设立旨趣及办法概要》，《乡村建设》（第 3 卷）1934 年第 27 期。

② 梁漱溟：《乡村建设理论》，上海人民出版社 2006 年版，第 58 页。

良好的乡村社会风气。由此，开展多种途径的乡村教育，促进乡民素质和乡风文明程度的提高，就成为了乡村建设的重要内容。

梁漱溟认为陈旧的生产生活方式严重地阻碍了乡村经济发展和社会进步，是不利于乡村社会发展和变革的。邹平实验中的移风易俗就是从禁缠足、剪发辫、戒早婚、禁赌博等方面开始工作的。为丰富农民业余生活，提升乡风文明，乡村建设研究院的师生通过为乡民排演文明戏、举办农民运动会等集体活动，倡导文明乡风。针对邹平地方治安问题严重的情况，研究院和县政府把建立健全乡村自卫组织作为邹平实验的重要内容之一。同时还重视乡约讲解，改进地方民俗，注意乡村建设事业和自卫组织的结合。

当然，梁漱溟在邹平的乡村建设实验，除了上述几方面外，还包括地方行政改革、乡村医疗建设等方面。梁漱溟的乡村建设理论及其社会实践，曾取得局部的效果，诸如，实验区乡村的经济发展、社会秩序、文化教育、民情风俗等方面都取得了一定的进展。

三　对民国乡村建设思想及实践的评价

20 世纪 30 年代，各种教育和学术团体以及大中专院校倡导的乡村建设运动在中国各地展开。其中除了晏阳初领导的中华平民教育会和梁漱溟领导的山东乡村建设研究院之外，还包括中华职业教育社、江苏省立教育学院、华洋义赈会、行政院农村复兴委员会等为代表的乡建团体。据说，各种乡村工作组织多达 700 多个。[①] 这些乡建团体，为了复兴日趋衰落的农业经济和乡村社会，实现"民族自救"，组织大批人力物力到乡村建立实验区，从事着各种以兴办教育、提倡合作、改良农业、建立公共卫生制度和移风易俗等为主要内容的乡村建设实验。虽然乡村建设运动作为一种改良主义运动存在着不少缺陷，但它为中国乡村建设思想的形成，以至于新中国成立后的农村合作化运动和当代乡村文明建设，都提供了可资借鉴的经验和教训。

1. 民国时期乡村建设运动的局限

纵观民国时期的乡村建设思潮及运动，尽管绝大多数乡建团体和乡建

---

① ［美］艾恺：《最后的儒家：梁漱溟与中国现代化的两难》，江苏人民出版社 1995 年版，第 234 页。

工作者投身乡村建设运动的主观愿望是为了"改造乡村，改造中国"① 振兴中国乡村经济，但最终的实践证明，其乡村建设运动并没有达到预期目的，也可以说是失败的。究其原因是多方面的，最主要的原因就是乡村建设的倡导者们忽视了导致中国乡村衰落的根本原因，没有认识到在那军阀混战、政治黑暗，帝国主义和封建主义对人民双重压迫的年代，对中国社会仅仅进行局部的乡村改良只能治标不治本。当时的一些社会学家、经济学家如千家驹、孙冶方、薛暮桥等人从马克思主义唯物史观出发对此作了深刻的分析。千家驹等人指出："他们只看到了社会现象的表面病态——愚、穷、弱、私，但他们没有进一步追究中国农民为什么会愚，会穷，会弱，会私？他们根本不了解埋在这'愚、穷、弱、私'底里的帝国主义之侵略与封建残余的剥削，才是'愚穷弱私'的原因。"② 孙冶方也指出："在现存社会秩序下，教育和技术是不可能发展的。退一步说，即使农民们识得字，能够读书看报了，也不能解除他们的痛苦。即使农民们能够相当改良技术，使农民的每亩田能够多产一石谷，多结几十斤棉花了，然而帝国主义的一场倾销，就可以使你的农产物跌去一半价钱，两次兵差一派，就已蚕食了你的全部收入。所以要发展教育改良技术，就应该从铲除那些阻碍教育发展和技术改良的原因——帝国主义侵略和封建残余势力——着手。"③ 这些学者进一步指出，在整个民族沦陷于危亡的时刻，中国的乡村建设运动是不能离开民族独立解放运动而单独进行的。中国面临的问题，是整体性的，想由农业引发工业，以农村振兴都市，都不能从根本上解决中国问题。而仅就乡村问题本身来说，其最根本的还是土地分配问题，仅从农产品运销、金融流通、农业改良等枝节问题上下工夫，不能从根本上解决农民之苦。④ 所以，近代中国乡村社会最根本的问题是土地制度问题，由此而决定了近代中国乡村是一个充满了矛盾冲突、危机四伏的社会。以改良为主要手段的乡村建设实践诚然可贵，但是不能从根本上解决问题。更退一步讲，乡村改良运动组织由于不具备政治权威性，对社会资源的动员完全来自于自身的努力，所以在推行乡建运动过程中，政

---

① 薛暮桥：《中国农村论文选》（上），人民出版社1983年版，第23页。
② 千家驹：《中国农村的出路在哪里》，《中国农村》（第2卷）1936年第1期。
③ 孙冶方：《为什么要批评乡村改良主义工作》，《中国农村》（第2卷）1936年第5期。
④ 郑杭生、李迎生：《中国早期社会学中的乡村建设学派》，《社会科学战线》2000年第3期。

府的支持态度和力度几乎就成为乡村建设运动成败的重要因素之一。因此，梁漱溟才会有"号称乡村运动而乡村不动"，"我们是走上了一个站在政府一边来改造农民，而不是站在农民一边来改造政府的道路"之感叹。①

正是由于乡村建设学派在理论与实践上存在着根本缺陷，因此，他们拯救乡村、复兴民族的愿望不仅不可能实现，就连他们的乡村建设实验也难以继续下去。相反，不从根本上触动帝国主义和封建残余在政治经济上的剥削与压迫，其所从事的乡村建设运动反而有利于维护现存统治秩序，方便了帝国主义的政治、经济侵略。"中国的历史早已证明，改良主义在中国行不通，只有中国共产党指引的反帝反封建的革命之路，才是拯救中国、振兴农村的唯一正确的路。对乡建运动给予恰当的、实事求是的评价，更有助于说明这一真理。"②

2. 民国时期乡村建设运动的贡献

乡村建设学派的理论与实践虽然从总体上看是失败的，但是，在当时的历史条件下，这些忧国忧民的知识分子，出于善良的愿望，热诚地提出自己对国家前途、社会命运的看法，并力图通过社会改良，拯救乡村、复兴民族，体现了他们对自己国家所抱有的深深的责任感。他们中的不少人不图名利，脚踏实地，深入乡村，为探求中华民族自救自强勇于探索，在乡村政治、经济、文化教育、人才培养、社会风气改良等方面做了大量工作，是值得肯定的。具体而言，乡村建设学派值得肯定之处正如著名学者孙本文所说，主要有两点："第一，他们认定农村为我国社会的基本，欲从改进农村下手，以改进整个社会。此种立场，虽未必完全正确，但就我国目前状况言，农村人民占全国人口百分之七十五以上，农业为国民的主要职业；而农产不振，农村生活困苦，潜在表现足为整个社会进步的障碍。故改进农村，至少可为整个社会进步的张本。第二，他们确实在农村中不畏艰苦为农民谋福利。各地农村工作计划虽有优有劣，有完有缺，其效果虽有大有小；而工作人员确脚踏实地在改进农村的总目标下努力工作，其艰苦耐劳的精神，殊足令人起敬。"③

民国乡村建设运动中的一系列改良措施，对于促进当时乡村经济和社

---

① 《梁漱溟全集》（第 2 卷），山东人民出版社 1988 年版，第 557 页。

② 鲁振祥：《三十年代乡村建设运动的初步考察》，《政治学研究》1987 年第 4 期。

③ 孙本文：《现代中国社会问题》（第 3 册），商务印书馆 1947 年版，第 93—94 页。

会进步，解决农民尤其是自耕农的生产生活困难还是起了一定的积极作用的，这些作用应该被历史肯定。梁漱溟等乡村建设派在理论上强调中国的国情和特殊性，力图以文化重建乡村进而改良中国，反对生搬硬套外国模式，不走西方的老路；强调知识精英必须到农村去，与劳动人民相结合；在实践上将改造乡村作为解决中国现代化的关键问题，并提出一套较为系统的具有一定现代化意义的乡村建设路径。这些思想在今日看来尤显可贵，对于今天建设社会主义新乡村，都有着重要的借鉴意义。

乡村建设运动的最终失败，也从反面给予中国共产党人和革命知识分子以有益的启示——拯救中国社会、振兴中华文明不能走改良的道路，而只能走革命的道路。费正清也说：乡建运动"留下的一份遗产是人们广泛关心把中国建国工作的基础放在农村社会，并且体会到乡村改革在充满敌意的政治环境中无法生存。共产党人发展而成的根据地概念，是把一种新的乡村体系纳入其政治和军事保护之中的尝试"。[①]

"活跃在20—40年代中国现代史舞台上的规模宏大的乡村教育、乡村建设、乡村改造、乡村复兴等运动是很有研究价值的历史课题。过去，我们对于这些历时长久、流派众多、主张不同、做法各异的乡村运动，一般都只简单地用政治概念去衡量，一概予以否定。这不是实事求是的科学态度。其实，乡村运动的出现自有其当时的时代背景与民族文化的历史渊源……对于中国前辈知识分子的种种社会改革的实践，应当给予充分的理解与尊重。要从他们成功的经验和失败的教训中总结出中国社会改革的规律性认识，借以推动我们今天的改革与开放。"[②]

第二节　中国共产党领导的革命根据地和解放区的乡村改造运动

中国共产党成立以后，不断地探索马克思主义的中国化道路，认识到农民是中国革命的主力军，农村是中国革命的战略基地，中国革命必须走农村包围城市、武装夺取政权的道路。在乡村社会问题上，不断地深入调查研究，把握中国乡村社会的内在本质，将乡村社会改造成对自身力量发

---

① 费正清：《剑桥中华民国史》（下），中国社会科学出版社1998年版，第407页。
② 《晏阳初全集》，湖南教育出版社1989年版，第25页。

展的有利环境。以毛泽东、邓小平为杰出代表的中国共产党人在新民主主义革命和社会主义建设过程中，以解决农民土地问题为核心，领导亿万农民投身革命和建设事业，全方位地对农村、农业、农民问题进行了深入的理论探讨和艰难的实践探索，为建设社会主义现代化国家打下了坚实的基础。

一　二十世纪二三十年代以土地革命为中心的乡村改造运动

早在大革命时期，中国共产党就在湖南、湖北、广东、江西等地农村开办农民学（夜）校，组织农民运动讲习所和农民协会。以两湖为中心的农民运动，在农会的组织领导下，政治上铲除贪官污吏土豪劣绅，对地主阶级尤其是土豪劣绅进行专政；经济上打击地主，在有农会组织的地方，普遍实行减租减息；在思想文化上，开展破除迷信、禁赌、禁烟、剪发、放脚、砸佛像和祖宗牌位等反封建宗法制度和移风易俗的斗争，瓦解乡村封建宗法制度。农民运动的成果沉重打击了封建地主阶级，动摇了几千年封建政治的基础，为民主革命开辟了广阔的前景。在《湖南农民运动考察报告》中，毛泽东指出："打倒这个封建势力，乃是国民革命的真正目标，孙中山先生致力于革命凡四十年，所要做而没有做到的事，农民在几个月内做到了，这是四十年乃至几千年未曾成就过的奇勋。"[1] 毛泽东认为，中国新民主主义革命在某种意义上说就是农民革命，革命的一个首要任务是解决农民的土地问题。这个问题不解决，就不可能有新民主主义革命的胜利。

1927 年，大革命失败后，共产党的工作重心转移到农村。随着土地革命战争的兴起，以毛泽东为代表的中国共产党人把马列主义同中国革命具体实践相结合，正确认识到中国农村和农民问题的极端重要性，提出"土地问题是中国农村问题的核心"[2]，"消灭封建地主的土地所有制，剥夺地主的土地，将土地转给农民"。[3] 认为"用计划经济与合作经济来改造小农经济"[4]，"只有打破农民零细的私人经营底范围"，"组织大规模

①　《毛泽东选集》（第 1 卷），人民出版社 1991 年版，第 15—16 页。
②　钱俊瑞：《现阶段中国农村经济研究的任务》，《中国农村》（第 1 卷）1935 年第 6 期。
③　赵㮊僧：《中国土地问题的本质》，《中国农村》（第 2 卷）1936 年第 6 期。
④　陈洪进：《中国农村经济研究需要新的开展》，《中国农村》（第 8 卷）1942 年第 2 期。

的集体生产"① 才能为民主化和现代化开辟道路。在上述思想的指导下，共产党深入农村，在苏区革命根据地和解放区，进行了以土地制度、农村政权建设和农村社会整合为主要内容的乡村改造实践。

1931年，中华苏维埃共和国成立，在苏维埃政府的领导下，苏区人民全面开展了土地革命和乡村政治、经济、文化教育方面的建设。

1. 深入调查，制定符合中国农村和农民实际的土地革命路线

1931年2月中共苏区中央局发出了《土地问题与反富农策略——通告第九号》决议，决议指出："现在还不具备实行土地国有的条件，必须使广大农民取得他们唯一热望的土地所有权；在土地革命中组织集体农庄或苏维埃农场的理论是一种妄想，完全是'左'派幼稚病。"② 根据会议及其决议的精神，1931年2月，毛泽东以中央革命军事委员会的名义，给江西省苏维埃政府写了一封题为《民主革命中的土地所有制度》的信，具体提出："农民分得田后，这田归他个人所有，别人不得侵犯，生的不补，死的不退，租借买卖，任其自由。"③ 1931年3月15日，江西省政府发出文告，正式宣布："土地一经分定，土地使用权、所有权统统归农民。"④ 其他根据地也相继贯彻了地权私有政策。至此，中国共产党基本形成了新民主主义革命时期的土地革命路线和土地分配办法。土地革命路线是："依靠贫雇农，联合中农，限制富农，保护工商业者，消灭地主阶级，变封建的土地所有制为农民的土地所有制。"⑤ 土地分配办法是：以乡为单位按人平均分配，以原耕地为基础，抽多补少，抽肥补瘦。⑥

2. 组织农村互助合作运动，促进农村经济发展

1931年，《中华苏维埃共和国土地法》规定："地方苏维埃政府在环境允许的条件下，要创办下列事业：一，开垦荒地；二，办理移民事业；三，改良现有的及建立新的灌溉；四，培植森林；五，加紧建设道路，创

① 孙冶方：《私有？村有？国有？——"土地村有制"批评底批评》，《中国农村》（第2卷）1936年第1期。

② 马齐彬、陈文斌：《中国共产党创业三十年》，中共党史出版社1991年版，第236页。

③ 《第二次国内革命战争时期土地革命文献选编》，中共中央党校出版社1987年版，第389页。

④ 《第一、二次国内革命战争时期土地斗争史料选编》，人民出版社1981年版，第502页。

⑤ 《中央革命根据地史料选编》（下），江西人民出版社1982年版，第320页。

⑥ 《毛泽东农村调查文集》，人民出版社1982年版，第279页。

办工业，促进农村经济发展。"① 毛泽东在主持中华苏维埃共和国临时中央政府的工作期间，总结经济建设工作的经验，先后发表了《必须注意经济工作》、《我们的经济政策》等重要著作，强调了革命根据地经济建设工作的重要性及国有经济、合作社经济与私人经济相互结合的思想。"尽可能地发展国有经济和大规模地发展合作经济，应该是与奖励私人经济发展同时并进的。"② 毛泽东还指出："我们的经济建设的中心是发展农业生产，发展工业生产，发展对外贸易和发展合作社"。他特别强调说："在目前的条件下，农业生产是我们经济工作的第一位。"③

土地革命以后，中央苏区采取了一系列帮助农民群众发展农业生产的方针政策，农民的劳动热情迅速高涨起来。很多地区组织了劳动互助队和耕田队，以帮助农民解决劳动力不足的问题；组织犁牛合作社，农具合作社和种粮合作社，帮助农民克服缺乏耕牛、农具、种子等困难。另外还出现了合作农场，农业合作社这种更高级的合作组织。1933 年，苏维埃中央政府颁布了《劳动互助社组织纲要》，对劳动互助社予以规范。除了农业生产性质的合作社以外，中央苏区还组织有手工业生产合作社、消费合作社和信用合作社等。

中央苏区组织农民兴修水利、改良土壤、开垦荒地、植树造林等农田水利基本建设，为农业生产发展创造条件，有力推动了苏区农业生产的恢复和发展。据统计，仅 1933 年，中央苏区共开垦荒田 22 万多担，瑞金、兴国及上杭县的才溪乡，基本消灭了荒田。1933 年，中央根据地的农业产量比上一年增加了 15%。闽浙赣根据地更增加了 20%。苏维埃政府还创办了兵工、被服、炼铁等国营军需厂，还有纺织、制糖、造纸、制造农具等民用工业。1934 年春，苏维埃中央政府建立了中华商业公司，组织对外贸易，进行粮食、食盐、布匹和其他日用品等的商品流通。

苏区经济建设的发展，不但为开展革命战争提供了必要的物质条件，而且使农民的生活得到了改善。红色政权得以在国民党政权的包围中存在和发展。

---

① 彭明：《中国现代史资料选辑》（第 4 册），中国人民大学出版社 1989 年版，第 298—299 页。
② 《毛泽东选集》（第 1 卷），人民出版社 1991 年版，第 133 页。
③ 同上书，第 133—134 页。

3. 鼓励、动员农民参与苏维埃民主政权建设

苏区革命根据地把动员、组织农民参与苏维埃民主政权建设作为乡村建设的重要内容之一。1927 年 11 月颁布的《苏维埃临时组织法》规定："苏维埃政权是属于工人农民兵士及一切劳苦民众的。在苏维埃政权下，所有的工人农民红军兵士及一切劳苦民众都有权选派代表掌握政权的管理。"① 《福建省苏第四次执委扩大会议决议案》指出：广大农民可以"直接选派代表参加各级工农兵会议（苏维埃）的大会，讨论和决定一切国家的地方的政治事务。"② 1931 年，《中华苏维埃共和国宪法大纲》明确规定：在苏维埃政权范围内，工人、农民、红军兵士及一切劳苦民众及他们的家属，在苏维埃法律面前一律平等，都是苏维埃共和国的公民。"苏维埃公民在十六岁以上均享有苏维埃选举权和被选举权"。③ 一苏大会后，中央苏区政府正式颁布了《中华苏维埃共和国的选举细则》和《中华苏维埃共和国选举委员会的工作细则》，为苏区实行民主选举提供了制度保证。此后中央苏区举行了三次规模较大的选举，选民在 80% 以上，他们选出自己的代表参加工农兵代表大会，参与国家事务的管理。

苏维埃政府还给予苏区民众以集会、结社、言论、出版和罢工的自由，鼓励、动员农民群众对苏维埃工作人员的工作进行监督和批评，反对官僚主义，改善苏维埃机关的工作作风。在中共"六大"《苏维埃政权组织问题决议案》中指出："苏维埃政权，从其成立的第一天起，就应号召广大的劳动群众起来反对苏维埃政府中办事人员可能作出的各种流弊，如官僚主义，办事迟钝和滥用职权舞弊等等。"④

4. 积极开展乡村文化教育改革

苏维埃文化教育是"革命总战线中的一条必要和重要的战线"。⑤ 毛泽东指出，"为着动员民众一切力量加入伟大的革命斗争，为着创造革命的新时代，苏维埃必须实行文化教育的改革"。⑥

苏维埃政府文化教育的总方针"在于以共产主义的精神来教育广大的劳苦大众，在于使文化教育为革命斗争与阶级斗争服务，在于使教育与

---

① 《中华苏维埃共和国法律文件选编》，江西人民出版社 1984 年版，第 6 页。
② 同上。
③ 同上。
④ 《中共党史参考资料》（第 5 册），人民出版社 1979 年版，第 315 页。
⑤ 《毛泽东选集》（第 2 卷），人民出版社 1991 年版，第 708 页。
⑥ 《苏区教育资料选编》（1929—1934 年），江西人民出版社 1981 年版，第 43 页。

劳动联系起来，在于使广大中国民众都成为享受文明幸福的人"。① 根据创造新的工农苏维埃文化的要求，中央苏区文化教育的中心任务就是厉行全部的义务教育，发展广泛的社会教育和努力扫除文盲。为此，在教育方面，中央苏区针对大多数学龄儿童，开办了各级各类学校，实施义务教育。6—14 岁儿童进入列宁小学，14 岁以上儿童进入义务劳动学校。针对16—45 岁中青年，则普遍以开办夜校、识字班及业余补习学校等社会教育形式进行。还建立了苏维埃大学、红军大学和其他各种专门技术学校，培养了大批优秀干部。在文化方面，成立了许多文艺机构和团体，开展丰富多彩的文艺创作和演出活动，给苏区带来了崭新的革命教育新形式、新内容。1933 年，中央苏区 2932 个乡就有小学 3052 所，学生 89710 人，夜校 6462 所，识字组（福建未统计）32388 个，组员 15.5 万人。② 1934年，仅中央苏区就有包括《红色中华》、《青年实话》、《红星》等报纸杂志在内 34 种。

　　综上所述，中国共产党在 20 世纪二三十年代对于乡村改造的理论和实践探索，主要是围绕着农民是中国革命的中心问题这一命题展开。以土地问题作为民主革命时期的基本纲领，满足农民土地需求，动员农民参加革命，同时又全面改造中国乡村社会。实践证明，以毛泽东为代表的中国共产党人找到了近代中国积贫、积弱的根源，在反帝反封建斗争中完成了新民主主义革命的胜利，为建立独立、民主、富强、文明的现代中国扫清了障碍，创造了条件。这也正体现了共产党人领导的乡村改造运动与晏阳初、梁漱溟等人领导的乡村建设运动最根本的不同之所在。

二　抗日战争时期陕甘宁边区的乡村建设

　　1937 年抗日战争爆发，中国共产党领导的革命武装力量深入敌后战场，先后建立起了陕甘宁、晋察冀、晋绥等抗日革命根据地，并进行了一系列的乡村经济、政治、文化、社会保障等乡村事业的建设，及至抗战结束，使边区面貌焕然一新。陕甘宁边区作为抗战时期中共首脑机关所在地，其乡村改造和建设的实践卓有成效，其中中国共产党抗战时期的乡村建设实践亦可管窥一斑。

---

① 逄先知：《毛泽东年谱》（上卷），中央文献出版社 1993 年版，第 414 页。
② 彭明：《中国现代史资料选辑》（第 4 册），中国人民大学出版社 1989 年版，第 310 页。

1. 实施减租减息土地政策

陕甘宁边区的乡村建设首先是在对旧有的政治经济体制的改造基础上进行的。首先在土地问题上，实行了不同于土地革命时期的政策——减租减息。早在 1937 年 7 月，毛泽东在《反对日本进攻的方针、办法和前途》一文中，就曾提出过减少地租作为中国共产党抗战时期的重要策略的主张。1941 年 5 月中共中央政治局通过的《陕甘宁边区施政纲领》和1942 年 1 月中共中央颁布的《中共中央关于抗日根据地土地政策的决定》相继指出，实行减租减息提高农民抗日与生产的积极性。[①] 边区政府于1942 年 12 月，颁布了《陕甘宁边区土地租佃条例（草案）》，对减租额作了详细的规定。减租减息逐渐重塑了抗日根据地乡村的生产关系，一方面削弱了地主经济，降低了地主对农民的剥削程度。同时也实行交租交息，使地主仍有一定的经济地位，以团结一切力量共同抗日；另一方面，减轻了农民负担，扶助农民解决民生问题，使广大贫雇农提高了抗日和生产的积极性。此外，减租减息的土地政策，也使边区的土地所有制发生了有利于农民的改变，土地政策促进了地主卖地，农民买地，逐渐树立起了贫雇农和中农的经济政治优势，地主经济在抗日根据地乡村不再占有统治地位。

2. 采取多种措施建设边区经济

在减租减息提高了农民的生产积极性以后，中共继续推行革命根据地时期乡村互助合作经验，使陕甘宁边区劳动互助迅速发展，曾出现过诸如义务耕田队、妇女生产组、变工队、扎工队、锄草队等。[②] 劳动互助组织不仅把乡村民众组织起来，促进了农业生产的发展，也相应地促进了个体经济向集体劳动转变，带来了农村社会的全面改造。正如毛泽东当时所说，互助合作这种生产团体"一经成为习惯，不但生产量大增，各种创造都出来了，政治也会进步，文化也会提高，卫生也会讲究，流氓也会改造，风俗也会改变"。[③]

边区还广泛实行了农贷政策、推广良种、革新农具、提高农业生产技术、鼓励移民和边区群众开荒等措施提高农业生产，使根据地的农业取得

①《中共中央文件选集》（第 12 卷），中共中央党校出版社 1986 年版，第 10 页。

② 黄正林：《陕甘宁边区社会经济史（1937—1945）》，人民出版社 2006 年版，第 110—111 页。

③《毛泽东选集》（第 3 卷），人民出版社 1991 年版，第 1017 页。

了长足的进步。陕甘宁边区，1937 年的抗战初期粮食产量为 110 万石，到 1944 年则达 200 万石。①

农业生产的发展，进一步促进了边区手工业的发展。为实现工业品日用品的自给自足，边区把乡村分散的个体手工业者联合起来，组织成立各种合作社发展乡村手工业。边区乡村手工业以合作社和家庭个体生产为主要经营方式，其中手工业合作社是人民大众联合起来的集体经济实体。为规范生产合作社的发展，边区颁布了《生产合作社组织办法纲要》、《合作社暂行条例示范草案》、《陕甘宁边区合作社联合社章程》、《生产合作社组织办法纲要》等文件，并于 1939 年，召开了合作社第一次代表大会。② 手工业合作社，一方面满足了边区群众的生活需要；另一方面也推动了边区乡村经济的发展。

随着边区经济的复苏，商业也随之繁荣起来。各类消费合作社普遍发展，1942 年以后，各县普遍建立起农村集市，恢复传统的骡马交流大会，这些都成为了边区农村商业贸易的重要环节，起到了供给群众日用品与帮助群众调剂交换的目的。1941 年边区政府和各分区、县都成立了督运委员会，区、乡基层成立了运输大队，建立了以盐运为中心的农村运输业。

3. 通过民主选举建立新的乡村基层政权

抗日战争时期，陕甘宁边区废除了国民党时期的保甲制度，开展了民主选举和改造健全乡村基层政权的工作。《陕甘宁边区乡（市）政府组织暂行条例》规定乡（市）长由乡（市）参议会选举产生，乡（市）参议会为乡（市）政府最高政权机关。③ 1937 年 7 月，由边区政府领导边区人民进行了普选工作。在《陕甘宁边区选举条例》中明确规定："凡居住在边区境内年满 18 岁，不分阶级、职业、男女、宗教、民族、财产和文化程度的差别，经选举委员会登记，均有选举权和被选举权。乡参议会每居民 60 人选参议员 1 人。乡参议会议员每半年改选一次。"④ 乡参议会、乡政府的选举，充分体现了民主的精神，使民众做到了真正的参政议政。

1940 年，抗日战争进入到战略相持阶段。为了巩固和发展抗日民族

① 赵德馨：《中国经济通史》（第 9 卷），湖南人民出版社 2002 年版，第 1102 页。

② 黄正林：《1937—1945 年陕甘宁边区的乡村社会改造》，《抗日战争研究》2006 年第 2 期。

③ 《陕甘宁边区时期陇东民主政权建设》，甘肃人民出版社 1990 年版，第 45 页。

④ 《陕甘宁边区政府文件选编》（第 1 辑），档案出版社 1988 年版，第 160—162 页。

统一战线，中共中央提出了抗日根据地政权建设上的"三三制"政策，具体来说，就是在各级政府和民意机关，共产党员、民主党派和无党派人士各占三分之一。陕甘宁边区到1941年9月据"三三制"原则的乡、县两级选举结束，普遍改选了县、乡两级政权，先后建立起从边区到县、区、乡、村的各级抗日民主政权。

在陕甘宁边区，乡村问题由乡参议会与村民大会负责，村民有监督乡村政府的权利。在每次乡议会选举中，乡政府都要向选民做工作报告，选民可以对其工作提出质问或批评。

4. 重视教育积极开展边区文化建设

陕甘宁边区的教育分为社会教育和小学教育。针对边区文化教育十分落后，文盲占到90%以上的局面，陕甘宁边区政府通过社会教育来消灭文盲，提高乡村民众民族意识、社会意识。在1938年10月，毛泽东在党的六届六中全会所作的《论新阶段》的政治报告中就指出，伟大的抗战必须有伟大的抗战教育运动与之相配合，在一切为着战争的原则下，一切文化教育事业均应使之适合战争的需要，为此"要广泛发展民众教育，组织各种补习学校、识字运动、戏剧运动、歌咏运动、体育运动，创办敌前敌后各种地方通俗报纸，提高人民的民族文化与民族自觉"。[①] 边区先后颁布了《陕甘宁边区各县社会教育组织暂行条例》、《陕甘宁边区模范夜校半日校暂行条例》、《陕甘宁边区冬学教员奖励暂行条例》、《陕甘宁边区各县识字检阅暂行办法》、《陕甘宁边区民众教育馆组织规定》等政策法规，来规范社会教育，促进社会教育事业的发展。其主要教学方法就是一面生产一面学习，内容上不仅教民众识字，还对他们进行民族革命意识、民族自卫战争理论和技能的教育等。在1939年4月颁布的《抗战时期施政纲领》中指出："实行普及免费的儿童教育，以民族精神与生活知识教育儿童，造就中华民族的优秀后代。"[②] 为实现普及小学三年制义务教育的目标，边区出台了一系列的政策和法规。如《陕甘宁边区小学教育实施纲要》、《陕甘宁边区实施强迫教育暂行条例（草案）》等。对家庭贫困上不起高级小学（非义务教育阶段）的孩子，边区给予资助。凡家境贫困（尤其抗属子弟）体格健全、学业成绩优良的初级小学学生，无

① 《中共中央文件选集》（第11册），中共中央党校出版社1991年版，第616页。
② 《陕甘宁革命根据地史料选辑》（第1辑），甘肃人民出版社1981年版，第26页。

力升入高级小学，或高级小学学生无力继续就学，以及战区或外来的流浪难童，给予救济。① 由于采取了有力的措施，边区小学教育迅速发展起来。小学的数量由 1937 年的 320 所增加到 1940 年的 1341 所；学生人数由 5600 人增至 41458 人。②

抗战爆发使海内外许多知识分子和作家来到延安和各根据地。各地区陆续成立了各类文艺团体，出版了多种文艺刊物，边区的文艺活动非常活跃。早在 1940 年 1 月，毛泽东在《新民主主义论》中就提出了民族的、科学的、大众的新民主主义的文化教育纲领。他指出新民主主义的文化是大众的，它应为全民族中 90% 以上的工农劳苦民众服务，并逐渐成为他们的文化，"大众文化，实质上就是提高农民文化"。③ 尤其是 1942 年 5月，毛泽东发表了著名的《在延安文艺座谈会上的讲话》，指出为了革命，文艺的中心问题"是一个为群众的问题和一个如何为群众的问题"。他特别强调"为什么人的问题，是一个根本的问题，原则的问题"。④ 此后，根据地的文艺事业蓬勃兴旺，农民群众成为文艺活动的主体力量。1943 年春节，首先在延安出现了秧歌运动的高潮，此后每年春节都成了解放区农民的艺术节。由民间歌手创作的《东方红》、《绣金匾》、《高楼万丈平地起》等作品也广为传唱。

5. 支援抗战初步建立边区社会保障体系

陕甘宁边区本就是一个自然灾害多发地区，在抗战时期，又有相当多的难民从沦陷区和国统区流入边区。因此，为了妥善安置数量庞大的灾民、难民，稳定边区社会秩序，边区的社会保障政策和体系建设应运而生。1939 年颁布的《抗战时期施政纲领》中明确规定了"抚恤老弱孤寡，救济灾民难民"的政策。⑤ 并先后颁布了《陕甘宁边区政府优待外来难民和贫民的决定》、《陕甘宁边区政府优待移民实施办法》等一系列优待难民的法令。随着各边区民主政权的建立，社会保障机构也开始陆续设置。

陕甘宁边区的社会保障主要从以下几方面展开。首先，针对抗日军人家属和抗日工作人员家属进行社会优抚，他们在土地房屋分配、公共机关

---

① 《陕甘宁边区教育资料·小学教育部分》（上），教育科学出版社 1981 年版，第 5 页。
② 《陕甘宁边区小学教育概况》，《新华日报》1944 年 6 月 3 日。
③ 《毛泽东选集》（第 2 卷），人民出版社 1991 年版，第 692 页。
④ 《毛泽东选集》（第 3 卷），人民出版社 1991 年版，第 857 页。
⑤ 《抗战时期施政纲领》，《解放》1939 年第 68 期。

招收员工、医疗保健等方面享有优先的权利。在战斗中牺牲或在工作中病故、致残的抗日军人，享受边区政府对其及其家属的抚恤。其次，由于灾荒频繁、战争迫害，赈灾成为边区乡村社会救济的一个主要方面，边区政府主要采取发放救济粮款给贫苦农民；以工代赈，兴办工厂，兴修水利；积极发动群众，建立义仓等方法解决灾民、难民问题。再次，针对边区工人的工伤、失业、医疗、生育等问题，边区政府都做了相应规定。"如规定雇工生病、劳动致残或死亡，雇主应承担一定的责任；孕妇和育婴女工应该适当缩短工作时间和劳动强度，产前或产后享受一个月和一个半月的假期等"。① 这些规定在一定程度上保障了边区工人的利益。最后，边区建立了各级保育行政组织负责儿童、老人和公职人员中的社会福利。各机关、团体设立托儿所、保育小学、中学以及其他各类的学校；成立敬老院；对公职人员实行供给制等。

陕甘宁边区实施的乡村建设实践，继承和发展了中央苏区的乡村建设实践，不仅走出了一条符合当时中国乡村社会实际的乡村建设路子，而且为新中国成立后的乡村建设打下了基础。例如这一时期制定的《中共中央关于劳动政策的初步指示》、《关于保育工作的通知》、《干部保健条例》等，就为新中国社会保障建设事业提供了许多宝贵的原则和基本经验，至今仍显示着它的生命力。

第三节 新中国成立后以生产关系变革为中心的农村社会变革

1949 年，中华人民共和国成立。中国共产党人开始了社会主义新农村建设的艰辛探索。新中国成立初期，虽然党的工作中心转移到了城市，但解放生产力、实现国富民强是这一阶段党面临的主要任务。由此出发，中国共产党领导开展了以土地改革为中心的乡村社会改造运动，对几千年来的乡村社会经济基础、政治制度进行了全面的解构，力图建立全新的社会主义乡村社会生产、生活与交往方式。在 20 世纪 50 年代初的土地改革之后，农村迅速转入集体化运动阶段。从此直到 1978 年改革开放之前，中国农村建设的主线始终围绕农村集体化展开。

---

① 柴观珍、魏翔：《陕甘宁边区社会保障建设及启示》，《世纪桥》2008 年第 12 期。

但是，由于 20 世纪 50 年代后期开始的"反右"运动、"大跃进"运动以及 1966 年开始的"文化大革命"的影响，从这一时期开始，中国农村建设正如邓小平所说"实际上处于停滞和徘徊状态"，"生产力没有多大的发展"，[①] 中国"农村的大多数地区仍处于贫困状态"。[②]

从后人的角度整体上看，历史上经历的那些挫折和失误都具有那个时代的某种必然性，头脑发热，狂想盲干。总之，20 世纪 50 年代到 70 年代末的中国乡村改革，其主要内容就是以政治为中心进行社会主义改造，在乡村建立新型的社会主义生产关系，确立了社会主义的制度文明。这一时期的乡村建设可以大体分为：土地改革、合作化运动、人民公社三个阶段。

一 继续推进农村土地改革，实行农村社会主义改造 (1949—1953)

新中国成立以后，为了解放农村生产力，恢复和发展国民经济，从 1950 年冬到 1953 年春，中国共产党在新解放区农村和城市郊区实施了以土地改革为中心的农村改造，继续完成民主革命遗留在农村的历史任务。在三年时间里，实行农民土地所有制，初步建立了农村各级政权，使农村生产得到了迅速恢复和发展。

乡村社会封建性的根本基础就是其土地所有制。所以，1949 年 9 月通过的《中国人民政治协商会议共同纲领》指出"有步骤地将封建半封建的土地所有制改变为农民的土地所有制"。[③] 1950 年 6 月，中央人民政府委员会第八次会议通过《中华人民共和国土地改革法》，明确规定了土地改革的路线、方针和政策，正式开始了全国性的土地改革运动。其主要内容是针对地主、富农、小土地出租者所拥有的土地及其生产资料分别做出了予以征收或保留的规定，对城市郊区土改没收和征收的土地及少数民族土地、华侨地等特殊土地，规定了区别对待政策。为了保证《土地改革法》有效实施，政务院还先后制定和颁布了《人民法庭组织通则》、《农民协会组织通则》、《关于划分农村阶级成分的决定》等法规。中央此次实施的《土地改革法》与 1947 年 10 月全国土地会议通过的《中国土

---

① 《邓小平文选》（第 3 卷），人民出版社 1993 年版，第 115—237 页。
② 同上书，第 11 页。
③ 《中国人民政治协商会议共同纲领》，《人民日报》1949 年 9 月 30 日，第 1 版。

地法大纲》相比，在土地改革的方针政策和实施步骤上更加成熟稳妥，主要体现了和平建设时期乡村社会自身改造和重建的战略思想，其中最重要的变化就是将新中国成立以前征收富农多余的土地财产的政策改为保存富农经济的政策。调整后的土地改革理论和政策最明显的特征就是破除乡村社会封建性的经济基础，这是适应新的经济形式而采取的正确措施。

从 1950 年开始，中央根据解放区情况，分期分批地进行了大规模的土地改革。到 1953 年春，除新疆、西藏等少数民族地区及台湾地区外，全国基本完成土地改革。在土地改革中，全国约有 3 亿无地或少地农民共分得约 7 亿亩土地以及大批生产资料。① 1952 年，全国农业生产总值达到 484 亿元，恢复并超过了抗日战争前的水平。②

中国共产党认为在土改完成后必须用互助合作的方式改造传统的小农经济，逐步实现农村的现代化转型。只有这样才能引导个体经济逐步走向集体经济，为社会主义工业化发展提供有力支援。互助合作的愿望最先产生于贫农之中。贫苦农民最初出于利益考虑，企图克服个体生产过程中的困难、发展生产、兴修水利，共同抵御自然灾害而自发地互帮互助，组织起互助组（有常年性和季节临时性两种）。人民政府因势利导，积极引导农民建立互助组。1951 年 12 月，中共中央通过了《关于农业生产互助合作的决议（草案）》，总结了中共历来领导农村互助合作运动的基本经验，要求根据农村生产发展的需要和可能，积极发展、稳步前进，按照自愿互利的原则，把农业互助合作当作一件大事去做。《（草案）》下达后，我国的农业合作化运动逐步展开。党和政府还通过发放低息贷款、供给耕畜及优良农作物品种等优待政策促进互助合作运动的开展。到 1952 年年底，全国共有互助组 802.6 万个，参加农户达 4536.4 万户，组织起来的农户占全国总农户的比重达 39.9%。③

建立互助合作的目的在于通过个体劳动者之间的互助，引导个体所有制向集体所有制形式过渡。对于大多数农户而言，他们加入互助组除了利益需求之外，政权引导的力量与政策宣传的影响也不容忽视。这种互助合作的形式，作为新中国成立以后走向新制度的第一步，是对中国社会主义乡村建设的有益尝试。

---

①　国家统计局：《伟大的十年》，人民出版社 1958 年版，第 29 页。
②　郭书田：《四十年的回顾与思考》，中共中央党校出版社 1991 年版，第 194 页。
③　罗平汉：《农业合作化运动史》，福建人民出版社 2004 年版，第 92 页。

新中国成立以后，中央人民政府在原有解放区农村基层政权的基础上进行了重新调整。1950 年，政务院颁布了《乡（行政村）人民代表会议通则》和《乡（行政村）人民政府组织通则》作为农村基层政权统一的法规和准则。乡镇干部一般在当地人中产生，主要从土地改革和其他运动中涌现的积极分子中选拔，但要经过群众同意。由于新中国成立初期正处于建政时期，"区"这一级政府机构仍然存在，干部大多由上级政府任命。到 1953 年春，经过三年的建设，我国农村生产基本得到了恢复和发展。

二　开展农业合作化运动，实现农业集体化生产（1953—1958）

1953 年 9 月，党中央颁布了过渡时期的总路线以及统购统销政策，决定社会主义工业化和社会主义改造并举。为适应国家工业化发展的需要以及带动影响其他生产资料所有制的改造，加快了农业的社会主义改造，推动互助合作运动向更高阶段发展，在农村全面展开了农业合作化运动。

《中共中央关于发展农业生产合作社的决议（草案）》（1953 年 12 月正式公布）认为，经过具有社会主义萌芽性质的互助组，到实行土地入股、统一经营、按股分红的半社会主义的初级社，再发展到实行完全社会主义的集体所有制的高级农业生产合作社，就是我们党所指出的对农业逐步实现社会主义改造的道路。决议还强调，初级社已经在初期发展过程中显示出优越性，是我们党领导互助合作运动继续前进的重要环节。1954 年 4 月，中央召开了第二次全国农村工作会议。会议认为，农业合作化运动不仅应该当作农村工作的中心，也应该当作生产运动的中心。从此，"农业合作化的进程被人为地加快，从原来的稳步前进变为急于求成"。① 此后，农业互助合作运动呈现大发展势头。据 1954 年年底统计，初级社由 1951 年年底的 300 多个增加到 1954 年年底的 48 万个。参加互助合作的农户已达七千万户，占全国农户总数的 60.3%。老解放区的许多村庄已达到 60%—70%，甚至 80% 的农户入社率。②

1955 年 7 月 31 日，毛泽东在省、市、自治区党委书记会议上的《关

---

① 陈廷煊：《农业合作化历史回顾》，《当代中国史研究》1995 年第 4 期。
② 胡绳：《中国共产党的七十年》，中共党史出版社 1991 年版，第 372 页。

于农业合作化问题的报告》中指出，目前农村中合作化的社会改革的高潮在有些地方已经到来，全国也即将到来。报告对党的农业合作化理论、政策以及合作化的速度都做了全面阐述。同年 10 月 4 日至 11 日，中共中央七届六中全会通过了《关于农业合作化问题的决议》，决议指出："农业合作化运动就是要将大约一亿一千万农户由个体经营改变为集体经营，并且进而完成农业的技术改革，是要消灭农村中的最后剥削制度即资本主义制度，而建立社会主义制度。"① 从 1955 年的下半年开始，农村高级社已由之前的 500 个猛增到 1.7 万个，增加了 34 倍，入社农户达 475 万户，占总农户数的 4%。② 1956 年 1 月，在中共中央提出的《1956 年到 1967 年全国农业发展纲要（草案）》中进一步要求，要在 1958 年基本上完成高级形式的合作化。截至 1956 年年底，加入合作社的农户占全国农户总数的 96.3%，其中参加高级社的农户占全国的 87.8%。至此，在"全国范围的土地改革完成以后不到四年的时间内，基本上完成了农业的社会主义改造，把全国的一亿一千万农户组织成为一百万个左右大小不等的、高级的和初级的农业生产合作社"。③

农业合作化运动为农业和农村集体经济的发展奠定了基础。但由于高级农业合作社发展过快，过早地完全否定私有制形式，很多地方没有遵循自愿互利的原则，形式过于单一，甚至发生侵犯农民利益的事情，1956 年出现了"退社"风潮。尽管经过整顿后高级社得以巩固，但高级社这种组织形式为之后"人民公社化"运动准备了基础，在农村经济体制上留下了后遗症。

1956 年 1 月，中共中央正式提出《高级农业生产合作社示范章程》，章程中首次提出了"建设社会主义新农村"的奋斗目标。7 月 2 日，《人民日报》发表《建设社会主义的新农村》的社论。社论指出："今后农村工作的主要任务，就是在政治上、经济上全面巩固这种新型的社会主义合作经济，依靠它大规模地发展农业生产。"④ 从 1955 年年底，毛泽东组织起草《一九五六年到一九六七年全国农业发展纲要（草案）》，到 1960 年第二届全国人大第二次会议通过该草案，历时六个年头。《纲要》是对改

---

① 《建国以来重要文献选编》（第 7 册），中央文献出版社 1993 年版，第 305 页。
② 刘庆易：《建国初期农业合作化运动及其评价》，《当代中国史研究》1995 年第 4 期。
③ 《刘少奇选集》（下卷），人民出版社 1985 年版，第 212 页。
④ 《建设社会主义的新农村》，《人民日报》1956 年 7 月 2 日第 1 版。

变我国农村面貌的全面规划，就巩固和建设农业生产合作社，开展农村政治、经济、教育、文化、医疗卫生、社会福利、生产生活基础设施等各方面建设的任务及长远目标提出指导性意见，事实上成为了当时指导我国社会主义新农村建设的一个纲领性文件。《人民日报》社论指出："实现这个章程的各种规定，就一定能够发展和巩固高级农业合作社，推动和提高农业生产，把我国的农村完全建设成为社会主义的新农村。"[1]

1956 年年初，《纲要》的宣传实施给后期的农业合作化以及当时的农业农村建设带来了急躁冒进的势头。1957 年 9 月，中共八届三中全会通过了《农业发展纲要十四条（修正草案）》，揭开了发动农业"大跃进"的序幕，掀起了工农业生产的高潮。1958 年 5 月召开中共八大二次会议，正式通过社会主义建设总路线，号召全党全国人民，争取在 15 年或者更短时间内，使我国主要工业产品的产量赶上和超过英国。会后，全国各地迅速掀起了"大跃进"的高潮。

三　推动人民公社化运动，"建设社会主义的新农村"（1958—1978）

早在 1957 年冬到 1958 年春，农业"大跃进"运动就掀起了各地农村农田水利建设的高潮。规模庞大的水利工程的修建，需要大批的劳动力和资金的投入，很多较大规模的农田水利设施常常需要不同乡社之间的密切合作。又由于需要抽调大量的农村劳动力（壮劳力）离开农田去大炼钢铁，为此，1958 年 3 月，中共中央政治局通过的《关于把小型的农业合作社适当地合并为大社的意见》指出："为了适应农业生产和文化革命的需要，在有条件的地方，把小型的农业合作社有计划地适当地合并为大型的合作社是必要的。"[2] 此后，各地农村开始了小社并大社的工作。1958年 8 月，中共中央政治局北戴河会议通过了《中共中央关于在农村建立人民公社问题的决议》，全国迅速形成了人民公社化运动的热潮，以人民公社为载体的农村建设模式在全国各地普遍铺开。10 月底，全国已有 74 万多个农业生产合作社改组成 2.6 万多个人民公社，参加户数达 1.2 亿，占全国总农户的 99% 以上。至此，全国农村基本实现人民公社化。1962

---

① 《建设社会主义的新农村》，《人民日报》1956 年 7 月 2 日第 1 版。
② 《建国以来重要文献选编》（第 11 册），中央文献出版社 1995 年版，第 209 页。

年 9 月党的八届十中全会通过了《农业六十条》修正案，修正案规定：生产队是人民公社的基本核算单位，实行独立核算，自负盈亏，直接组织生产和收益的分配。各地方根据不同情况，人民公社可以设公社和生产队两级组织；也可以设公社、生产大队和生产队三级组织。并且指出，这种制度定下来以后，至少 30 年不变。

人民公社体制废除了土地私有制，确立了集体所有的生产资料所有制形式，实行"集体劳动、平均分配"的生产和分配方式，形成了与社会主义公有制相适应的新的土地保障功能。但是由于掀起了以"一平二调三收款"为特征的"共产风"，在公社内部实行平均分配，对生产队的某些财产收归公社所有，银行把农村中的贷款一律收回，严重损害了农民的利益，造成了生产力的破坏。

大跃进和人民公社化运动高潮掀起以后，党和政府带领全国亿万农民，在实现及提前实现《全国农业发展纲要》的目标下，从多方面着手开展了农业农村建设工作。先后开展了农田水利基本建设；开垦荒地、改良农具、深翻土地运动；大办农村工业；建立农村合作医疗；开展农村扫盲；建设农村广播站、文化馆等工作。这些建设活动改变了农村生产条件，建设了大量农业基础设施，为农业的长远发展，特别是 80 年代农业大发展，奠定了良好的物质基础。1963 年 12 月，中央下发《中共中央、国务院关于动员和组织城市知识青年参加农村社会主义建设的决定（草案)》，动员和组织大批城市知识青年上山下乡，到农村和山区"建设社会主义的新农村"。1962—1964 年，全国"上山下乡"的人员达 98 万余人。[①] 1964 年，党中央把大寨作为当时社会主义农村建设的榜样，发出了"农业学大寨"的号召。1966 年开始的"文化大革命"，更是中华民族历史上的一场浩劫。当时提出"宁要社会主义的草，不要资本主义的苗"等极"左"思想，过度强调阶级斗争，把农村建设简单化、片面化、教条化。农村经济政策和集体经济经营管理制度遭到巨大破坏，农村生产力受到损害。1976 年"文化大革命"结束，人民公社体制随之终结。

综上所述，1949—1978 年改革开放之前的中国乡村建设是一个艰难曲折的探索过程，尤其是 1949—1966 年的乡村建设实践更具有开创

---

① 古土：《建设社会主义新农村之——中国共产党建设社会主义新农村的探索历程》，《中国党政干部论坛》2006 年第 4 期。

性质，它是中国共产党领导的中国社会主义乡村建设事业的重要实践形式。以毛泽东为核心的党的第一代领导集体在秉承革命根据地乡村建设的实践经验和所取得的理论认识的基础上，从我国社会主义现代化建设的全局出发，把马克思主义基本原理与中国实际相结合，为改变中国农村一穷二白的落后面貌而开创了乡村社会各项事业发展进步的初步尝试。通过土地改革、合作化运动以及建立人民公社等一系列运动，对农业完成了社会主义改造，使中国的乡村逐步走上了社会主义发展轨道，社会主义新农村建设粗具规模，取得了相应的成就。然而，在"以阶级斗争为纲"和"无产阶级专政下继续革命"错误思想指导下，中国的乡村建设没有遵循客观的发展规律，乡村经济发展缓慢，农民生活还很贫困。虽然这一阶段乡村建设的实践探索对于实现乡村的现代化和农民生活的富裕而言，并未能达到应有的效果，但却为社会主义新农村建设积累了宝贵的精神财富，为党的十一届三中全会以后的农村经济体制改革奠定了基础。

第四节　改革开放以来以发展生产力为中心的
农村经济体制改革

1978 年的 12 月 18 日至 22 日，中国共产党召开了具有划时代意义的十一届三中全会。这次全会，对恢复党的实事求是的思想路线、转移党和国家的工作中心到经济建设上、实行改革开放的伟大决策等都具有不可磨灭的历史性贡献。党的十一届三中全会还形成了一项重要成果，那就是全会原则通过的《中共中央关于加快农业发展的决定（草案）》。这个《决定》是拉开中国农村改革建设序幕的标志。从 1978 年党的十一届三中全会召开到 2002 年中共十六大之前，我国的农村经济体制改革取得了突破性进展。这一时期的农村改革，以解放和发展农村生产力为中心，通过废除"三合一"的人民公社制度，调整和改善农村经济及农业结构，推进农村市场化改革，不断完善农村基层民主建设，逐步建立农村社会保障体系等政策措施，极大地调动了农民的积极性，使我国走上了一条中国特色的社会主义乡村发展道路。这个时期的农村改革也可以分为几个阶段：农村改革启动与突破阶段；向市场经济过渡的探索阶段；建立健全农村市场经济体制阶段。

一　农村经营管理体制的改革与突破（1978—1984）

这一时期，我国在农业生产经营管理体制领域展开了一场大变革。废除了计划体制下"政社合一"、"三级所有、队为基础"的人民公社体制，实行了"以家庭承包经营为基础、统分结合的双层经营体制"。通过农地所有权与使用权的适当分离，在不改变土地集体所有制的前提下，逐步确立农户和家庭经营的市场主体地位，充分地调动了农民的生产积极性，实现了中国农业发展的一次巨大飞跃。

十一届三中全会通过的《中共中央关于加快农业发展若干问题的决定》认为："中国共产党确定农业政策和农村经济政策的首要出发点，是充分发挥社会主义制度的优越性，充分发挥中国八亿农民的积极性。我们的一切政策是否符合发展生产力的需要，就是要看这种政策能否调动劳动者的生产积极性。而要做到这一点，一定要在思想上加强对农民的社会主义教育的同时，在经济上充分关心他们的物质利益，在政治上切实保障他们的民主权利。"[1] 在党的实事求是思想路线开始恢复的气氛鼓舞下，一些地方的农民和农村基层干部为了应对当时发生的严重旱灾，开始悄悄搞起了以家庭承包经营为主的生产责任制。其中最著名的是安徽省凤阳县小岗村生产队实行的"大包干"。用农民自己的话讲，就是集体土地承包到户后，实行"交够国家的，留足集体的，剩下都是自己的"这样一种经营体制和分配制度。这实际上已经突破了生产队统一经营、统一核算、统一分配下的联系产量进行承包经营的生产责任制范畴，它使得承包集体土地的农民家庭成长为实际上的自主经营主体，同时也就使得生产队不必再保留统一经营、统一核算、统一分配的功能。1980 年 9 月中共中央印发了《关于进一步加强和完善农业生产责任制的几个问题通知》，对农民自己创造的包产到户等经营形式在一定程度上给予了认同和肯定。此后，从 1982 年到 1984 年的三个中央"一号文件"在理论上分别对以包产到户、包干到户为主要形式的家庭联产承包责任制予以了肯定。至此，以农村家庭联产承包经营为主的农村经营体制在全国普遍实行。

1983 年 1 月 2 日，中共中央发出的《当前农村经济政策的若干问题》（即 1983 年中共中央"一号文件"）提出："人民公社的体制，要从两方

---

① 周志强：《中国共产党与中国农业发展道路》，中共党史出版社 2003 年版，第 322 页。

面进行改革。这就是，实行生产责任制，特别是联产承包责任制；实行政社分设。"① 同年 10 月 12 日，中共中央、国务院发出了《关于实行政社分开建立乡政府的通知》，要求全国一律改人民公社为政社分设，"尽快改变党不管党、政不管政和政企不分的状况"。② 1984 年年底，全国 99% 的公社改为乡，成立乡人民政府；99% 的生产大队改为村，建立了村民委员会；生产队一级名称不同，多称为生产组。自此，人民公社体制迅速解体，全国农村逐渐形成了"乡政村治"的社会政治模式。③ 政社合一体制的废除，引起了农村生产关系和管理体制的重大变化。中共中央、国务院明确规定，乡党委对乡政府的领导，主要是政治、思想和方针政策的领导，而不是包办政府的具体工作。乡政府不能包揽或代替经济组织的具体经营活动，更不能把经济组织变成行政管理机构。政社分开以后，经济组织的领导干部由上级任命改为经济组织成员选举或招聘，经济工作开始按经济规律运行。

中央还肯定了多种经营的重要性。1981 年 3 月，国务院转发国家农委《关于积极发展农村多种经营的报告的通知》指出："决不放松粮食生产，积极开展多种经营"。报告认为："经过二三十年的努力，一定能使我国长期形成的以单一粮食生产为主的生产结构和以粮食为主的食物结构，发生一个较大的变化，建设一个农、林、牧、副、渔全面发展，农工商综合经营，环境优美，生活富裕，文化发达的新农村"。④ 随着乡政府的建立及承包制所带来的经营形式的变化，农村地区性的合作经济组织也根据实际情况和农民的意愿，采取多种形式陆续建立起来。乡一级经济组织的名称，有的叫农业合作社，有的叫经济联合组织，有的叫农工商公司或其他名称，统称为社区性合作经济组织或乡、村合作经济组织。

经过几年的改革实践，我国农业连续大丰收。1984 年粮食总产量达 8146 亿斤，比 1978 年的 6095 亿斤净增了 2051 亿斤，平均年净增 342 亿斤，年递增率为 5%。农业商品产值 2753 亿元，与 1979 年相比，增幅近 90%。1978 年的农林牧渔业总产值 1018.4 亿元，到 1984 年增加 2295.5

---

① 《中国新时期农村的变革·中央卷》（上），中共党史出版社 1998 年版，第 225 页。

② 《中国新时期农村的变革·中央卷》（上），中共党史出版社 1998 年版，第 282 页。

③ 乡镇政府——代表国家行使行政管理权，村委会——代表村民行使社会自治权，乡镇与村委会共同调控农村社会秩序的"乡政村治"的双层权力结构体系。

④ 王盛开、方彬：《改革开放以来中国共产党农村政策演变的历史考察》，《求是》2006 年第 12 期。

亿元。1978—1984 年六年时间，农民人均纯收入由 133.57 元增加到 355.33 元，年均递增 17.71%。[1]

二　以农产品流通体制改革为重点的农村市场经济探索（1984—1992）

从 1984 年 10 月中共十二届三中全会通过《关于经济体制改革的决定》起，到 1992 年 10 月中共十四大明确提出我国改革的目标是建立社会主义市场经济为止，这八年是中国农村改革由计划经济向市场经济过渡的初步探索阶段。党的十二届三中全会明确肯定我国的社会主义经济是在公有制基础之上的有计划的商品经济，这实际上为包括农村改革在内的整个经济体制改革确立了市场取向的目标，我国农村市场化改革的重心由此转向商品流通领域。这个阶段农村经济改革的中心任务就是改革传统的统派购制度，建立农产品流通市场体系。

改革开放以前，我国长期实行农产品统派购制度。农民完全按国家的计划生产各类农产品，并按国家规定的农产品收购数量和价格，将各类农产品交售给国家的农产品购销部门。流通渠道单一，影响农产品流通的经济效益。随着家庭承包责任制的推行，农民的生产积极性极大提高，农产品的供给开始丰富起来，流通渠道不畅的矛盾显得十分突出，农民迫切要求改革农村商品流通。正是在这样的背景下，改革农产品的流通体制、恢复市场机制在农业中作用的条件日渐具备。1985 年中央"一号文件"《关于进一步活跃农村经济的十项政策》规定："从今年起，除了个别品种外，国家不再向农民下达农产品统派购任务，按照不同情况，分别实行合同定购和市场收购。"[2] 即实行农产品收购的"双轨制"。这是我国农业从计划经济体制向市场经济体制转轨迈出的重要一步。1987 年 1 月，中央政治局讨论的《把农村改革引向深入》指出："根据发展有计划的商品经济的要求，逐步改革农产品统派购制度，建立并完善农产品市场体系，是农村第二步改革的中心任务。"[3] 由此，中国共产党开始从多方面探索农村市场化的实现途径。

---

[1]　徐芳、蒋少龙、张燕：《中国农村改革阶段性和飞跃性分析》，《当代经济研究》2009 年第 7 期。

[2]　《中国新时期农村的变革·中央卷》（上），中共党史出版社 1998 年版，第 363 页。

[3]　同上书，第 457 页。

1987 年 1 月中共中央发出的"五号文件"强调，凡是宣布放开的品种，应该坚决实行自由经营。从 1988 年开始，部分地区以当年粮食市场供求形势紧张为契机，以减少地方日益紧张的财政补贴为动因，对粮食购销与价格体制进行了大胆而富有成效的改革。1990 年政府又出台了粮食收购的最低保护价政策，同时提出了用于调节供求和市场价格的专项粮食储备制度。1991 年年底，《国务院关于进一步搞活农产品流通的通知》，要求在保证完成国家订购任务的情况下，更多地发挥市场机制的作用。蛋类、水产品、蔬菜和肉类等农产品的生产和流通在 1992 年前被全面放开。与此同时，以自主流通、由供求决定价格为基本特征的农产品市场得到了发育，市场机制在农业资源配置中的基础性作用逐步得到发挥。

鼓励、支持乡镇企业的发展是同调整农村产业结构联系在一起的。1985、1986 年中共中央"一号文件"、1987 年"五号文件"都明确提出，要大力帮助农村调整产业结构，并具体提出扶持专业户、发展多种经营、发展乡镇企业、转移农村剩余劳动力的指导性意见。这期间农村产业结构的调整，在三个层次上继续展开：第一个层次是种植业的结构调整，在保证粮食稳定增长的前提下，扩大经济作物的比重；第二个层次是农村经营结构的调整，改变单一经营种植业的旧模式，使农村各业得以全面发展；第三个层次是调整第一、二、三产业的比例关系，实行农、工、商、建、运、服务业综合发展，使农业在整个农村产业中的比重下降，非农产业的比重上升。这些调整取得了显著成就，最大的成就是推动和加速了农村第二、三产业的形成和发展，乡镇企业发展迅速。[①] 乡镇企业的发展为促进农民脱贫致富、提高农民素质、逐步缩小城乡差别等方面发挥了重要作用。1992 年，我国的乡镇企业有 2321 万家，其中近 90% 分布在行政村和自然村，共有职工约 1.13 亿人。1992 年，农村家庭人均纯收入增加额中来自非农产业（主要是乡镇企业）的收入所占比重高达 50.66%。[②] 乡镇企业还把工业文明传播到农村，客观上对劳动者的科学文化和管理水平提出了新要求，为农民的现代化和市场化观念的形成起到了促进作用。

1987 年 11 月，六届全国人大常委会 23 次会议通过的《中华人民共和国村民委员会组织法（试行）》，标志着农村基层民主建设进入法治化、

---

① 周志强：《中国共产党与中国农业发展道路》，中共党史出版社 2003 年版，第 355—356 页。

② 刘传江：《城镇化与城乡可持续发展》，科学出版社 2004 年版，第 101 页。

制度化阶段。这部法律依据《中华人民共和国宪法》第 11 条规定，对村民委员会的性质、地位、职责、组织机构和工作方式以及村民会议的权力和组织形式等作了全面具体的规定，使村民自治作为一项新型的群众自治和选举制度在法律上正式确定下来，为村民自治提供了法律保障。

三　建立健全农村社会主义市场经济体制（1992—2002）

1992 年邓小平"南巡"讲话和中国共产党第十四次全国代表大会的召开，标志着中国经济体制的改革进入到了一个新的历史阶段。党的十四大按照建立社会主义市场经济体制的要求，全面部署了 90 年代改革发展的主要任务。至此也开启了以建立农村社会主义市场经济体制为取向的全面深化农村改革的新时期。

1998 年 10 月，在改革开放 20 年之际，中共中央召开了十五届三中全会，通过了《中共中央关于农业和农村工作若干重大问题的决定》，第一次提出了"农业、农村和农民问题是关系我国改革开放和现代化建设全局的重大问题"，并提出了从 20 世纪末到 2010 年建设有中国特色社会主义新农村的奋斗目标，这标志着农村改革又进入了一个新的发展阶段。《决定》从多方面确立了当时及今后农村政策的具体取向，包括：承认并充分保障农民的自主权，以调动广大农民积极性；必须发展公有制为主体的多种所有制经济，实行土地集体所有，家庭承包经营；坚持以市场为取向的农村改革；必须充分尊重农民的首创精神；必须从全局出发，高度重视农业，农村改革与城市改革相互配合、协调发展等。其核心内容是继续稳定和完善以家庭联产承包责任制为主的农村基本经营制度，实行农村经济和社会的协调发展。2002 年 8 月 29 日，第九届全国人大常委会第二十九次会议通过《中华人民共和国农村土地承包法》，以法律的形式从根本上确保了以家庭承包为主的经营制度长期不变。

1996 年 1 月，《中共中央、国务院关于"九五"时期和今年农村工作的主要任务和政策措施》第一次明确提出，"推进农业产业化，发展贸工农一体化经营""是我国农业在家庭承包经营基础上扩大规模，向商品化、专业化和现代化转变的重要途径"。[①] 在中央的政策引导和支持下，

---

① 《十四大以来重要文献选编》（中），人民出版社 1997 年版，第 165 页。

90 年代中后期，发展农业产业化经营逐渐成为我国农村经济体制改革的主要着力点之一。农业产业化经营提高了农民进入市场的组织化程度和农业综合效益。到 2002 年年底，各类龙头企业组织带动农户总数超过 7000 万户，占农户总数的 30.5%。①

90 年代中后期，受整个经济形势的影响，乡镇企业发展面临着新的困难，中央再次强调了发展乡镇企业的重要意义。中国共产党十五届三中全会通过的《中共中央关于农业和农村工作若干重大问题的决定》将"大力发展乡镇企业"作为实现农业和农村跨世纪发展目标所必须遵循的一条方针，认为当前乡镇企业正处于结构调整和体制创新的重要时期，各级党委和政府要站在全局和战略的高度，对乡镇企业积极扶持，合理规划，分类指导，依法管理。进入 21 世纪后中央文件都反复从转移农村富余劳动力、加快城镇化进程的高度强调了发展乡镇企业的重要意义。

1994 年 9 月，建设部、农业部、民政部等六部委印发了《关于加强小城镇建设的若干意见》，明确提出对小城镇发展的基本要求。根据《意见》要求，国家体改委、建设部等 11 家单位联合下发了《小城镇综合改革试点意见》，决定选择一批小城镇进行综合改革试点，探索符合农村市场经济发展的小城镇建设新体制。2000 年 6 月，党中央提出的《关于促进小城镇健康发展的若干意见》认为，适时引导小城镇健康发展，是当前和今后较长时期农村改革和发展的一项重要任务。

这一时期，为适应建立市场经济体制要求，在农村经济社会发展的许多领域都进行了深入改革。1998 年《关于进一步深化粮食流通体制改革的决定》进一步完善了农副产品购销体制，深化农村流通体制改革；1995 年 2 月，中央做出《关于深化供销合作社改革的决定》进一步推动了供销合作社改革；1996 年 8 月，国务院发出《关于农村金融体制改革的决定》深化农村金融体制改革；1995 年，民政部在部分地区建立农村最低生活保障制度的试点，并对优抚安置制度进行了改革；1997 年 5 月，国务院批转了卫生部、农业部等五部门的《关于发展和完善农村合作医疗的若干意见》，2002 年 10 月，中央发布了《关于进一步加强农村卫生工作的决定》，推动农村新型合作医疗保障制度的建设。②

---

① 杜青林：《农业产业化是农村经济发展大战略》，《农村经营管理》2003 年第 12 期。

② 王盛开、方彬：《改革开放以来中国共产党农村政策演变的历史考察》，《求是》2006 年第 12 期。

1997 年 10 月，中共十五大将村民自治的基本内容——"四个民主"首次写进了党的代表大会报告。1998 年 10 月，中共十五届三中全会明确指出："扩大农村基层民主，实行村民自治，是党领导亿万农民建设有中国特色社会主义民主政治的伟大创造。"① 1998 年 11 月，九届全国人大常委会五次会议通过了《中华人民共和国村民委员会组织法》将"四个民主"用法律的条文固定下来，村民自治具有了可靠的法律保障。以中共十五届三中全会和村委会组织法正式颁布为标志，村民自治开始进入一个新的发展阶段。

早在 1985 年 10 月，中共中央、国务院就两次发出了制止向农民乱派款、乱收费，减轻农民负担的通知。针对 80 年代后期农民负担更加突出的问题，国务院在 1993 年 5 月授权农业部纠正了 10 种错误的收费和管理办法。1996 年 12 月，中央又做出《关于切实做好减轻农民负担工作的决定》，减负政策也逐步向农村税费改革过渡。2000 年 3 月，国务院发出了《关于进行农村税费改革试点工作的通知》，正式启动了农村税费改革。2002 年 3 月，国务院办公厅发出《关于做好 2002 年扩大农村税费改革试点工作的通知》要求对税费改革转移支付资金实行包干使用，努力做到"三个确保"（确保农民负担得到明显减轻、不反弹，确保乡镇机构和村级组织正常运转，确保农村义务教育经费的正常需要）。② 农村的税费改革，在一定程度上为今后农村改革的政策取向提供了新的思路。

总而言之，中国共产党在 20 世纪 70 年代末到 21 世纪之交，以经济建设为中心的农村社会改革，解放和发展了农村生产力，给农村经济和社会发展带来了历史性剧变，基本解决了 10 亿多中国人的吃饭、穿衣问题，开创了一条中国特色的社会主义农村现代化道路。改革开放 20 多年的努力，使我国农业综合生产能力连续迈上几个新台阶，粮食等农产品供给由长期短缺发展到总量平衡、丰年有余。在这一时期里，农村工业化、农工商综合发展成为社会主义新农村的重要标志。但是在城乡二元结构体制下，我国城乡差距逐步扩大，农业发展日益受到资源和市场的双重约束，结构性矛盾和农民增收困难的问题明显突出，"三农"问题成为"全党工

---

① 《中共中央关于农业和农村工作若干重大问题的决定》，http://cpc.people.com.cn/GB/64162/71380/71382/71386/4837835.html.

② 周志强：《中国共产党与中国农业发展道路》，中共党史出版社 2003 年版，第 355—356 页。

作的重中之重"，对中国的乡村建设提出了严峻的考验。①

第五节　新世纪以改善民生为重点的农村
综合改革与新农村建设

　　进入 21 世纪以来，伴随着构建社会主义和谐社会理念的提出，中国进入到一个调整城乡关系的改革攻坚阶段，农村改革也日益关注乡村社会深层次的矛盾和问题。这一阶段，以农村综合改革和社会主义新农村建设为中心，着力于城乡统筹和农村经济社会全面发展进步，是这个阶段农村改革的突出特征。

　　党的十六大确立了全面建设小康社会的奋斗目标，提出要在 21 世纪头 20 年全面建设惠及十几亿人口的更高水平的小康社会。新世纪新阶段，我国社会主义乡村建设迎来了新的机遇。一方面，全面建设小康社会对社会主义乡村建设提出了新要求。要求逐步改变农村基础设施薄弱，社会事业发展滞后，公共服务体系不健全，农民收入增长困难等现象，缩小城乡差距。另一方面，我国已初步具备加快农业农村全面发展的条件。改革开放以来，我国综合国力显著增强，2003 年人均 GDP 已突破 1000 美元大关，总体上进入了工业反哺农业、城市带动农村的新阶段。国家财力也明显增强，2004 年中央税收加地方税收，已占到 GDP 的近 20%，再加上预算外财政，整个财政规模占 GDP 的近 30%。由此，由国家财政主导促进农村经济社会全面发展具备了一定条件。②

一　开创农村经济社会综合改革的新路径

　　2002 年 11 月，党的第十六次全国代表大会报告提出："统筹城乡经济社会发展，建设现代农业，发展农村经济，增加农民收入，是全面建设小康社会的重大任务。"③ 大会立足于我国国情和农村实际，把解决"三农"问题摆在了国民经济和社会发展的突出位置，对新世纪加快农业现代化进程做出了重大战略部署。2003 年党的十六届三中全会通过的《中

---

① 徐杰舜、海路：《从新村主义到新农村建设——中国农村建设思想史发展述略》，《武汉大学学报》（哲学社会科学版）2008 年第 2 期。

② 刘华清：《党对建设社会主义新农村的历史接力》，《北京党史》2006 年第 5 期。

③ 《江泽民文选》（第 3 卷），人民出版社 2006 年版，第 546 页。

共中央关于完善社会主义市场经济体制若干问题的决定》提出"坚持以人为本，树立全面协调可持续发展的科学发展观"和按照统筹城乡发展、统筹区域发展、统筹经济社会发展、统筹人与自然和谐发展、统筹国内发展和对外开放的要求推进各项事业的改革和发展。把"统筹城乡发展"放在首要位置，其目的就是要加快城乡一体化进程，建立城乡平等和谐、协同发展和共同繁荣的新型城乡关系。2005 年的中共中央"一号文件"又进一步强调坚持统筹城乡发展。至此，"统筹城乡"成为新时期解决"三农"问题、加快中国现代化的重大方略。

　　十六届四中全会，胡锦涛总书记提出了"两个趋向"著名论断。2005 年十届人大三次会议的《政府工作报告》进一步提出了实行工业反哺农业、城市支持农村的方针。十六届五中全会指出："建立以工促农、以城带乡的长效机制"。由此，"两个趋向"重要论断成为指导我国经济和社会协调发展的战略思想，是制定农业和农村发展政策的基本依据。

　　2004 年 3 月，在中央人口资源环境工作座谈会上，胡锦涛提出发展成果要惠及全体人民。2005 年 10 月党的十六届五中全会提出，按照以人为本的要求，解决关系人民群众切身利益的现实问题，要更加注重社会公平，使全体人民共享改革发展成果。2005 年 12 月胡锦涛在青海考察工作时强调，坚持发展为了人民、发展依靠人民、发展成果由人民共享，切实解决人民群众最关心、最直接、最现实的利益问题，千方百计为困难群众多办好事实事，进一步凝聚起广大人民群众的力量，共同为全面建设小康社会而努力奋斗。①"共享"成为当前社会改革的基本理念，并首先贯穿于农村工作当中。

　　党的十六届五中全会提出，把建设社会主义新农村作为首要任务，并按照"生产发展、生活宽裕、乡风文明、村容整洁、管理民主"的新内涵和新要求推进社会主义新农村建设。2006 年"一号文件"《中共中央关于建设社会主义新农村决议》颁布实施，标志着我国社会主义新农村建设进入到了一个实质性的发展阶段。新阶段提出的社会主义新农村建设，含义广泛，涉及农业发展、农村建设、农民生活等方面，对于提升农业和农村在整个国民经济中的地位，维护农民权利，体现社会公

①《胡锦涛在青海考察工作的讲话》，《人民日报》（海外版）2005 年 12 月 16 日第 1 版。

平正义，是一个重大突破。这是我们党从我国社会主义事业全局出发确定的一项重大历史任务，体现了中国共产党对解决"三农"问题的总体思路。

二　社会主义新农村建设的全面展开

进入 21 世纪以来，我国国民经济快速稳定增长，国家财力明显提高。为促进整个社会的平稳与协调，党的十六大特别是十六届三中全会以后，党把乡村建设的重点转到乡村民生建设方面，着力提高农民收入、改善乡村的生产生活。此次新农村建设与以往最大的不同就是以人为本，统筹城乡发展，采取"两个反哺"的方针政策，加大中央和地方各级政府的财政投入，力求在较短的时间内推动农村经济社会全面进步。

从 2004 年中央"一号文件"出台开始，党和政府不仅根据市场经济规律来促进农村经济发展，而且还推出一系列支农、惠农政策。其中包括——加大对农业的扶持力度。自 2004 年中央"一号文件"提出彻底放开粮食市场以来，为保障种粮农户的实际利益，由国家或地方财政对种植粮食作物的农户进行直补。2008 年后，由于国际金融危机，国际市场农产品价格大幅下跌，国家对国内生产的大豆、玉米、猪肉等主要农产品实行收储制度，以保证农户和涉农企业的生产经营。通过实行"两放开，一调整"政策。即放开粮食收购价格，随行就市收购农民余粮；放开粮食购销市场，推动粮食购销市场经营主体多元化，以此加强粮棉流通体制改革，推动了农业和农村经济的市场化。国家还采取了严格的保护耕地制度、加大农业投入、严格控制农业生产资料价格上涨、实行粮食最低收购价格四项措施，构成了新阶段"三农"政策的新保障。

推行农村税费制度改革。从 2003 年起在全国范围内推行农村税费改革试点工作。2006 年，中央宣布全面取消农业税，并逐步取消村级的各种提留。2006 年，免除西部地区农村九年制义务教育阶段学生学杂费和书本费，2007 年扩大到中部和东部地区，中央和地方按比例分担免除学杂费的资金，其中中西部地区对贫困学生提供的教科书免费资金则由中央全额承担，补助寄宿生生活费资金由地方承担。

大幅增加对农村的基础设施投入。最近几年，中央不断加大乡村道路和电力、燃气、通信、自来水等方面的建设。中央财政对"三农"的投入由 2003 年的 2300 多亿元，增加到 2009 年的 7611 亿元（这是全国人大通过的预算数字，由于金融危机，实际数字还要大）。① 到 2009 年年底，全国农村大约有 90% 的行政村可以通公交班车。通过农村电网的改造，保证了偏远地区用电需求。为了扩大内需，促进经济增长，广泛开展"家电下乡"活动，从 2008 年起，中央和地方财政给予购买家用电器的农户直接补贴，预计两年补贴总额达到 400 亿元。②

进行农村医疗卫生建设。从 2003 年下半年开始，由政府组织引导，个人、集体和政府等多方筹资，以农民自愿参加的形式开启了以大病统筹为主的新型农村合作医疗制度。2006 年的中央"一号文件"明确提出了积极推进新型农村合作医疗制度试点工作。此后，中央和地方财政开始大幅度提高补助标准，积极推进新型农村合作医疗制度的普及。此次新型农村合作医疗制度较之于以前，在政府财政投入所占比例上大大提高，并且还在经济条件好的一些地区，实行大病救助或大病医疗费地方统筹制度。这标志着中国农村社会保障制度的逐步开展在逐渐缩小城乡差距方面做出的努力。

全面关注农村政治、法律、社会等领域的建设。2006 年 3 月《国务院关于解决农民工问题的若干意见》提出了做好农民工工作的指导思想和基本原则，进一步保障农民工的合法权益。2010 年 3 月，十一届人大第三次会议通过了选举法修正案，提出全国人大代表名额新的分配原则，即由全国人大常委会按照每一个代表所代表区域的城乡人口数相同的原则进行分配。这是新中国成立 60 年来，农村人第一次获得了与城市人同等的政治地位。

近几年，中央不断推进农村综合配套改革。具体包括：深化乡镇机构改革，精简乡镇机构，加强乡镇政府社会管理和公共服务职能；深化县乡财政体制改革，建立"省直管县"的财政管理体制、"乡财县管乡用"的县乡财政管理方式；改革创新农村金融服务体系，引导农户发展资金互助组织；加强农村基层民主政治组织建设，完善乡村治理结构等。

---

① 陈锡文：《当前农村形势与新一轮农村改革发展》，《中国浦东干部学院学报》2009 年第 4 期。

② 叶敏华、陈祥生：《从集体化、市场化到人本化——建国以来"三农"政策的目标定位及重大转变》，《理论探索》2010 年第 4 期。

第六节　近现代以来我国乡村改造与文明
建设实践的经验启示

纵观百年来中国乡村建设的发展轨迹，大致经历了民国二三十年代爱国知识分子推动的改良性质乡村建设运动及中国共产党革命根据地和解放区乡村改造运动；新中国成立后前 30 年农村社会主义改革的初步探索以及 1978 年后的农村经济建设的发展；直至今天实施的以人为本、统筹城乡、全面发展的社会主义新农村建设这一历程。回顾百年来的中国乡村建设，我们看到，在 21 世纪以前，中国先进的知识分子和政治家们怀抱着救国救民的远大理想，进行了改造旧体制、建设新乡村的艰辛探索和实践，其中包含了许多合理的主张、观点和愿望。虽然由于各种原因许多乡村建设的探索和实践最后没有达到相应的效果，但它们蕴含了诸多宝贵的经验。

百年来的乡村建设作为实现乡村经济社会转型、推动传统农业社会向现代工业化社会迈进、提升中国整体现代化水平的伟大实践，在其各自不同的历史时期都产生着深远的影响。透过动荡剧变的 20 世纪的迷雾，中国的乡村建设在不同的时间地点，由不同的主体主持。尽管各有其不同的建设模式，但是我们还是可以找到其共同点，为今天的新农村建设提供重要的借鉴与启示。作为肩负将中国乡村社会从传统文明不断推向现代文明，逐步走向开放社会的乡村文明建设实践而言，既借鉴乡村建设的经验教训，又超越历史上乡村建设的历史局限，努力使我国的乡村社会迎来一个更加健康、文明的未来。

一　以农民为主体、依靠多种社会力量建设乡村社会

近代以来的中国乡村建设，以 20 世纪初知识分子的乡村改良实验为开端，到中国共产党领导广大人民群众取得社会主义的胜利和乡村建设的成就。无不是以农民为主体、政府和社会各种力量广泛支持的结果。从乡村建设的历程来看，无论是民国乡村建设运动，新中国成立初期的土地改革和农业合作化运动，还是大跃进、人民公社化运动以及社会主义新农村建设、乡村建设事业的完成，都依赖于千百万农民大众的积极参加。也只有切实调动起广大农民群众的积极性，努力发挥广大农民的聪明才智，使

其投身于乡村建设实践，乡村建设的成果才能体现在"人"身上，才能真正落实"以人为本"，否则乡村的文明建设就只是一个理想。

从历史上乡村建设的持续时间、规模力度及建设成效来看，政府明显居于主导地位，尤其是在新中国成立以后的社会主义新农村建设时期。其主要原因不仅在于推进乡村建设是执政政府致力于国家建设的职责所在，更在于执政政府具有更为有效的资源（如建设资金、改革的合法性与公信力等）使其有能力来推动乡村建设。另外，还与政府对社会的整合能力和未来发展规划有密切关系。近百年来中国乡村建设历程，无论哪个时期的政府都力图立足于现实国情，学习西方行政、管理及经济发展经验，谋求从多方面推进乡村的复兴。政府不断强化自身对农村社会与经济的干预和引导能力，并在相当程度上重塑了农民的日常生活。① 因为毕竟中国的封建社会绵延几千年，传统农业社会的特征决定了只有农村稳，社会才稳；农村发展，国家才能富强。

当代中国乡村文明建设，立足于中国国情以及乡村经济社会发展的客观规律，应该是农民主体、政府主导及社会各界广泛支持的建设实践。社会各方面力量积极配合共同参与，是实现乡村文明的基本保障。农民是乡村建设的主体，在实践中始终发挥着主体作用，他们是实现中国农村现代化乃至国家现代化的关键所在。在当代乡村文明建设中，发动农民的主动性、创造性，提高乡村社会内聚力是乡村文明建设取得成功的重要保证。当然，政府的主导作用也非常重要，因为各项政策措施的有效落实，各种物质资源的使用和调动都有赖于政府的集中统一指挥。政府职能部门在乡村文明建设的过程中，应当承担起乡村发展与建设的统筹规划的职能，尤其要有效发挥乡镇一级政府的作用，围绕乡村工作的实际，关心广大农民群众迫切需要解决的问题，在农民减负增收、提供社会公共服务等方面，为乡村文明的建设提供有利的政策支持。

乡村文明建设作为一项城乡统筹发展，事关全体社会成员的系统工程，除了政府的主导，还需要广大知识分子的积极参与，使他们的智慧与知识与乡村建设紧密结合。需要他们深入实地，调查研究，拥有服务于乡村的严谨的治学态度，真正拉近与广大农民群众的距离，"深度参与"乡

---

① 游海华：《近百年来中国农村建设考察》，《福建论坛》（人文社会科学版）2009年第1期。

村建设。当然，调动社会各界的力量，为乡村文明建设创造有利的外部环境和坚实的社会基础也很必要。在实行"两个反哺"的农村发展战略中，需要充分调动和引导人力、物力等资源流向农村、支持农业、服务农民，将不同阶层的作用和效能充分的整合和发挥，营造全社会关心、支持、参与建设乡村文明的浓厚氛围，推进整个乡村建设事业。

二　尊重农民主体意愿，维护农民群众根本利益

作为一个小农社会历史悠久的国家，中国的传统观念对农村和农民有着浓厚久远的影响，农村现代化是一个渐进而又不断发展的长期过程，需要做长期不懈的努力。乡村建设，一方面要有良好的政治环境，这是进行乡村经济社会建设必须具备的社会条件，否则就会像民国知识分子的乡村建设运动一样，因频繁的战争和动荡的时局而草草收场。另一方面要有良好的经济条件，只有国民经济增长，国民财富不断增加，才会有雄厚的资金支持乡村建设，为乡村建设提供物质保障。在实践中要按照经济社会发展客观规律，不能急于求成、急躁冒进。新中国成立后的计划经济时期，党和政府领导乡村建设的方式多为指令性计划，资源配置的手段主要是行政调拨，乡村建设本身存在简单化的倾向，因而以政府的行政命令为号召，急功近利、大起大落为特征的群众运动方式来推进乡村建设就成为了一种常见的现象。实践证明这种方式实不可取。尽管我国乡村建设接近百年时间，可是截止到今天，仍然没有实现乡村的现代化，乡村中的各种问题依然严峻，成为了当今中国全面建成小康社会面临的最大难点。因而，我们要充分认识到我国乡村建设的长期性、复杂性和艰巨性，为现阶段乡村现代化的实现做长期不懈的努力。

推进乡村建设，要充分尊重农民群众的意愿。因为农民大众是推进农村生产力发展最活跃、最积极的因素，他们不仅在战争年代是中国革命的主力军，更是和平年代社会主义建设的主要力量。实践证明，调动农民的积极性、主动性，鼓励广大农民发扬自力更生、艰苦奋斗的优良传统，使亿万农民创造社会财富的潜能得到充分释放，通过自己的辛勤劳动改善生产生活条件，建设美好家园，是决定乡村建设成败的关键。所以，对于政府主导的乡村建设实践而言，必须充分了解农村、农民的特点，切忌急躁冒进、强迫农民。土地革命战争时期，广大农民的根本利益是改变旧的生产关系，解放和发展生产力，彻底改变他们原有的生活状况。改革开放以

后，农村进行的一系列体制创新，也是以尊重农民群众选择和创造精神，维护农民的根本利益为前提的。因此，当代乡村文明建设取得成效的根本出发点，也应该是科学、准确地把握和实现广大农民群众的根本利益。

乡村建设的实践证明，只有农民自身利益得到实实在在满足的时候，农民才会参与乡村的变革与发展，因为农民的特性决定了其是最讲求实际的社会阶层。他们参与变革的初衷或原始动机一般不是为了特殊的意识形态（或者什么文化），而只是出于经济方面某些改善的考虑。在农民眼里，土地和农业生产占中心地位，因为土地是他们的生存保障和生活方式，解决了农民的土地问题，也就是解决了农民的生存和生活问题。梁漱溟、晏阳初等人的乡村建设运动无果而终，而中国共产党实行的土地革命和农村改革实践的成功正印证了这一点。现今，无论是社会主义新农村建设目标，还是十七届三中全会通过的《中共中央关于推进农村改革发展若干重大问题的决定》，都把发展好、维护好、保护好农民利益放在了重要位置，这是近代乡村建设实践带给我们的最大启示。

如今，农民最大的利益仍然是土地问题。在城乡二元结构矛盾仍然突出的情况下，土地对农民来说承担着社保的作用，是农民生存和生活的最后一道经济与心理防线。如何进一步完善以家庭承包经营为基础、统分结合的双层经营体制，在实现社会主义土地公有制的多元化实现形式和实现途径的同时，保障农民的土地承包经营权，维护农民切身利益和需要，是推进乡村文明建设的前提和基点。同时，大力促进农业生产发展、完善乡村社会保障体系、实现农民群众的共同富裕，是乡村文明建设的主要任务。

总之，社会主义的乡村文明建设，要尊重农民的利益和选择，在引导、组织他们建设自己的家园的同时，让他们享有国家经济发展的成果。扩大党的群众基础，提高党在农民中的威望，这对巩固党的执政地位、维护国家的长治久安都是十分必要的。

三　结合乡村实际，发挥农村合作组织作用

中国民主革命时期，以毛泽东为代表的中国共产党人正是由于把马克思主义的基本原理、别国经验与中国革命的具体实际相结合，才正确地认识了农村和农民在中国革命中的重要地位，开辟了中国革命农村包围城市的伟大道路。新中国成立以后的社会主义革命与建设时期，中国共产党继

续坚持贯彻这一精神原则，在推进社会主义乡村建设的过程中，立足时代条件和乡村客观实际来探寻建设路径和制订相应的方案。

纵观百年乡村建设历史，尽管团体各异，模式不同，重点不一，但是，乡村建设的内容和方法大体一致，主要集中在几个方面：教育方面有扫除文盲、普及乡村教育；农业方面有改良农业、科技兴农；经济组织方面提倡合作、组建农村合作社；社会服务方面有建设农村金融、公共基础设施和医疗卫生事业；精神文明方面有移风易俗、开展乡村文化事业；政治方面开展县、乡政改革，维持农村社会的长治久安。在探索乡村建设内容以及具体实施的过程中，不同时期的不同建设主体逐渐尝试，创立了多项农村现代化新体制。例如，从试办乡村新式小学到国民小学，开创了农村义务教育的雏形；在提供基本生活保障和必需公共产品的基础上，开展农村文化建设，提高农民大众精神文化生活质量；以改良种养品种和方法为中心的科技兴农模式；开创医疗下乡的乡村医疗卫生事业建设；通过生产、信用等合作方式进行农村多种合作组织创新等。尽管这些各项新体制在创立之初并不尽完善，但毕竟都是乡村社会中的新事物、新方法，对于当前乡村现代化实践有其借鉴意义和价值。

长期以来，由于中国农民原子化状态或马铃薯状态的小农经济特质，与近代以来中国现代化道路之间有着难以克服的内在紧张，使其无法适应农村现代化转型的要求。说到底"中国三农问题的实质体现于两个方面：在特定资源条件的限制下，一是分散的小农与市场对接的成本太高，表现为小农与资本之间的关系紧张；二是分散的小农与政府之间的交易成本太高，表现为农民与国家的关系紧张。这两种紧张关系自清朝末年、民国以降一直是困扰中国发展的主要因素，也是当前三农问题成为严重战略问题的历史根源所在。"① 百年来的乡村建设活动都在以各种方式试图解决这种紧张状态，虽然探索和实践的最终成效各异，但基本途径却一致，即把农民"组织起来"。

梁漱溟、晏阳初都曾认为，进行乡村建设，必须从建设新社会组织入手，创造一种以理性为基础的新团体组织，由此推动经济、政治与社会的全面进步。但他们的努力都因为没能使农民结成较为有力的组织成为一个

---

① 王立胜：《中国农村现代化研究的理论原型与核心命题——从"社会基础"概念的角度》，《毛泽东邓小平理论研究》2006 年第 8 期。

整体而收效甚微。中国共产党的成功之处在于找到了联结农民的纽带——阶级关系，使本是一团散沙的贫困农民成为一个庞大的阶级队伍整体。改革开放以来，由于农民的组织化水平低，很难形成一致行动的能力，一些以集体方式创造和提供的公共产品难以供给（例如农田水利基本建设）。因此，当代中国乡村文明建设的基本路径仍然是发挥农村合作组织作用，提高农民合作能力与组织水平，摆脱原子化的状态，形成一致行动的能力，与国家力量相配合实现乡村建设目标。[①]

农村合作组织是联系农民走向市场，走向现代化的重要载体。在农民自愿互利的基础上组建代表农民共同利益和需求的农民合作组织，可以将处于松散、自主状态下分散经营的农民联系在一起，共同抵御市场风险、增强其竞争实力，最大限度的发挥农村社会功能。由此，通过乡村合作组织的发展推进当代中国乡村文明建设是一个有益的选择。

四　更加注重思想观念和文化素质教育

在百年乡村建设实践中，思想观念和文化教育始终具有十分突出的地位。民国乡村建设者认为，没有现代化的农民就没有现代化的农村，主张将教育与乡村社会改造和经济建设相结合，以教育提高农民的科学文化素质，促进经济社会的发展，以改变农村的落后面貌。中国共产党人无论是在根据地（解放区）还是在新中国成立以后，都十分重视农民的思想政治觉悟和文化水平，组织过各种农村扫盲和教育活动。近代以来的乡村建设实践以农村和谐为基础，在提供基本生活保障和必需公共产品的基础上，采取措施提高农民大众包括文化、卫生、精神生活在内的生活质量，这也是对乡村文明建设的重要启示之一。

改革开放以来，农民的综合素质有了提高，但就整体而言，农民素质还普遍偏低。尤其近年来出现了农村文化生活缺乏，封建迷信、非法宗教活动死灰复燃，农民伦理道德水平下降的现象。农民素质问题成了乡村建设的重要制约因素。

作为一个社会主义性质的国家，人们追求的社会生活方式应该是丰富的物质生活与高尚的精神生活的和谐统一。胡锦涛同志在纪念党的十一届

---

① 孙文亮：《社会主义新农村建设的路径选择：基于乡村建设史的考察》，《当代世界与社会主义》2010 年第 2 期。

三中全会召开 30 周年大会上指出："中国特色社会主义是全面发展、全面进步的事业，是物质文明和精神文明相辅相成、协调发展的事业。物质贫乏不是社会主义，精神空虚也不是社会主义。任何时候都不能以牺牲精神文明为代价换取经济的一时发展，必须把'物的发展'同'人的发展'结合起来，推动物质文明和精神文明协调发展。"① 一个民族，一个社会如果仅仅只有对物质的追求，而没有精神和道德理念的教化，即使物质条件富有了，也不能建成真正的文明社会。因此，如何继承中华文化传统，打造新时代的"乡村文明"，并使之与城市文明、工业文明和谐共融，共同构成具有中国特色的现代化的社会主义文明体系，是乡村文明建设的核心。

乡村文明建设，一方面要弘扬中华民族的传统美德，培养人们彼此信任，关系和谐的良好社会风气。同时，在继承传统文化精髓的基础上吸收借鉴现代文化中的合理成分，尤其是现代文化中的自由平等思想观念，促进农民的整体思想素质的提高；另一方面，建设乡村文明还需要有文化、懂技术、会经营的新型农民。尤其随着社会主义市场经济体制的建立与发展，社会流动性不断加强，需要更多具有现代意识和素质的新型农民群体的参与。大力发展乡村文化教育，是培育新型农民的重要路径。

---

① 胡锦涛：《在纪念党的十一届三中全会召开 30 周年大会上的讲话》，《求是》2008 年第 24 期。

第五章

当代中国乡村文明建设的困境与出路

现代化理论认为，一个国家的现代化进程，必然伴随着乡村地区的相对衰退。现代化的主要目标就是实现由传统农业社会向现代工业社会转变。资本经济的扩张会使工商业在国民经济中的地位远远超过农业，并且会吸纳大量农村劳动力，将其转变成城市居民。然而，在这一现代化转型中，农民被强大的外来力量所排斥和改造，承担着社会转型所带来的巨大苦难。世界上大多数发达国家的现代化大体都曾经历了这个过程。

近年来，随着中国经济发展的加速进行，我国广大的乡村地区，尤其中西部地区的乡村普遍陷于衰败之势。我们是不是能按照西方曾经走的道路来复制乡村的发展呢？答案是否定的。在一个农民人均占有耕地不足1.3亩，农户户均占有耕地不足8亩的人口大国①，土地分配稍有不平等，就极易造成极大的贫富分化和社会的动乱。如果让失地农民都涌入城市，由于受技术、能力、收入不稳定等因素影响，这些农民很难在城市中安居下来，同时也极易形成城市边缘人口（比如城市贫民窟）的存在，从而带来新的社会、政治问题。着眼于未来，我们必须认识到在相当长的时期内，大部分农民仍然必须生活在乡村是我国乡村社会发展的现实。构建文明社会，离不开乡村社会的和谐、文明，缓解日趋严重的"三农"问题是我国社会主义文明建设的基础。因此，发动一场改善乡村的物质生活条件和生产基础设施，重建乡村社会制度和文化的"乡村文明"建设运动是探索解决中国乡村问题的根本办法。

离开了有序、文明的广大乡村，中国的现代化和社会主义文明只是海市蜃楼。乡村文明的建设就是要创造一种与乡村社会和当代农民需要相适应的，强调人与人、人与社会、人与自然和谐相处的新型乡村社会样态，

---

① 李建斌：《新乡村建设：农村和谐社会的构建之路》，《江西师范大学学报》（哲学社会科学版）2005 年第 5 期。

把乡村建设成为农民可以安身立命，可以实现其人生价值的场所。

第一节　当代中国乡村文明建设面临的现实困境

改革开放以来，为了促进乡村社会的发展，我国推行了乡村改革和一系列兴农战略，使农民摆脱了几千年始终未能摆脱的贫穷生活，乡村政治经济文化社会结构呈现出新的特征。如乡村生产关系以公有制为主体、多种所有制经济共同发展；实行家庭承包经营、统分结合的双层经营体制；农村社会主义市场经济体制逐步建立；村民自治法律制度的建设和示范；乡村社会阶层结构发生变化，出现了新的利益群体等。这些新变化一方面使当代乡村社会从根本上区别于传统乡村社会；另一方面，在这些变化的背后却存在着由社会转型所带来的一些突出问题，制约着农业和乡村的发展。只有科学分析和正确处理乡村社会中存在的这些问题和矛盾，才能加快乡村建设，推进乡村文明。

一　小农经济基础与市场经济的矛盾

中国的传统文明被视为农业文明的典型代表，这个文明的经济基础是稳定的、以个体家庭为基本劳作和消费单位，家族作为协作与补充，以农业为主兼营他业的精耕细作、自给自足式的小农经济。小农经济的特点是生产规模狭小，经营单位分散，经营方式保守，再生产基础贫乏，支配自然力量薄弱等。这种小农经济对我国封建社会的政治、经济、文化的发生和发展曾起到过决定性的作用。在这种传统的精耕细作式的农业中，私田为主，公田为辅，男人被较早地固定在田地中，中国式的家族和血缘关系得到了充分的发育和体现。同时，敬拜祖先、合和天人的精神文化也得到培育和发扬光大。①

新中国成立以后，通过土地改革，消灭了封建土地所有制，实现农民耕者有其田，小农经济潜力得以充分发挥。20 世纪 50 年代，随着社会主义改造的完成，通过农业合作化、人民公社道路，试图从生产关系上消灭小农经济，实现社会化农业大生产。但是由于缺乏经验，急于求成，后来

① 曹兵武：《小农经济与中国文明的形成及特征——中国早期文明研究札记之三》，《中原文物》2006 年第 4 期。

发展的情况却事与愿违。1978 年开始的农村改革，废除人民公社体制，实行了家庭联产承包为主，统分结合的双层经营体制，构造出独立自主的商品生产者主体，这也是邓小平同志所讲的第一个飞跃。在一定意义上，这是农村个体经济、小农经济在新的制约条件下的恢复。它极大地发挥了小农经济适应商品经济发展要求的特点，借助小农经济的潜能和灵活性，解放了农村生产力，有力地促进了我国农村经济的发展和崛起。但是，以家庭为生产组织单位的乡村经济，在其经营范围上不可避免地具有生产规模较小、市场化经营程度较低的弱点，在本质上与市场经济所要求的现代化、社会化大生产相矛盾。尽管小农经济是我国当时历史条件下，综合衡量多种因素后进行经济选择的结果。但在新的历史条件下，随着乡村生产力的发展和市场环境的建立与成熟，小农经济传统所导致的一些问题也开始暴露出来。

市场经济的本质特征之一是建立在分工基础上的社会化大生产。所以，市场经济必然要求提高农业劳动生产率，走农业规模经营的道路。现代化的进程就是通过农村土地的适度规模经营实现从小农经济向现代农业的跨越，但是从我国目前的情况看，乡村人地紧张的状况有更进一步加剧的趋势。在户均农地规模不足 8 亩的条件下，超小规模农户经济在资源和制度的刚性约束下，将在相当长的历史时期内不可逆转。从资源约束来看，我国农村人多地少的资源特点难以在短时期内发生改变。"除非城市化进程中农民的有效转移速度超过农村人口增长和耕地减少的速度之和，使农村人地关系呈现稳中有升的状态。"① 但是事实上，即便如此也难以改变我国小土地规模的小农经济结构。从制度约束来看，为保证社会的公平和稳定，家庭承包经营体制长期不变，十七届三中全会将其进一步明确为我国的基本国策。在乡村基本社会保障制度不完善，农民进城机会成本提高，土地价格不断上涨等经济、社会、文化诸因素影响下，农民不会轻易放弃土地经营权。加之，由于土地产权制度本身的缺陷，如土地集体所有制主体模糊、缺位；市场体制的不完善造成的土地使用权流转制度与流转市场不健全等问题；在多元化利益诱导下，一些地方政府、集体组织和强势利益群体，以各种方式侵害农民的土地权益等原因，使我国的农业规模经营难以全面推行。

---

① 许锦英：《我国农业规模经营的误区及其根源辨析》，《理论学刊》2009 年第 12 期。

由于家庭是乡村社会经济生活的基本单位，家庭内部的血缘联系形成家庭成员利益共同体的生产效率和合理分配，这就使得以家庭经营为基础的小农经济缺乏集体合作诉求。这种对家庭经济的顽强路径依赖成为乡村现代化的最大传统障碍。在经营规模偏小和耕地细碎化的特点下，农户为规避风险而往往生产多种农产品，产品规模也不占优势。这使得他们在面对农产品收购企业或参与农产品市场交易的过程中，缺乏利益表达的渠道和强度。

小农经济条件下，由于农民可支配收入有限，农户对科技要素的利用不是依据生产需求原则而是以自身均衡为原则。农户更愿意依赖流动性生产要素投入，而对于科技的投入显得动力不足，限制了技术进步对农业的促进作用。由于农户土地资源过少，非农活动的收入（尤其是外出打工的收入）日益提高，农户从事种植业的积极性有所下降。尽管政府先后出台了诸如"两免一补"等支农惠农政策，一定程度上缓解了农业生产下滑的局面，但是我国农业劳动生产率水平一直徘徊不前，甚至在有些地区还时时出现有土地撂荒现象。

二　乡村基层治理结构与发展要求的矛盾

改革开放以来，中国的乡村社会最先被卷入到向现代性过渡的转型时期。乡村的经济改革也促使乡村的政治结构开始变化，1987 年村委会组织法的通过标志着"乡政村治"道路的开始。随着村民自治制度的推行，乡村基层普选范围逐渐扩大，乡村政治民主化程度明显提高。在中国现代化发展过程中，政府对制度供给的主导性，决定了一种制度安排往往在经历了较长时间的实践后才能达到制度化水平。村民自治也是如此，从整体上看，我国乡村治理发展还很不平衡，村民自治组织的真实地位还有待提高。

1982 年宪法明确规定村民委员会是基层群众性自治组织，依法自治。1998 年颁布的《村民委员会组织法》对"乡政村治"治理格局下乡镇政府和村委会的关系做出了专门的规定：①村民委员会是村民自我管理、自我教育、自我服务的基层群众性自治组织；村级秩序的维持主要依靠村民自我约束，如村规民约等。②乡镇人民政府作为国家农村基层政权，依法行政。乡镇人民政府与村民委员会不是上下级的行政隶属关系，而是"指导—协助"关系。这表明村庄不再是一个行政化的社会。由此也重新定位了国家权力与社会权力、乡村基层政府与乡村基层自治组织的权力边界和组织边界。村民委员会作为乡村自治性组织，同时扮演着农村社会自组织（利益群体）的角色，起着沟通国家与乡村社会关系，组织农民参加国家政治生活的作用。村委会作为农民的自治组织，一方面加强了乡村社会的组织化、有序化程度，使分散的乡村社会形成合力，以组织化的整体效应抵挡来自乡镇政府的可能侵犯。同时，当村委会作为农村社会的代表与乡镇政府发生关系时，比如在签订行政契约时，实际上就扮演了农民"代理人"的角色，它降低了农村社会与乡镇政府的"交易成本"（若农民个人分别与乡镇政府发生关系，会因为成本太高而普遍成为不可能）。①

尽管宪法和法律在制度中已经明确规定了国家或政府与乡村社会的组织边界，但是，国家与社会的关系具有多元维度的特点，除了组织界限以外，国家功能（干预社会生活）的边界也很重要。从逻辑上说，组织边界与功能边界之间互相依存，但现实中二者又在一定程度上是隔离的。对于乡村自治的现实而言，虽然在制度安排上，村民自治的确立使国家的组织边界向上收缩至乡镇一级，但是在实际运行过程中，国家权力以其特有的影响力和控制力作用于乡村社会，乡镇行政与村民自治的关系很难达到组织、权力界限明晰的理想状况。国家特别是其在乡镇一级的政权机构对乡村社会的干预不但维持不变，反而在很多地方强化了。造成这种状况的原因是极其复杂的。以制度经济学的观点来分析，乡镇政府并不具备主动推动村民自治走向制度化的足够动力。一方面，习惯了对村级组织进行行政领导的乡镇政府，似乎也不大愿意把领导权变为指导权。另一方面，尽管村民自治确立村委会作为沟通国家与乡村社会关系的组织形式，并且通过党的基层组织保证国家对农村社会的动员和整合，但是，也可能由于地方行政的某些措施违背了村民意愿，村民群众会以集体意愿的形式表达出对乡镇行政的不满。于是在一些地区就出现了这样一种悖论：乡政管理要求强化对乡村基层社会的行政控制，弱化村民自治；村民自治则要求减少政府行政干预，甚至力求摆脱乡政管理控制。基层社会愈是失控，乡政管理愈是要求控制；乡政管理行政干预愈强，基层社会愈要求获取更多的自治权，摆脱行政干预……

---

① 金太军、王运生：《村民自治对国家与农村社会关系的制度化重构》，《文史哲》2002 年第 2 期。

从现行法律文本来看,《村民委员会组织法》虽规定了国家行政的组织边界,并对乡政管理与村民自治之间的关系和各自权限作了一般性规定,但从操作的角度看,并没有对国家特别是乡镇政府在乡村的具体职能给予明确的定位。这就为一些地区出现村委会"过度自治化"和"过度行政化"两种不良倾向提供了制度空隙。两种倾向交错,在乡镇政府与村委会的力量博弈中,乡镇政府明显占据优势地位。这种治理关系的失调势必影响乡村基层民主建设的进程,阻碍村民自治的进一步推进。

此外,村党支部在村民自治中的角色定位,从 1986 年颁布的《关于加强农村基层政权建设工作的通知》和 1999 年《中国共产党农村基层组织工作条例》文件精神来看,"两委"关系是明确的:村党支部处于领导核心地位,村委会在党支部领导下依法组织村民自治。但是,从乡村"两委"的实际关系来看,党对村民自治的领导,在现实中往往演化为村党支部书记对村委会权力的实际控制。由于党支部书记对村委会的实际控制,以及乡镇党委对村党支部的领导关系,就使乡村关系依然呈现出领导与被领导的状态。造成这种状况的直接原因是现有法律制度未能明确划分村党支部和村委会的职权范围,有关规定多是模糊、定性的规定。更深的层面则是党和国家在农村基层的权力结构决定了强调和重视村党支部的核心领导地位也有其客观必然性。[①]

三　乡村文化传统的失序

乡村文化不仅是中国传统文化遗产的重要组成部分,也是中华民族中最大生命群体——农民的信仰表达与精神寄托的文化母体。随着我国城市化的快速发展和农村体制改革的推进,农村产业结构得到调整与优化,农业人口被不断地从土地上解放出来,乡村居民的生产生活方式加快了由传统向现代的转变。与此同时,作为强势文明的城市文明和工业文明以其先进性和开放性不断吸纳、改造弱势的农业文明。在城市文化与乡村文化,工业文化与农业文化,传统文化与现代文化相互激荡与博弈的过程中,乡村中古老的民俗风情、道德理念在发生显著的断裂,乡村文化呈现出一个变化中的"空洞"状态——原有的文化生态被打破,新的文化秩序尚难建立。乡村居民在文化观念上的选择缺少明晰的目标,思想上的困惑和矛

---

① 金太军:《关于中国农村村民自治的深层思考》,《开放时代》2000 年第 1 期。

盾冲突也就在所难免。

在市场化和城市化背景下，我国的乡村社会处于多元文化的包围之中，传统文化与流行文化、城市文化交织在一起。由于自身素质的局限，中国农民群体中的多数在面对多元文化的包围时往往缺乏有效的辨别力，使选择具有较强的动态性、盲目性和随意性，显示出文化上的盲从和矛盾心态。一方面，青年农民渴望职业和身份的转变，向往城市生活，追求流行文化，疏离传统文化；另一方面，绝大多数在农村留守的中老年农民，仍然具有强烈的乡土意识。

统观当今中国乡村的文化失序主要有以下三个方面：其一，传统观念的遗留与现代文化发展要求之间的矛盾。传统观念，尤其是延续数千年的历史传统仍具有一定的惯性和持续能力。传统观念在不同的地区和社会群体中还有一定程度的存留和影响，在一些地区和农村，家族意识、宗族观念仍产生着一定的作用。有学者指出："血缘关系虽然已经不再成为人们社会关系的依据。但在相当多的村落家族共同体中，血缘关系的网络没有冲破，地缘与血缘的结合依然存在，村落家族的基本结构还是明确的。虽然它们在社会调控中不起主导作用，但起到相当的作用。"[①] 同时，封建迷信之风犹存。许多农村出现了乱建庙宇的现象，一些农民烧香拜佛希求神灵保佑自己的健康、家庭的和睦和事业的兴旺发达，把自己的精神世界寄托于封建迷信活动。这些家族观念、迷信思想等与现代社会的民主观念、科学思想无疑有着明显的精神冲突和矛盾。其二，市场经济诱发的价值观念冲突。市场经济是我国改革开放以后建立的新经济体制，它是合理配置资源、提高生产效率的手段。从理想的意义上讲，它有利于提高人们的效率意识、公平意识和拓展人与人相互沟通的开放意识。但是，在市场经济中，追求"利益最大化"是经济主体参与经济活动的内驱力与动机，在利益追求中如果没有相应的规则约束（法律的、道德的），则可能导致人的物化和理想信念、生存意义的失落。在乡村，随着农民的市场经济意识不断提高，人们的法制意识、竞争意识、效率意识日益增强，并以不可逆转之势推动着乡村社会思想文化的进步。但同时，市场经济特有的价值准则也为乡村伦理精神蜕变提供了"催化剂"。市场经济功利主义的价值

---

① 王沪宁：《当代中国村落家族文化——对中国社会现代化的一项探索》，上海人民出版社1991年版，第232页。

取向使农民越来越脱离乡村理想的生活目标选择，造成对自身价值及身份认同感的缺失。伴随着乡村社会经济成分和农民的经济利益、组织形式、就业方式等方面发生显著变化，村民的精神世界也发生了较大变化，思想活动的独立性、差异性明显增加。在这种文化境遇之下，由于缺少了统一的价值标准和规范，农民的各种社会行为，在价值选择上出现了无序和迷茫。个人主义、物欲主义等消极的文化观念和心理在乡村社会有所蔓延和膨胀。在一些农村基层，由于农村经济的发展缓慢以及一些农村政策设计上的失误，主流信仰和核心价值观念受到冲击，国家和民族意识淡化，对集体主义、社会主义的认同下降，乡村社区组织力减弱等。现阶段农村价值信仰总体趋向于过度物质化、世俗化，人们心中缺乏对信仰、正义与道德的敬畏。其三，城市文化对乡村传统文化的冲击。随着现代化的推进，城市文化、西方文化不断挤压着乡村传统文化，致使乡村传统特色文化资源不断受到冲击，一些优秀的传统文化和民间艺术，包括文化建筑、文化技艺、文化活动、文化形式等受到电视、网络、电子通信等现代传媒的影响而日渐式微，许多民间绝活、特色技艺也面临失传。通俗民间风情湮没在"城市化"之中，许多有重要社会价值的乡村文化面临消失的命运。同时，由于农村年青一代受城市消费文化影响，对传统文化的认同感逐渐缺失，传统文艺活动因缺少市场和观众，致使原有的公共文化空间不断减少。加之市场经济的逐利本性，更进一步加剧了乡村民间非物质文化的萎缩。乡村很多秧歌、戏曲、皮影、舞狮等传统群众性文化活动班社逐渐减少，也很难吸引青年农民的广泛参与。

总之，伴随城市化、现代化进程，农村传统文化所受的冲击，由器物文化层面逐渐转向观念文化层面。乡村传统的伦理道德渐露分崩离析之端倪，而一些优秀乡村传统民间艺术的消亡则将使传统文化的传承逐渐失去依托。

四　乡村社会关系中的信任缺失

随着乡村各项改革的不断推进，乡村各种利益格局开始逐步调整。在由传统社会向现代社会的转型过程中，乡村社会将由一个单一、封闭的伦理社会转变为一个多元开放的民主法制社会，乡村的社会结构发生了深刻变化。社会关系也随之发生了重大调整，并呈现出一系列转型性问题。

在传统乡村社会中，乡村社会关系呈现明显的亲缘关系，人们的做事方式正如费孝通所描述的那样，有着内外亲近之分，即按"差序格局"进行交往。所谓"差序格局"是费孝通在《乡土中国》一书中对传统中国社会结构和关系所做的形象概括，即中国传统的社会关系是按照亲疏远近的差序原则来确立的，"以'己'为中心，像石子一般投入水中，和别人所联系成的社会关系，不像团体中的分子一般大家立在一个平面上的，而是像水的波纹一般，一圈圈推出去，愈推愈远，也愈推愈薄。"① 同时，"亲情"（或"人情"）和面子是维持调节社会关系的主要要素，社会关系结构呈现明显的情感特征。

新中国成立之后，社会主义制度和人民公社的建立，彻底打破了传统乡村的亲缘关系，家庭、宗族、村落的生活被纳入人民公社的轨道，尤其是到"文化大革命"时期，亲缘关系被彻底否定。但是，在改革开放之后，随着小农经济再次成为乡村的主要经济形态，家庭又成为了最基本的生产单位，亲缘关系又出现了复归的趋势。一方面，由于生产力水平低下，家庭经营会因为农具种类不全、劳动力不足等因素，而程度不同地需要互助合作，这样亲属就成为了依靠的主要合作或协作对象；另一方面，国家原有的乡村集体组织和管理制度失去了功能，而新的组织形式尚未建立起来。同时，乡村市场经济的发展也造成了乡村竞争的社会环境，人们在重新构建自己的社会关系时，尤其是当乡村社会出现了诸多社会问题，如正式社会组织保障不力等情况时，人们首先想到的就是利用传统血缘关系来保护自己、参与竞争。因此，这种传统的血亲宗族关系逐步恢复，亲缘关系由此开始重新在村民们的生活中发挥重要作用。

改革开放之后，宗族组织在乡村经济合作中重新起着重要的纽带作用，在许多乡村地区，出现了大量的家族式乡镇企业。村民们在进行社会流动时，血亲宗族关系就成为他们获取外部资源的重要渠道。同时，宗族组织在乡村社会内部也起着调节社会关系的作用，如乡村管理、社区民事纠纷调解等。因此，血缘关系重新成为了村民们优先选择的关系。在日常生活中，村民们普遍倾向于和家族内成员发生交往，尤其是在寻求劳务合作，或是寻求经济上的支持和帮助时，多数村民都把家族成员作为首选对象。虽然血缘关系在改革开放之后重新在乡村社会中发挥作用，但是伴随着农村改革的实施，市场经济渐渐被引入农村，这种

---

① 费孝通：《乡土中国　生育制度》，北京大学出版社1998年版，第27页。

血亲宗族关系的作用力已远不如传统社会。这不仅是因为市场经济利益关系的介入使这种关系无法像传统社会那样约束、维系人们的行为，也因为具有鲜明传统社会特征的宗族关系本身难以进入现代人的生活。随着市场经济的发展，乡村的组织出现了多元化的特征，村民们不再局限于单一的亲缘性组织和新中国成立后的行政性组织。在此背景下，越来越多的农村人，尤其是年轻人不再眷恋土地，他们更加渴望对外界进行探索，逐步改变了以血缘、地缘为基础的关系网络，而建立起以业缘、机缘为主的各种关系网络。①

计划经济时期，通过强大行政力量在村民之间建立起的跨血缘的平等社员关系，在改革开放以后，并没有成为村民们可以完全依赖的社会关系。这主要是因为制度保障的缺失和不完善。市场经济的逐利本性使得有人会背离原来亲缘关系中的情感与义务而纯粹追求经济利益，结果可能因制度保障的缺失和不完善而使某些人有可乘之机，从而影响了村民对市场平等的协议、契约关系的期望和信心。而且，由于制度不完善，也无法为村民们提供有效制度性保证，以解决他们所遇到的问题。如在土地纠纷的解决中，虽然国家强调要将农民的利益放在首位，但在具体利益面前，无论是国家法律还是政府法规，执行时常常受特殊因素干扰，存在执行难的问题。这无疑会进一步影响村民们对制度的期望和信心，从而使他们陷入困惑之中。同时，在市场经济作用下，农民的兼业行为逐渐增多，职业构成呈多样性特点，村民们的社会关系呈现出多元化的发展趋势。市场经济在弱化村民们之间的等级关系的同时也制造了新的不平等，20 世纪 80 年代以来，原来同质性的社会成员逐渐出现了角色和身份的多元化，形成了异常复杂、特殊的乡村社会等级结构。这样就出现乡村社会群体的做事标准或原则呈现出较大差异，有些人会因为某种当前利益而既背离血缘关系，又背离契约关系。

目前，乡村社会中的血亲宗族关系取向和市场契约关系取向同时在村民们的社会生活中发挥重要作用。乡村社会成员通过"人情＋利益"的机制被整合在一起。在人情与利益的法则下，规范的作用无从谈起，整个社会是按照私下盛行的"潜规则"进行运转，这种状况在乡村社会表现

---

① 林聚任、杜金艳：《当前中国乡村社会关系特征与问题分析》，《中国农业大学学报》（社会科学版）2007 年第 3 期。

得非常明显。"当前乡村社会信任的总体存量，不管是特殊信任、普遍信任还是制度信任，与改革开放之前比都有不同程度的下降。"① 乡村社会信任问题首先在制度层面上表现为村民对地方管理者和正式组织缺乏信任。对村干部的不信任在许多乡村都不同程度地存在着，这也体现在乡村干群矛盾较改革开放以前明显增加上。此外，在乡村居民表现出对领导较低信任度的同时，人们对法院等正式组织的信任度同样也不高。② 乡村社会信任问题在个人层面上一方面表现为处于不同阶层的村民之间的不信任。由于贫富差距的不断拉大，现实社会中存在利用体制漏洞非法致富和非法获取利益的状况，这是信任问题在不同阶层村民之间发生的主要原因，尤其是村庄中一些生活在社会底层的贫困阶层，对特定阶层收入的合法性持怀疑和否定态度；另一方面表现在亲缘关系的信任缺失上。由于利益原因，乡村亲属中的紧密程度有所减弱，经济利益逐渐成为亲属家庭联系的一个重要纽带。例如在赡养老人的问题上，"老有所养"的乡村传统赡养机制逐渐被新的道德逻辑与交换关系所取代，亲人们之间有时不得不通过契约约定来保证赡养机制的顺利运行。这也从一个侧面反映了亲缘之间信任危机的出现。③

五　乡村生态环境的恶化

由于乡村人口相对分散，森林资源相对丰富，大气污染和噪声污染等相对较少，其自然生态环境本应该较城市优越。但是近年来，由于片面追求经济效益，我国乡村生态环境遭到极大破坏，严重制约了乡村的可持续发展，影响了乡村社会的稳定。随着乡村城镇化、工业化进程的加快以及乡镇企业的发展，我国乡村自然环境的污染源在迅速增加。农村河流"60 年代饮水淘米，70 年代洗衣灌溉，80 年代水质变坏，90 年代鱼虾绝代"的现象已经出现。据统计，我国的农村现在有 3.6 亿人口喝不上符合卫生标准的饮用水。④ 加上农民环保意识差，人为破坏生态严重，乡村生态环境问题日益突出。由于乡村自然环境的污染，生态平衡的失调，昔

---

① 林聚任、刘翠霞：《山东农村社会资本状况调查》，《开放时代》2005 年第 4 期。

② 《山东省社会形势分析与预测社会蓝皮书》，山东人民出版社 2005 年版，第 27 页。

③ 林聚任、杜金艳：《当前中国乡村社会关系特征与问题分析》，《中国农业大学学报》（社会科学版）2007 年第 3 期。

④ 王伦光：《论新农村建设的价值追求》，《湖州师范学院学报》2007 年第 5 期。

日优美的乡村山水环境不仅日渐失去其绚丽色彩，而且还影响到了乡村居民的生活与健康，因环境污染造成的恶性疾病等不断增多，农民的生存权利受到严重威胁。环境污染也诱发并加剧了社会矛盾，各类环境纠纷引发的群体性事件增多，成为严重影响乡村稳定和发展的一大诱因。乡村生态环境已成为影响乡村文明建设的一个重要因素。

目前，我国乡村的自然环境污染主要源自两方面：一是农业生产污染。农业自身生产对生态环境可以造成正面和负面双重影响。就负面影响而言，主要表现为农业生产中介质（如农药、化肥以及塑料地膜等）的过度使用所带来的问题。农业生产活动中产生的污染物，通过地表径流、地下渗漏和挥发等途径不仅引起了水体、土壤和大气的污染，而且对农产品安全、人体健康乃至农村和农业的可持续发展构成严重威胁；二是乡镇企业造成的污染。乡镇企业在改革开放后迅猛发展，为乡村经济增长和农村剩余劳动力的转移做出巨大贡献。但是，因为乡镇企业在发展之初，规模小、科技含量低，多集中在造纸、化工、水泥等耗能高、排污量大的领域，而且很少考虑"三废"治理和环境保护，甚至把在大城市无法立足的污染企业转移到小城镇，低技术含量粗放经营的乡镇企业，以牺牲环境为代价，不仅造成污染治理困难，还导致污染危害直接。

人类生存的自然环境是由多种生物和非生物相互依存、相互作用所构成的自然生态系统。而自然生态系统的平衡是人类社会稳定发展的自然前提和基础。人类所处的自然生态平衡一旦遭到破坏，各类自然灾害就会频繁发生，自然环境将会持续恶化，给人类造成严重的后果。近些年来，伴随人类肆无忌惮的经济行为的扩张，人为因素所造成的生态破坏越来越成为危害人类生存的主要原因。我国相当一个时期以来，乡村的生态破坏日益加剧，突出表现为：水资源紧缺，水土流失严重；土地退化、沙化和盐碱化问题突出；过度开发矿产资源造成土地破坏面积增大；森林覆盖率低、草地面积持续减少且质量降低；生物多样性遭到严重破坏，一些生物资源枯竭，部分物种处于极度濒危状态等。日益严重的生态危机，使村民的生存环境面临着危机。这些问题和矛盾的存在，显然与乡村生态文明建设是相矛盾的。

随着经济的进步，一些较为发展地区乡村的小城镇和乡村聚居点得到了迅速发展，但乡村聚居点的基础设施建设和环境管理却相对滞后，有些乡村社区的生活污染较之城市更加严重，乡村人居环境质量不高。一是乡村公共设施条件差，道路、排水、绿化、照明等建设标准低。农民居住区域布局不科学、缺乏整体规划；二是污水、垃圾处理率低。大部分城镇没有污水处理系统，几乎全部直接排放到周边环境中，生活垃圾随意抛弃在河塘或低洼地。部分乡村，水井周围就带有厕所、粪坑和牲畜圈栏；三是供水存在严重隐患。绝大部分乡村的饮用水从未经过检验，不少地区的农民饮用高氟水、高砷水和苦咸水，其中饮用氟、砷含量超标的水约有6500万人。全国村镇中拥有自来水的村庄比例仅为24.8%。值得注意的是，在我国乡村工业化进程较快的地区，这种基础设施建设和环境管理的落后，并没有随着经济水平的整体提高而改善。

如上所述，当前我国市场经济机制还不完善，市场的各种弊病不断出现，社会秩序失范现象开始产生。在这样一个时期，社会不稳定、不和谐的因素在乡村社会表现得较为明显。当前乡村发展所面临的许多深层次矛盾和问题，是乡村文明建设需要破解的矛盾，也是构建和谐社会进一步解决的问题。无论如何，体制和社会结构变动已经开启了中国乡村和农民走向现代化的航程。不可否认，在这一过程中既有社会转型所激发的现代性转变，又存有惰性十足的传统劣痕，同时也存在体制上及体制之外的许多不利因素，从乡村经济、政治、文化、社会和生态环境各个方面来看，这一现代化历程尚有很长的路要走，但重要的是乡村的发展已经跨出最关键的一步。

第二节　当代中国乡村文明建设的基本思路

一　乡村文明建设的主体：政府主导，依靠农民，造福农民

20世纪二三十年代，梁漱溟、晏阳初等知识分子通过邹平实验、定县实验等发起了"乡村建设运动"，一时间给中国乡村社会带来了兴旺的希望。但是，无论是晏阳初通过一系列教育解决乡村的"愚、弱、贫、私"，还是梁漱溟"创造新文化，救活旧农村"，建设新的社会组织的行动，都只是带有知识分子良好愿望的、具有典型精英主义色彩的行动路线。在整个乡村社会的发展进步方面并没有取得实质意义上的成功，正如梁漱溟所言"号称乡村运动而乡村不动"。究其原因，除了在当时的政治

经济环境下，走乡村改良的道路没有出路这个根本性原因以外，只可能是"乡村建设运动与农民从心理上根本合不来"。①以今天乡村文明建设的视角来重新审视那个时期的乡村建设运动，其重要的贡献正如前文所述，在于在当时的社会背景下，深刻认识到中国乡村问题的实质是农民问题，并试图通过改造乡村的社会组织结构，即农民的连接和组织方式来寻找解决这一问题的出路。尽管他们的主张与中国共产党的主张基本一致，但他们的行动却没有如中国共产党一样取得成功。重要的原因在于他们的理论与实验虽然看起来是从乡村本质问题出发，却由于文化本位的局限，没能解决农民最关心的根本问题——土地问题，不能从农民的根本需求出发，使农民成为乡村建设的真正主体，不能使乡村内生出巨大的创造性力量。

　　纵观新中国成立以来的乡村建设历史，我们同样不能忽视人民公社制度在乡村建设中曾起到过的重要作用。一方面，它曾经彻底打破了乡土中国的传统循环模式，是借助国家力量为实现特定社会理想而把农民组织起来的乡村制度模式。它曾极大地增强了农民的组织化和一致行动能力，在政府对乡村社会的深入程度方面，可谓史无前例、登峰造极。它为中国乡村的现代化进程乃至整个国家的工业化做出过非常特殊的贡献，是乡村社会的"改革前史"，也为今天的乡村文明建设积累了宝贵经验。另一方面，人民公社制度在改革开放后之所以被取消，也在于其实行后对乡村社会和农民造成的严重后果。国家利用行政手段把属于农民个人的土地转变为集体所有，"取消了除行政资源之外的几乎一切社会动员和组织管理资源，在意识形态和行政权力的强力推动之下"，②把原子化的农民整合在公社的组织之中，极大地挫伤了农民生产的积极性，在人民公社的20年时间里，乡村经济社会没有发展进步，反倒萧条破败。

　　改革开放以来，废除人民公社，实行从改革初期的家庭联产承包责任制和如今的家庭承包经营责任制基础上的统分结合的双层经营体制，极大地激发了农民的生产积极性。在30多年的时间里，使乡村面貌焕然一新，乡村经济得到了长足发展。

　　近代以来乡村建设的成败及新中国乡村建设的经验告诉我们，农民是推动乡村社会事业发展进步的主要力量，是创造乡村文明的主力军。在乡

---

① 《梁漱溟全集》（第2卷），山东人民出版社1988年版，第557页。

② 王立胜：《关于社会主义新农村建设几个基本理论问题的探讨》，《当代世界与社会主义》2007年第2期。

村文明建设过程中，一方面要发挥广大农民的主体性和创造性；另一方面要发挥政府的主导作用。

在乡村文明建设中，要充分尊重广大农民群众的首创精神。在市场准入、政策支持、融资条件等方面为乡村经济的发展创造平等竞争的环境，鼓励、支持农民按照自愿原则发展多种专业合作经济组织，增强村级集体经济组织的服务功能，实现乡村多种所有制经济共同发展。① 当然，最主要的是落实村民自治制度，充分发挥村民自治的作用，促进村民的自我管理、自我发展和自我监督。村级事务特别是与村民利益息息相关的事项，都应交由村民会议或村民代表会议讨论决定，例如，村内道路的修建、村容村貌的整治、小型农田水利基本设施建设等。对于涉及村内公益性设施的建设，建不建、建哪些、怎么建，要由村民根据自己的需要来选择。简而言之，乡村文明建设归根结底是建设乡村社会，起基础性作用的是农民自身。只有尊重农民意愿，反映农民要求，乡村文明建设工作才能有序展开，达到预期效果。

强调农民是乡村文明建设的主体，绝不意味着政府就可以撒手不管。国内外经验都表明，在乡村建设实践中政府有不可替代的作用，尤其是在统筹城乡、调集人力物力资源、健全社会经济制度、为乡村提供公共产品等方面，政府都发挥着指导的作用。有资料显示，在欧美这些市场体系发达的国家，政府指导的重点，主要体现在流通和再分配领域，如农产品价格补贴和直接补贴，政府对农业和乡村的干预不会太深。而在日本、韩国等新兴工业化国家或地区，为弥补其市场体系的不完善，在乡村建设中主要以国家投资为主导，调动社会各方面力量，建设乡村基础设施。尤其在带动"新村建设"方面，政府的主导作用更加细致和深入。

现阶段，我国的情况复杂而特殊，既是后工业化国家、大农业国，又地域广阔，乡村人口众多。这些特征决定了我国的乡村文明建设离不开政府的主导与扶持。当前，我国政府对乡村文明建设的主导作用主要体现在：通过产业政策引导社会投资，提供乡村公共产品，例如，乡村的交通通信、供水供电、医疗教育等。政府的主导作用和农民的主体作用应该有机统一、互相促进。尤其是在村镇主导产业发展、基础设施建设、村容村貌整治等方面，要处理好政府主导和农民主体的关系，防止政府在涉及乡

---

① 鄢新萍：《社会主义本质论视角下的新农村建设》，《理论月刊》2006 年第 12 期。

村建设项目中的错位、缺位或越位倾向。总之，各地政府要从自己的实际情况出发，把握本地乡村文明建设的重点与难点，适时调整工作策略，使各项指导工作更加贴近乡村实际，反映农民要求。

二　乡村文明建设的要求：整体推进，协调发展，重点突破

乡村文明建设是一个庞大的系统工程，不仅涉及农业生产，还涉及农民生活；不仅关涉乡村物质文明建设，更关涉社会文明、政治文明、精神文明、生态文明建设。系统论的观点告诉我们：系统是由系统内的组成要素构成，系统功能取决于要素功能的总和，但是系统的功能并不是要素功能的简单相加，而是要素之间相互作用、相互制约的结果。在要素的相互作用中，有可能使系统功能大于要素功能的总和，也有可能小于要素功能的总和。所以，要使得系统功能最大化，就取决于要素之间的优化整合。乡村文明建设作为一个系统，其成效如何，实际上也取决于乡村各方面建设和各方面力量之间的最优配置和整合。

当代乡村文明建设，与20世纪50年代的新农村建设不同，更根本区别于20世纪民国乡村建设运动。其突出的表现就在于以乡村"五个文明"建设的整体推进为特征，即乡村文明建设的内容包括政治、经济、文化、社会、生态等各个方面，以社会主义文明建设的思路来发展乡村事业，克服历史上乡村建设曾经出现的各种偏差，将其作为一个整体来推进。由此出发，就需要实现乡村"五个文明"建设的协调发展，不仅要着眼于物质文明建设，而且要着眼于政治文明、生态文明等其他方面；不仅要着眼于狭义的乡村社会文明发展或乡村公共物品的供给，更着眼于包括物质文明、政治文明、精神文明和生态文明在内的整个乡村社会结构体系的提升。中央提出的社会主义新农村建设的目标和任务是"生产发展、生活宽裕、村容整洁、乡风文明、管理民主"，这也正体现了当今乡村建设的整体性理念。因而，对于乡村文明建设来说，从文明建设高度增强乡村社会的凝聚力、可持续发展能力以及使农民作为一个整体降低和化解市场经济所带来的社会风险，是乡村文明建设的根本任务，这就尤其需要建立乡村建设的整体规划和协调发展的理念。

现阶段，我国乡村不仅在物质文明领域，而且在政治文明、精神文明等其他领域都存在着各种各样的问题，需要我们采取切实有效的措施加以解决。例如，如何进一步推进乡村政治文明建设，健全和完善村民

自治制度，克服乡村政治生活领域实际存在的各种偏差；如何发展乡村精神文明，传承和开发乡土文化，在提高农民科学文化素质的同时，保留乡村独有的风土人情，体现乡村特色的文化氛围，并增强村民的幸福感，扫除各种愚昧和迷信现象。再比如，如何进行社会文明建设，保护农民"生计"问题。尽管农业早已不是稳定收益的优势产业，但是对农业、农民的社会风险进行基本的社会保护，是保障农村发展、实现社会公平和谐的前提。这些问题，与通过物质文明建设以解决经济问题一样，都是社会主义乡村文明建设需要解决的现实问题。进一步讲，只有在进行物质文明建设的同时，一并建设好政治文明、精神文明和社会文明、生态文明，才能从整体上推进乡村社会的现代转型，缩小城乡各个方面的差距。历史上的乡村建设实践正是由于各种原因，没能解决好乡村其他领域（如政治领域）的建设（如20世纪30年代的乡村建设实验），反过来影响了乡村建设的整体效果；还有的则是重视经济领域发展，而忽视社会、文化等领域的建设（改革开放初期的农村改革），结果出现了目前乡村社会的"三农"问题突出，乡村社会无法摆脱整体落后面貌的局面。诚然，乡村文明的时代特征决定了现阶段我国乡村文明建设的主要任务仍以物质文明建设为主，这也是由我国经济还不发达，各地区发展不平衡的国情所决定的。但是，如果只是单方面推进乡村物质文明建设而忽视其他方面发展，必然也会影响乡村的物质文明发展。今天的乡村文明建设有可能也有必要将乡村的"五个文明"结合起来，实现乡村社会的整体发展与文明进步。

当然，乡村文明建设反映在各地实际工作中，也不能"眉毛胡子一把抓"，没有重点"撒胡椒面"式的建设。各地区应从各自的实际情况出发，广泛收集民意，找准建设的切入点和重点，并适应新情况的变化而不断加以调整。例如，在东、中部发达地区的农村，农业的市场体系已经比较完善，生产、生活基础设施条件比较好，乡村文明建设的重心，应放在维护经济良好发展的前提下，解决好失地农民的再就业、村民自治、乡风文明、社会保障以及教育医疗等方面的疑难问题上；而对大部分中、西部不发达乡村地区而言，乡村文明建设的工作重点则应放在物质文明建设上，即要在发展乡村经济，加强市场体系建设，转变农业增长方式，促进农民增收，大力推进现代农业发展等方面下工夫，优先保证农民的生活富裕。

三　乡村文明建设的原则：因地制宜，多样发展，循序渐进

乡村文明是一个综合性概念，乡村文明建设也是一个在统筹城乡视角下，针对社会主义乡村未来的发展理想与目标，为形成一个具有强大内生力量的、文明进步的新乡村而提出的总体概念。我国乡村社会发展极不平衡，各地乡村经济社会发展水平差异大，地域文化差异也十分明显。在推进乡村文明建设时，对各地区乡村社会不能一概而论，更不可能一蹴而就，需要我们正确地理解当前乡村社会的现实，积极、主动和创新性地拓展乡村文明建设的视野，因地制宜，多样发展，循序渐进。

由于当前我国的乡村发展状况参差不齐，建设乡村文明不可能有整齐划一的统一模式和标准。各地区只有因地制宜，实事求是，扎扎实实建立在各地实际基础上，结合本地区乡土风貌、风俗习惯制定出多样化的发展战略，才能真正体现出尊重历史和传统，建设出区别于其他地域特色的乡村文明。这就要求在乡村文明建设过程中，将乡村文明以农民为本、全面进步、统筹城乡、可持续发展的基本要求（如前所述）与各地的实际情况紧密结合起来，既围绕一个总的、宏观要求，积极推进乡村文明的建设（不管是发达地区还是不发达地区乡村，不管是城市郊区乡村还是偏远山区乡村），又结合当地实际情况，创新发展。

乡村文明建设的创新，体现在对乡村的建设规划上，这个规划不能以村容规划来代替，这样会忽视乡村生产的发展；也不能以"乡村城镇化"规划代替乡村独有的群落规划，以免造成乡村地域特色和民风民俗的流失；更不能以政府的意愿包办代替农民意愿，以免造成乡村社会矛盾；不能仅仅关注乡村土地的征用和开发，而忽视农户的承包经营权和基本权益。乡村文明建设要考虑乡村产业、自然生态、农民习俗、村容村貌、农民素质等各方面因素，在有关部门和专家的指导下，高标准、高起点地去推进。所以，乡村文明建设在乡村规划上要全方位考虑乡村发展的定位，多样化发展：是以保护生态为中心，重视自然景观、生态系统和水资源的保护，增强乡村可持续发展能力，让农民享受自然宁静的乡村环境；还是以乡村功能建设为中心，发展娱乐、工业和自然保护区等多种功能，带动本地经济发展等。总之，乡村文明建设的规划不能片面化、简单化，不能认为盖几幢房舍、搞一些基建、建几座新村就乡村文明了，这些做法只可能会在表征上让我们见到一个"崭新"的乡村，而不是真正传承历史与

文化,具有深刻人文内涵的乡村文明社会。所以,乡村文明建设不仅注重乡村外在的村容村貌,更要注重乡村内在的文化特质,既要建好"硬件",也要建好"软件"。以文明发展的角度而言,"软件"建设更重要。

我国作为一个农业大国,不仅农业落后,经营方式落后,而且乡村的基础设施也十分落后,这一点在我国西部地区乡村表现尤为明显。同时,农民的思想观念、文化素质与现代化的要求也有较大差距。在一个有七八亿农民的国家,要彻底改变乡村的落后面貌,推进文明建设,绝不是上几个项目、搞一些村镇改造就可以实现的,它需要我们做好准备、不懈努力、长期奋斗。社会主义乡村文明建设不能做短期规划,而要做长期打算,因为社会主义的事业本就是一个长期的渐进过程,社会主义初级阶段的国情决定了我国乡村文明建设才刚刚起步。正如恩格斯说过的,作为社会制度,文明时代是社会发展的一个阶段,由于它的矛盾对抗性质使它必将为更高的新型文明所代替。社会主义乡村文明的制度性特征也决定了它是伴随社会主义制度的发展而不断发展的,既具有鲜明的时代特征也具有相对的稳定性。由此,乡村文明的建设是乡村社会在现代化进程中不断继承和超越传统,实现传统与现代在经济、政治、文化等领域的融合过程。我们要吸取历史经验,不能搞群众运动、大起大落,需要循序渐进和稳步推进。"在具体实施中要注意处理好三个方面的关系。一是'急'与'缓'的关系。既要从农民群众最迫切需要解决的问题入手,创造条件加快推进,同时又要尊重事物发展的内在规律,不急于求成、浮躁冒进,不搞强迫命令,不做表面文章,不造成新的乡村债务,不增加农民负担。二是'远'与'近'的关系。既要着眼长远目标,兼顾农业生产、农民生活、农村基础设施、农村社会事业、基层民主和精神文明建设,搞好整体规划,又要立足当前,根据实际工作中出现的新情况、新问题,提出阶段性工作任务和针对性的政策措施。立足当地经济发展水平,不搞低水平重复建设。三是'点'与'面'的关系。坚持抓点带面,发挥典型示范作用,以不平衡发展带动全面发展。"[①]

四　乡村文明建设的灵魂:传统回归,价值重塑,文化再造

在全球化背景下,中国的市场化进程使人们的思维方式、行为方式、

---

① 钟贤华:《农村建设的历史经验与当前路径》,《东南学术》2007 年第 4 期。

价值观念都发生了深刻的、前所未有的变化。尤其中国的乡村社会，在小农经济与市场经济的双重作用下，农民的传统价值观念失落、道德失范，21 世纪的中国乡村社会不可避免地面临着乡村社会价值体系的转折和重建。当代乡村文明建设的价值取向就在于引领乡村社会思潮，重塑新时期乡村核心价值体系。

"社会价值体系是在一定的社会生产方式制约下由社会崇尚和倡导的思想理论、道德准则、理想信念等一系列价值观所构成的逻辑体系"。在人类文明进程中，每个社会都会有自己特定的价值体系，"其中，反映统治阶级和集团的基本价值准则、为制度所认定并有效地统摄社会各阶层的价值目标、规制社会心理和意识的理论学说，就是这一历史时期和社会时代的核心价值体系。"[①] 社会核心价值体系的存在，主导着价值多元社会中社会意识的主要性质和方向，通过对社会成员价值观的有效制约，使社会生活得以有序展开。它是维护社会良性运转的强大精神动力。精神动力是人类社会实践得以顺利开展的前提和条件，这个共同的精神力量是维系社会成员之间、社会成员与组织之间正常关系的基本前提。

社会存在决定社会意识，作为社会意识的核心价值体系也是伴随着社会生产方式的改变而变化发展的。回顾新中国的历史，每一次的经济政治制度及体制的变革，都会引起社会结构的深刻变迁和思想价值领域的巨大震荡，这大大增加了社会控制和社会整合的难度，并由此提出建立新的核心价值体系的时代要求。因为，通过新的核心价值体系的建立，把分散化了的各种社会力量重新整合起来，进一步地维持社会的稳定和生产的有序，保证统治的合法性，是建立新型社会、巩固新的社会制度的必然趋势。新民主主义革命和建设时期，毛泽东思想的产生与发展就使得中国人尤其是"原子化"的中国农民集合为强大的社会力量，打破传统乡村社会结构，再造乡村基层政权，重构乡村社会秩序，开始了真正意义上的乡村现代化进程。

改革开放以来，市场经济因素开始在乡村发育，这一方面消解着乡村地区原有的传统价值观念；另一方面也冲淡了长期努力在乡村地区培育形成的主流信仰和社会主义价值观。工业化、城市化中乡村经济社会的衰

---

① 王立胜、聂家华：《论中国社会核心价值体系的演进逻辑与经验启示》，《当代世界与社会主义》2009 年第 1 期。

败，以及历史上某些乡村政策的失误，造成了农民的社会主义信仰危机，例如，国家和民族意识淡化，社会主义认同感下降，集体主义观念淡薄，党的基层组织在乡村地区的威信和凝聚力下降等。农民社会主义信仰的缺失，甚至出现信仰的多元化、功利化趋势，使农民群体又重回到原子化状态，使其作为一个整体的合作能力与一致行动能力大大降低。在道德底线被普遍突破的情况下，乡村社会生活出现失序现象：干群关系紧张、群体性事件增多。其原因之一也在于农民与基层干部的价值观念和行为准则不同，不能形成彼此认可及协调一致的行动，乡村文明的建设受到了很大干扰。这些严重的问题迫切要求对农民的信仰和价值观念进行恰当的引导，将核心价值体系的建设作为乡村文明的灵魂问题来加以重视。也就是说，在进行社会主义乡村文明建设的过程中，以完备的制度和政策体系支持乡村建设固然重要，但也迫切需要建立一套对当前制度和政策体系进行合理说明的价值和理论系统，这是目前乡村文明建设的最大难点。这客观上要求指导乡村社会发展的核心价值必须与现行的政策和制度具有高度的配套性和内在和谐性，而这在乡村实践中是非常困难的。因为伴随乡村市场体系的发展，各种不同的具体乡村政策常常各有不同的理论和价值背景，这样就会出现：当单独评价某一个政策的绩效时是很好的，但一系列政策同时在乡村地区施行却可能造成很大的混乱。各项制度与政策在乡村实施过程中由于无法形成统一合力，反而互相影响、互相抵消，使乡村基层干部的工作难以开展，农民群众也无所适从，这也是为什么在社会主义乡村必须强调社会主义核心价值体系建设的重要原因。只有使当代中国的乡村文明建设紧紧围绕着社会主义核心价值体系，乡村文明才能真正成为社会主义文明中的最重要的内在组成部分。①

从历史的角度看，当代中国社会主义核心价值体系，无论其内在本质与外在形态发生多大变化，都自觉不自觉地携带着几千年来中国传统社会核心价值体系的遗传基因，两者的血脉关联无法割断。因此，在我们构建当代中国乡村社会主义核心价值体系的时候，就不能不对具有明显传统社会核心价值痕迹的乡土文化进行必要的文化自觉，分离和抽取出仍具活力的可用资源，将乡土文化中和谐、康宁、好德的价值观念和讲信修睦、出

---

① 王立胜：《关于社会主义新农村建设几个基本理论问题的探讨》，《当代世界与社会主义》2007 年第 2 期。

入相友、守望相助、疾病相扶持的传统道德与马克思主义、中国特色社会主义理论相结合，将中国传统文化的活智慧与马克思主义的新智慧综合起来，在社会主义发展和文明的跃迁中，重建农民精神信仰，使乡村核心价值观呈现出独有的中国特色、乡土特色，并成为农民现实活动的价值追求和精神动力。

五　乡村文明建设的方针：科学发展，"统筹城乡"，"两个反哺"

长期以来，受城乡二元经济社会结构的限制以及地理条件和人口因素的制约，我国乡村居民在基础设施规划、社会保障、劳动就业、教育卫生和住房等方面在很大程度上没有受到公正的对待。工农业发展不均衡、城乡经济发展不协调、社会资源流动不合理，这些都拉大了城乡差距并间接引起乡村社会内部的不平等。要解决这一问题，需要进一步深化乡村改革的同时，还必须改变对城乡关系认识的误区。2004 年十六届四中全会上，胡锦涛提出了"两个趋向"的重要论断，此后又明确指出，我国现阶段总体上已到了"以工促农、以城带乡"的发展阶段。这标志着我国乡村建设事业已进入到跳出"三农"视野，统筹工农、城乡关系，实行"两个反哺"的新时期。"两个反哺""统筹城乡"是推进我国经济社会协调发展的重要举措和新的思路，也是建设乡村文明的指导思想和思维取向。

恩格斯当年也曾经对城乡的协调发展给出了自己的设想，"公民公社将从事工业生产和农业生产，将结合城市和乡村生活方式的优点而避免二者的偏颇和缺点"。① 今天中国的乡村文明建设，就是以统筹城乡为基本思路，以"两个反哺""少取、多予、放活"为手段，借助工业和城市的支持，吸取有利的社会资源，推进乡村建设事业的全面发展。在乡村文明建设中要始终贯彻好城乡统筹的大政方针，协调城乡经济社会的各项发展指标和建设项目，改变过去城乡分治的思维定式，积极调整国民收入分配结构。首先，国家应加大对乡村建设的政策倾斜力度，尤其是加大对乡村建设的财政支出和信贷投放，并把这种意识和行为真正落实到各项规划和政策的制定中。其次，加快建立城乡统一的生产要素市场，特别是促进城乡劳动力要素市场发展，为农民提供更多、更公平的就业机会，这也是促

---

① 杨荣南：《关于城乡一体化的几个问题》，《城市规划》1997 年第 5 期。

进农民增收、发展乡村社会的重要途径。最后，通过完善城乡统筹机制，将乡村生产生活基础设施建设和社会保障制度的建设纳入国家整体发展规划之中，尽快建立覆盖城乡的社会福利和保障事业体系。

通过"少取、多予、放活"的具体措施调整工农关系，工业反哺农业。一方面，通过切实减轻农民负担，增加国家对乡村各项建设的投入和科技支持等手段，贯彻落实工业对农业的反哺，将资金等生产要素更多地留在乡村，增强"三农"休养生息和自我发展的能力；另一方面，深化农村改革，理顺乡村各方面的关系，通过一系列改革措施（如土地征用制度改革；乡镇机构改革；县乡财政管理体制改革等）调动起广大农民的积极性，增强乡村文明建设的活力。所谓城市反哺农村，就是借助城市作为经济政治文化中心的优势，发挥城市先进生产力的扩散与辐射作用，改造传统农业，提升农业发展水平；将城市产业的部分产业链条向乡村延伸，带动乡镇企业的发展；通过城市第三产业的发展吸纳乡村剩余劳动力；还可以通过城市先进的生产要素向乡村流动，帮助乡村大力发展市场经济，建立起城乡之间各种形式的融合。尽管我国总体上已经进入了以工促农、以城带乡的发展阶段，但针对东、中、西部乡村地区的不同发展水平，以工促农、以城带乡的发展思路在乡村文明建设中也要因地制宜、因势利导。像长江三角洲这些已经和基本实现城镇化、工业化的发达地区，应制订科学规划，以如何实现"城乡统筹""两个反哺"作为工作重点；而对于中、西部欠发达地区，乡村文明建设应以发展农业生产和基础设施建设为重点内容，以农业综合开发、加强乡村物质文明和生态文明建设来逐步展开乡村文明建设工作。

当然，进行乡村文明建设并不是否认城市化发展，不能将二者简单地对立。人类社会的现代化，离不开工业化、城市化的发展（当然也离不开乡村的现代化）。从现代化的历史经验来看，城市化、工业化是人类从农业文明向工业文明转变过程中，必然出现的一种社会经济现象。更进一步讲，只有在工业化、城市化发展到一定水平，整个国民收入达到较高积累以后，"两个反哺"才能实现，才能形成城乡协调、共同繁荣的局面。20世纪20—30年代的乡建运动之所以终归失败，也与当时的知识分子"逆潮流而动"有关。事实证明，在工业化初期，资源还是由农业和农村流向工业和城市的发展阶段，全面建设乡村社会显然缺乏必要的物质基础和思想条件。在现代化进程中，城市大工业的发展可以吸纳大量乡村剩余劳动力，在一定程度上可以促进农业的规模生产和劳动生产率的提高。同时，也可以借助城市文明的传播，转变农民旧的生活方式和陈规陋习，促进乡村向现代文明的社会进步。城市的发展尽管对乡村有诸多促进作用，是现代化不可阻挡的趋势，但城市的发展绝不能代替乡村的发展，因为农业事关人类生存的基础地位决定了农民阶层的无可替代的重要性，人类文明无论发展到何时，乡村社会和农民群体始终是其中重要的组成部分。乡村的发展进步标志着一个社会发展进步的程度。如果乡村不能实现文明和谐，整个社会也难以实现文明和谐。乡村文明建设的意义也由此可见一斑。

六　乡村文明建设的目标：文明传承，乡村优美，农民富裕

曾几何时，在现代化、工业化、城市化浪潮中，乡村成为了愚昧、落后的代名词，承载着五千年文明的中国乡村社会在向现代化目标迈进中经历了太多痛楚，有识之士不禁发出了"农业真弱、农村真穷、农民真苦"的呼声。当代中国的乡村向何处去？是任由现代化浪潮无情地冲刷、荡涤乡村的传统与秩序，使其承受社会转型的种种阵痛；还是另辟蹊径，构建乡村文明，推进乡村进步，我们必须做出选择。中国的国情决定了完全依靠城市化的道路来解决乡村问题是行不通的，乡村的未来最终仍然取决于乡村自身的发展和内生的凝聚力。今天，我们要转变过去认为的乡村是中国现代文明的陷阱和泥潭的观点，超越农业文明与工业文明二元对峙价值观念，重塑当代中国乡村文明，为乡村社会的发展奠定价值根基，为中华文明的传承开辟道路。

诚然，现代化是世界的统一趋势，每个国家和民族终究要融入这一洪流之中，但这绝不意味着现代化模式的单一性。人们习惯于强调人类文明发展的进步性，强调人类历史发展的同一性，但这绝不意味着在任何时代，任何国家和民族的发展道路都遵循相同或相近的模式。"现代化模式的确立，离不开本民族的文化传统，这个传统不仅表现在以典籍为代表的文化形态之中，更重要的是体现在农业文明中形成的乡土文化之中，它不仅是过去的，而且具有强烈的现代传承形式，并在现实社会中依然发挥着明显的作用。"① 那些存活于乡村居民日常生活之中的，具有典型传统文

① 彭汉媛：《乡土文化对中国现代化模式确立的积极成因探析》，《湖南行政学院学报》2003 年第 1 期。

化特征的行为方式、思维特点、价值观念、情感趋向、道德情操和社会理想等，对乡村文明的确立和乡村现代化的发展都起着重大的影响。中华文明的传承与复兴，离不开对乡土文化传统的开掘，比如，"我国西南地区的一些少数民族，对自己村寨的生存环境就是通过禁忌措施加以维护的。这些背靠大山居住的民族，通常将其赖以生存的山林视为村寨保护神、祖先或其他神灵的象征或栖息之所，并定期前往祭拜。为了保护那里的生态平衡，人们禁忌砍伐山上的神树，禁止在神山刀耕火种、开荒耕种、翻动石头、放牧牲畜或污染水源，还要在特定的季节加以祭祀。这种建构人与环境关系的文化观念与宗教意识，在维护自然生态系统的完整性和可持续发展方面，都是不可替代的资源"。①

"中国文化是土地里长出来的，而且一直在土地的封锁线内徘徊：一方面国家的收入要靠田赋，另一方面农民的收入要靠农产，离开了土地就没法生存。"② 这是 20 世纪 40 年代费孝通先生对中国社会的判断。时至今日，虽然工业化、城市文化的诸多要素正以不可阻挡之势冲击着乡村生活，然而中国的传统文化和中华文明仍然与乡土文化具有割不断的有机联系。例如，作为传统文化载体的春节、清明、端午、中秋等民俗节日是适应于农耕社会自然生产周期的生活节奏，与之对应的祭祖、迎神赛会、社戏等庆典活动则构成了民俗生活不可或缺的组成部分。③

乡村文明建设的目标最终归结于乡村社会作为"家园"意义上的文明复兴，乡土文化乃至于优秀传统文化的弘扬，是乡村文明建设的主旨。构建美好家园，最重要的就要尊重农民的主体位置，而乡土文化是农民尊严和价值的内在体现。挖掘传承乡土文化，促进乡土文化的繁荣和发展，一方面可以凝聚民心，激发农民的自豪感和幸福感，保持乡村社会的文化根基；另一方面，以乡土文化的形式传承中华文明，增强中华民族的精神动力。因为，中华民族的传统文化许多是以乡土文化的形式表现出来的，体现了中华民族的道德观念和精神风貌。然而我们不得不承认，工业文明的导入彻底改变了原有的农业生产方式，那些保留乡土文化气息的传统生

① 徐新建：《"乡土中国"的文化困境——关于"乡土传统"的百年论说》，《中南民族大学学报》（人文社会科学版）2006 年第 4 期。
② 《费孝通文集》（第 4 卷），群言出版社 1999 年版，第 176—180 页。
③ 徐新建：《"乡土中国"的文化困境——关于"乡土传统"的百年论说》，《中南民族大学学报》（人文社会科学版）2006 年第 4 期。

产生活经验与乡村的现代化存在着矛盾，农民流动使乡村出现的性别比例、人口结构、养老方式、家庭规模、代际传承、组织管理乃至农民价值观念的诸多变化，使乡土文化以致中国传统文化受到了巨大冲击。乡村文明建设的终极追求就是要构建一个美好、和谐的乡村新社会，虽然"田、园、庐、墓"的自然景观和眷恋与认同的乡土情结可能不再是今日乡村文明的标签，但是通过乡村文明建设使"农业在传统与现代的交织中永续发展，乡村在城乡互动中成为'诗意地栖居'之所，农民则在乡土文化资源的开发与利用中被各种民间组织所整合"，① 构成为当代中国乡村文明的理想蓝图。中国社会自古就以乡村为本，尽管当前我国已跨入工业化社会，社会财富已不再依靠农业的积累，"但无论是过去、现在还是将来，决定中国社会形貌的因素依然是农村、农民和活在生活中的乡土文化。其鲜明的生态属性和社会文化属性，其自身所蕴含的强大的转换能力和惯性"② 成为建设乡村文明新思路的基点。

第三节　当代中国乡村文明建设的路径选择

社会主义乡村文明的建设不再单单是农村内部、农民自己的事，而是全社会、各行各业共同的事业，其追求的不仅是农村外观形式上的变化，而是农村内在社会结构上的变化。作为追求这种变化的结果，社会主义乡村文明的建设就是要把传统农业改造成具有持久市场竞争力和持续致富农民的高效生态农业；把传统农村改造成让农民能过上现代文明生活的农村新社区；把传统农民改造成能适应市场经济发展要求的有文化、有技能、有道德、高素质的现代农民，以形成城乡协调、共同繁荣的城乡一体化发展新格局。因此，在社会主义乡村文明建设过程中，必须建立吸引全社会广泛参与的机制，逐步建立改变城乡经济二元结构的新体制；必须在农村经济发展、农业综合生产能力提高、农民收入增加的基础上，从农村要素市场化、农村基层民主政治建设、农村社会事务管理、农村基础设施增强、农业生产经营方式变革、农村社会保障制度建立、农民生活方式改变、农村社会文明进步、城乡一体化程度提高等方面建立起具体可操作的

---

① 徐新建：《"乡土中国"的文化困境——关于"乡土传统"的百年论说》，《中南民族大学学报》（人文社会科学版）2006 年第 4 期。

② 同上。

指标来衡量社会主义乡村文明的水平，将现实的"三农"问题统一到社会主义的乡村文明的建设之中。①

一　推进制度改革，保障农民的基本权益，给予农民平等的国民待遇

处在转型时期的中国社会，城乡差距、工农差距和地区差距依然存在，三农"问题始终是一个沉重的话题。在"三农"问题的背后，却是挥之不去的城乡壁垒及其制度障碍，而制度障碍的核心问题是农民问题，是农民权益的缺失及对其权利的侵害。历史上，农民问题曾经是中国革命的根本问题。今天，农民问题仍然是中国改革开放和现代化建设的关键问题。城乡统筹条件下，给农民以平等的"国民待遇"是今后解决"三农"问题的治本之策，也是乡村文明建设得以落实的根本保证。

我国以户籍制度为主要标志的城乡分割二元体制结构原本是计划经济的产物，主要目的是工业化初期，为防止农民外流对城市生活造成冲击，最大限度地把农民稳定在农业上以促进农业生产的发展，为国家生产更多的商品粮和其他农产品剩余。我国从1953年实行粮食统购统销，到1956—1957年国务院连续四次发出"防止、制止农村人口盲目外流"的指示，再到1958年全国人大通过《中华人民共和国户口登记条例》及人民公社制度的建立，使城乡二元体制得以固化。改革开放初期，虽然农民可以进入非农产业，但受严格的城乡隔离制度的限制，农村劳动力不能够在城市安家落户，他们活动的空间仍然被限制在农村，农村生产中的其他要素也不能在城乡之间自由流动。20世纪80年代以来，乡镇企业90%以上都建在自然村，出现了所谓"村村点火"、"户户冒烟"的"繁荣"局面。这是在农村劳动力、资金等生产要素无法流入具有聚集效应和扩散效应的城市的情况下所出现的一种经济现象。乡村的这一发展过程也使我国无论是在经济、社会、人口还是生态环境方面都付出了沉重的代价。

20世纪90年代以来，为适应经济和社会发展的需要，国家曾多次对户籍管理制度进行调整，如允许农民进入集镇落户，取消城市户口的粮油凭证供应体系，允许民工进城务工经商。2001年3月，国务院在批转公安部《关于推进小城镇户籍管理制度改革的意见》中，要求全面推进小

_____

① 王方华、顾海英：《新农村新思路新发展》，中国农业出版社2006年版，第36页。

城镇户籍管理制度改革，取消了农村劳动力进入城镇就业的不合理限制。近些年，国家也在探索大中城市户籍制度的改革措施，逐步取消农业、非农业二元户口。河北、辽宁、山东、广西、重庆等 12 个省（自治区、直辖市）已经取消了农业户口和非农业户口的二元户口性质划分，统一了城乡户口登记制度，统称为居民户口。这些改革有利于打破城乡分割体制，提高国家的城镇化水平，其中一个很重要的意义是逐步实现了公民身份的平等。然而，由于长期的城乡二元经济社会体制造成的各种制度壁垒根深蒂固，附加在户籍制度之上的相关社会经济政策以及由此形成的社会利益分配格局的错综复杂性，使农民至今在受教育的机会，享有社会保障和就业机会，享有医疗保健条件和社会公共福利等各方面与城市市民存在很大差距。所以，推进社会管理制度以及社会福利制度的相关配套改革，改变城乡二元社会结构，是一个比户籍制度改革更为根本的问题。户籍的一元不能代替体制结构的一元，只有从根本上改变城乡二元结构，才是解决农民"国民待遇"的根本。

事实说明，当前农民遭遇不平等对待的本质是社会公平的缺失和农民权力的不平等，建设并建成社会主义的乡村文明，首先需要实行城乡统一的经济、社会政策，赋予农民平等的发展机会和国民待遇，让公共服务更多地深入农村、惠及农民。国民待遇的城乡差别是一个几十年形成的、具有很强利益刚性的问题，既有社会结构的原因，更有政策和制度的原因，这也决定了消除这一差别需要做长期的努力。

1. 提高农民的发展能力

国民待遇的一个重要的基本要求，就是给每个公民提供最基本的发展能力，主要体现在使每个国民都能享受最基本的国民教育。从解决的目标上看，要提高农民的发展能力，就要使乡村和城市居民享有同等的义务教育权利。现在农村义务教育投入中政府投入已占了大头，"教育支出一般占到县财政支出的 50% 以上，占乡镇财政支出的 70%，经济不发达地区比重更大"。[①] 即使这样，也应该清楚地看到，这种投入还是低水平的，远不能满足乡村义务教育发展的要求。实行"以县为主"的乡村义务教育管理体制，在一定程度上保障了乡村教师工资的发放，但这项政策总体上仍囿于现行体制框架，不能从根本上解决义务教育体制的城乡分割问

---

① 胡立和：《城乡二元结构与农民国民待遇》，《西北农业学报》2005 年第 1 期。

题。要真正实现政府办乡村义务教育，必须按照建立公共财政体制的要求，加大中央和省级财政的转移支付力度，进一步调整乡村义务教育的管理体制和投入机制，真正把乡村义务教育的主要责任从农民转移到政府。政府还应加大对职业技术教育的投入力度，使更多农民得到政府资助的培训。乡村教育问题事关农民子女融入城市获得生存和发展的能力问题，也是事关国家和民族的未来竞争能力的大问题。从制度、政策以及相应的经济成本上看，发展乡村教育与"三农"其他问题相比，也是较容易获得解决的一个问题。

2. 保障农民的基本权益

随着乡村市场经济的发展，土地作为农民的基本社会保障的功能和作用逐渐减弱。因此，农民在面临市场风险的同时也面临同样程度的生活风险。快速的工业化与城镇化进程使农民的社会保障要求提高。

（1）保障农民的土地权益。我国目前正处在以农业为主导的经济向，以工业和服务业为主导的经济转化的过程。伴随这一进程，城市住房和非农业用地的需求也随之增加，大量的农业土地转化为城市用地。由于国家具有垄断地位，通过给农民一定补偿的办法而非市场化的方式强行征用土地，用于城市建设，农民也由此永久丧失了土地的所有权。伴随中国快速的工业化和城镇化进程，大批农民变成了失地农民。按学者何清涟的估计，中国已有失地农民1.2亿左右。其中不少中国农民在城市化的名义下失去土地后，往往陷入"三无"境地：无业可就，无地可耕，无处可去。因征地问题引发的社会矛盾不断加剧。

从根本上解决失地农民问题，需要有新的立法和政策，既保证国家建设用地，又要给农民以公平的补偿，给失地农民以妥善的安置。要完善有关法律，保证国家为了公共利益的需要才动用征地权。为了切实保护农民利益，征地补偿应以土地的市场价值为依据，实行公平补偿，不能以侵害农民利益为代价降低建设成本。同时，为失地农民建立社会保障是保障失地农民权益的根本途径。

（2）保障农民工的基本权益。要清除对农民工进城的歧视性政策，如户口、身份、工作岗位、子女上学、社会保障等方面的限制，逐步建立城乡统一、开放的劳动力市场，真正做到城乡居民在发展机会面前地位平等。要优先解决涉及农民工的劳资纠纷、工伤事故纠纷、工作环境恶劣等方面的劳动权益问题。要解决农民工的基本社会安全问题，为他们提供最基本的社会安全保障，比如医疗保障、养老保障、失业保险等问题。另外，加快城镇化进程，通过城镇化对农村剩余劳动力的转移，带动乡村经济的综合发展，为农民创造更多的就业机会，提高农民的非农业收入。

（3）保障乡村居民的社会福利。我国的城市居民各类社会保障由国家提供，城市职工还可享受退休养老保险、最低生活保障等多项社会福利。而乡村却只有少量贫困人口能享受到社会救济，农村五保户和军烈属的补助救济任务也由农民分担一部分。我国《宪法》第44条关于公民退休权的规定也只限于企事业单位职工和国家工作人员，农民只有通过养儿防老的方式保障自身的养老问题，这也造成了农村计划生育政策推行的困难，并由此加重了农村以及农民家庭的负担。同时，贫困地区农民患病已成为"致贫"、"返贫"的主要因素，即使农民参加了新型合作医疗，对于收入水平有限的农民来说，也很难有效解决患大病农民自身负担的医疗费用问题。因此，改善农村医疗卫生和社会保障等公共福利，是改变农民不平等国民地位的重要途径。推进乡村文明建设进程，必须打破传统的、城乡分离的社会福利制度，中央和地方政府都要进一步增加对农村公共福利的投入，统筹兼顾，构建城乡统一的新型社会保障体系，让农民真切享受到国家提供的社会保障。

3. 推进政府对乡村公共产品供给的制度创新

"制度是通过权利与义务来规范主体行为和调整主体间关系的规则体系……制度通过对主体权利与义务的明确界定，规定了各种情形下主体的权利空间和利益限度，为主体提供了何者可为、何者不可为的信息和预期，同时也决定了个人所拥有的基本权利和应承担的义务以及对社会利益的分享。"[①] 我国农民问题的根本原因是已有制度对农民的长期歧视和剥夺形成的。因此，解决农民问题的根本途径在于改革相关制度，确立以人的发展为基本价值取向的、公正的权利义务分配体系，为农民创造一个平等的生存环境，使农民的权利与义务由分离逐步走向统一，这是乡村文明不断发展与进步的一个重要标志。

就我国现实情况而言，制度创新比政策调整与组织重构具有优先的重要地位，制度上的有目的的、系统的创新，能够推动各项政策的调整与组

---

① 施惠玲：《中国农民的公民地位与权利实现的哲学反思》，《新疆大学学报》（社会科学版）2003年第2期。

织的重构，同时带来国民待遇问题的解决。制度创新的目标是消除对农民的各种歧视性政策，赋予他们与城市居民同等的国民权利。当前，农民与市民的权利与义务不平等最突出问题和本质性原因之一在于城乡区别的公共福利政策。长期以来，政府在公共产品和福利的提供方面，采取二元供给的做法，城市公共产品完全由政府提供，而在乡村公共产品供给上政府则是缺位的，其中不少农村公共产品如大江大河治理、农田水利基本工程，本应由政府组织管理并提供这些农民自己无法解决的公共工程，但是政府却不能供给或不能充分供给。许多农村公共产品的政府供给不足和农民自我提供（如长期以来农民对农村道路、电网建设以及农村义务教育经费的承担），不仅使农业再生产的外部条件遭到严重破坏，而且也加重了农民负担。"国家近些年在医疗卫生保健方面的支出很大，但占人口70%的农民得到的经费却不到15%"，[①] 这种体制的弊病不改革，农村公共事业就难以改善和发展，农民的权利与义务不平等问题也难以真正解决。因此，改革现行公共产品和福利供给制度，加大政府对乡村公共服务的财政投入，包括教育文化设施、公共卫生服务、公共交通通信等方面的投入，是农村居民逐步获得与城市居民同样的公共服务，享有平等国民待遇的制度保障。

二 发展现代农业，促进农民增收，夯实乡村物质文明

农业是国民经济的基础。这一点，既不能因农业比重不断下降而动摇，更不能因工业化水平和城市化水平不断提高而忽视。从发展的观念而言，现代化的首要目标就是满足人们维持生存所必需的基本需要，这也是社会主义乡村文明建设的首要前提和基本需要。因此，发展农业、农村生产力是建设乡村物质文明的首要任务，通过提升农村产业化和农业现代化水平，提高农业综合生产能力和增值能力来促进农村经济发展、农业效益和资源利用效率的提高，是乡村物质文明建设的主要内容。

1. 发展现代农业是建设乡村物质文明的基础

在计划经济体制下，农业的基础地位是通过高度统一的统派购制度以"保障供给"而确立的，并在严格的户籍制度约束下得以维持。改革开放

---

① 胡元聪：《从权利与义务平衡的角度解决我国"三农"问题》，《农村经济》2006年第2期。

初期，农民工的低工资和农民土地征用的低价格，使我国获得了加快发展工业化和城市化的低成本，但是这也在一定程度上压抑和破坏了农民农业生产的积极性，阻碍了农村生产力发展，农业的基础地位受到了影响。

21 世纪以来，中国进入到"两个反哺"的新阶段，农业作为国民基础地位的理念也进一步改变。为适应社会主义市场经济新发展阶段的需要，过去那种把农业仅仅作为"发展生产，保障供给"的传统观念已不能适应我国现阶段对农业的发展要求，需要树立新的农业基础地位观，那就是以现代农业为基础的地位观。建设现代农业，就是要在社会主义市场经济体制下，以市场为基础配置农业资源，以科技进步和工业体系作支撑，不断释放和拓展农业产业功能，提高农业综合生产能力，繁荣农村经济，形成农业可持续发展、农民长效增收和农村全面繁荣。只有树立这一新的农业基础地位观，才能从整体上完善"以工哺农，以城带乡"的体制、制度、机制和政策体系，中国的农业基础地位才能进一步巩固。

和谐发展理念要求系统内部诸要素之间的协调关系以及系统与外部环境之间顺畅的物质能量交换。农业作为一个系统，也需要农业发展与环境的和谐共生。发展现代农业不仅要尽可能多地生产满足人类生存、生活的必需品，确保粮食安全；同时还要坚持生态良性循环的原则，兼顾目前利益和长远利益，合理地利用和保护自然环境和自然资源，维持一个良好的农业生态环境，实现资源永续利用。在实现从传统农业向现代农业转变的过程中，继承传统农业精华，从我国农业的现实约束条件出发，顺应世界农业发展趋势，实现农村经济社会活动与自然环境和谐发展是我国现代农业发展的必然选择。

发展现代农业是当代乡村物质文明建设的核心任务，也是改变我国农业低效与弱质化面貌、实现农民富裕幸福的基本途径。受家庭承包经营体制的制度性约束，以及人口转移速度和耕地规模的刚性约束，我国目前现代农业的发展，是在不改变小农户承包经营的前提下，通过其他生产要素来实现土地的规模替代，逐步实现农业的现代化。由于家庭经营本身存在与现代农业发展对农业社会化、商品化、市场化要求不相适应的一面，在发展现代农业的过程中，就需要找到一种有效的组织生产力的经营方式，即能够充分发挥家庭经营的优点，能弥补其缺陷和局限性，使农户走向市场，不再囿于粗放、依靠传统技术的经营形式，并实现小农经济本身的规模效益。这首先需要调整农业结构向以产业带发展和产业化经营转变。所谓农业产业化"是一种以农业生产为基础,以科学技术为手段,以市场需求为先导,融合第二、三产业的高质高效的超农业复合产业"。① 因此,在乡村物质文明建设中,应跳出农业抓农业,运用现代产业经营手段,开拓农业产业领域,促进农业结构优化升级。在新时期,农业已经不仅仅是满足人们衣食的传统产业,它还派生出农业食品产业、农业纤维产业、农业科技产业、农业装备产业、农业生态产业和农业文化服务产业,等等。推动现代农业产业化经营就是要重新整合旧体制下被人为割裂的农业产业链,使农业的多功能性得到了充分的发挥。在经营多种产业体系中,将自然完成农民由农业向非农产业的转换,增加农民的就业渠道,推动国民经济结构的优化调整。

其次,调整农村产业结构向城乡一体化的产业结构转变。在持续稳定发展第一产业的同时,积极发展农村第二、三产业,建立城乡一体化的产业结构模式。一方面,大力发展农产品加工及流通业,提高农村工业化水平,通过发展农产品加工及储运、销售等产业,为农村劳动力的转移扩大空间。目前,全国各地有相当部分农村劳动力已转向了农村的第二、三产业,出现了一大批运销大军和经纪人队伍。同时,将乡村中小企业的发展同农业产业化经营结合起来,发挥农村资源优势,积极充当农业产业化经营的"龙头"。也可以引导企业向工业园区集聚,融入大工业发展体系,实现大中小企业协调发展和城乡经济一体化发展;另一方面,立足农村实际,搞好农村小城镇的规划,推进农村劳动力和农村人口的非农化。农村经济结构调整就是农村就业结构的调整。按城乡一体化的要求,搞好农村小城镇的规划,积极引导和促进小城镇建设与乡村中小企业发展相结合,促进农村工业化和城镇化同步发展。总之,农村的产业结构应该是一种现代"大农业"格局下的整合结构,即以农业为中心,农村三次产业重新整合,形成城乡产业融通、农业与非农产业相结合、资源利用最优化、综合效益最大化的城乡一体化产业结构。由此形成农村三大产业领域:第一领域是农业生产要素的投入与供应;第二领域是农、林、牧、副、渔业的生产;第三领域是农产品加工和销售,以及各种生产性服务和市场建设等。

最后,农产品向高产、优质、标准、生态和安全转变。现代农业是高

---

① 王方华、顾海英:《新农村新思路新发展》,中国农业出版社 2006 年版,第43—44 页。

产、优质、标准、生态和安全的生态农业。因此，发展现代农业必须全方位（包括生产方式的选择、生产环境的良好和整个农村生态环境的保护）展开。同时，在全国加大生态保护、环境治理、科学栽培、新品种推广、新技术应用和标准化生产，提高农产品质量的优化、标准化和安全性，使农产品从整体上向高产、优质、标准、安全和生态转变。

2. 提高农民组织化程度，促进农户与市场的经济联系

农民专业经济合作组织是市场经济的产物。它是将处于市场竞争不利地位的弱小农民按照平等原则在自愿互助的基础上组织起来、通过共同经营实现改善自身经济利益或经济地位的组织。农民专业经济合作组织是农业产业化经营的重要形式，其对挖掘农业内部增收潜力、推动农业产业结构调整、提高农民的组织化程度、增强农业的市场竞争能力、繁荣农村经济、增加农民收入等方面，都有着十分重要的积极作用。

在我国的农业基本经济运行中，为了克服家庭生产经营与市场经济的矛盾，确保农业从传统的小农经营方式向高度商品化的农业企业经营方式转变，培植并建立健全农村合作组织，提高农民进入市场的组织化程度是整合农民的一条有效途径。合作组织通过合作成员的团结互助，提高农业的生产规模和市场集中度，使农业和农民能够借助合作组织公平地分享社会经济发展成果。同时，借助规范化的农民合作组织，使分散弱小的农户与市场对接、与政府提供的社会化服务对接，以提高农民的市场谈判地位和政府公共服务的整体效果，减少公共资源的损耗和浪费。

2007 年 7 月《农民专业合作社法》正式实施后，我国农民合作组织发展具有了法律保障。发展市场经济和现代农村经济，培育和扶植农民专业经济合作组织是提高我国农业生产竞争力、促进我国农民增收和农村和谐发展的重要方向。《农民专业合作社法》明确规定农民专业合作组织依法登记，并取得法人资格，确立了农民合作组织的市场主体地位。农民合作组织应坚持"民办、民管、民受益"的原则，政府推动而不强迫，扶持而不干涉，参与而不包办。必须看到，作为农民的自治组织，农民专业合作组织发展还处于起步阶段，尤其是在我国西部地区，需要政府组织有关部门和单位为其建设和发展提供指导、扶持和服务。在这方面，农业行政主管部门负有更大责任。同时，也需要政府其他有关部门及有关组织按照各自的职责，为它的发展提供支持，并始终坚持充分尊重农民的意愿和选择，尊重群众创造，坚持示范引导。在为农民服务方面，要增强针对性

和适应性，不断提高农民合作组织的凝聚力和吸引力，使其更具生命力。

发展农民专业经济合作组织要协调处理好几方面的关系：一是合作组织与内部成员的利益关系。合作组织要坚持为成员服务的宗旨，合作经营获取的利益实行惠顾返还的原则，最大程度地增加成员收入。制定较为完善的组织规章制度，通过建立有效的激励和约束机制，调动组织成员的积极性，规范成员的经济行为。同时，在市场经济条件下，为了保持合作组织的稳定性，合作组织要留足公积金，以扩大服务、防患风险。二是合作组织与政府部门的关系。目前，各种形式的合作经济组织还不完善、不健全，在发展过程中具有很大的盲目性和局限性。政府应实施优惠经济政策，对农民专业合作组织的发展给予财政、金融等经济援助和其他政策支持。三是合作组织与农业产业化经营公司的关系。发展合作组织不是要取代"龙头"企业，合作组织应积极参与到农业产业化经营中，通过"公司＋合作组织＋农户"的经营模式，组织成员按照企业要求建设标准化生产基地，代表成员利益与企业签订购销合同、开展价格谈判等。四是政策引导与法律规范的关系。提高农民组织化程度，既需要法律保护，也需要政策支持。提高农民组织化程度，需要充分发挥政策的灵活性来引导各种农民组织的健康发展。但是当农民组织发展具备了一定的基础，特别是在涉及产权界定、分配关系等重大问题时，就需要完善法律法规，使各种农民组织在法律的框架内规范运行，在依法规范中促进发展，在自主发展中不断创新，健全完善农民专业合作组织。

3. 扩大农民择业空间，推动农村剩余劳动力有序转移

我国农村出现的大量劳动力过剩是多种要素相互交织的结果。计划经济时期，重工业优先发展的战略模式，不仅造成了农业生产长期低速增长，而且也使农业内部的剩余劳动力不断积累，农村隐蔽性失业严重。改革开放以后，乡镇企业吸纳了大量农村劳动力，实现了农村劳动力的大规模有序转移，一度使我国农村剩余劳动力的转移取得了历史性进展，然而20世纪90年代以来乡镇企业由于告别了"短缺经济"时代的优势，市场份额也在逐渐缩小。工业比例的失调和乡镇企业遭遇困境，削弱了其对经济社会发展的拉动能力，特别是吸纳剩余劳动力的能力。此外，乡村工业对劳动力的吸纳也不能从根本上改变大量劳动力滞留农村的状况。

从总体上看，我国广大农村的劳动力资源相对于土地资源大大过剩，庞大的人口基数和人口的快速增长使农村劳动力的供给一直快于农村经济

发展对劳动力的需求。近年来，由于城市的快速扩张，乡村土地被不断征用，农村土地资源锐减，人地矛盾日益突出。随着我国的经济增长方式由粗放型向集约型、由外延型向内涵型转变，过去由固定资产投入的高速增长而拉动的劳动力需求下降。同时，工业部门的技术结构升级，对劳动需求量相对减少，而对劳动者的文化素质和工作技能要求提高。目前，农村剩余劳动力向工业部门的转移与工业部门中技术、资本对劳动力的排挤同时发生。

对于当代乡村物质文明建设而言，有效的转移农村剩余劳动力，依然是增加农民收入、改善农民生活的重要手段。在统筹城乡战略指导下，如何适应新的经济发展形势及其对劳动力素质的新要求，建立健全组织机构，拓展农民择业空间，有效地推动农村剩余劳动力的转移是乡村物质文明建设的重要内容。在有序推进乡村剩余劳动力转移过程中，需要注意的是：首先，教育农民树立正确择业观念，引导农民多渠道、多元化就业。通过建立统一开放、竞争有序的劳动力市场和城乡一体化的劳动力就业政策服务体系，积极组织引导农村剩余劳动力参与劳务市场竞争，广开劳务对口合作渠道，拓展区外、境外劳务输出等择业门路；"通过政府购买公益性服务岗位，将河道保洁、林业养护、农村环卫等纳入政府实施的'就业项目'，重点吸纳农村贫困家庭人员就业，解决农村收入不平衡的社会矛盾；通过实施各项扶持政策，鼓励农民自主创业，鼓励农民经营小手工、小流通、小作坊、小加工等非正规就业"。① 其次，大力发展农村义务制教育、职业技术教育、成人教育，提高农民的知识文化水平和综合素质。我国长期的二元社会发展模式使教育资源在我国的分布极不平衡，城市获得了大量的教育资源，而乡村的教育资源不仅人均占有量少，而且分布也极不平衡。此外，乡村教育资源从硬件、软环境来看也难以承担起为现代化社会培养合格公民的责任和合格劳动力的社会要求。鉴于教育资源分布的不合理，调整的刚性和城市文化相对先进的属性，我国政府应优先改革现行的农村教育管理体制，增大农村的教育投入，大力推进农村免费义务教育，让每一个农村青少年都享有受教育机会。在农村大力开展以农业技术、就业技能、法律知识等多层次、全方位的教育培训，全面提高农民素质。再次，加强宏观调控和科学规划，通过建设新兴城镇，使农村

---

① 王方华、顾海英：《新农村新思路新发展》，中国农业出版社 2006 年版，第 40 页。

剩余劳动力形成合理的区域分流。小城镇因地域分布广、数量多，经济和职业技术结构同乡村劳动力的文化技术水平比较接近等原因，农民进入小城镇的难度和风险较低。新建扩建小城镇转化农村剩余劳动力的作用已被实践所证明。最后，改革现有行政体系，在农村建立与城市相结合的就业指导部门，把农村剩余劳动力转移纳入劳动部门管辖，引导农村剩余劳动力有目标、有序地向城市转移，减小农村剩余劳动力入城成本，同时也维护城市社会的秩序稳定。

4. 深化农村土地制度改革，促进土地流转，激活土地要素

土地作为农村社会最重要的生产资料，承担着农民诸多的社会保障功能，在农村社会经济发展中占据着极其重要的基础性地位。无论在新民主主义革命时期还是在社会主义的建设时期，农村土地问题都始终是关系我国农村稳定的大问题。只有解决好农村土地问题，才能真正解决好农民的生产生活和推动共同富裕。经过 30 多年的改革开放，我国已进入加快改造传统农业、走中国特色农业现代化道路的关键时刻。推进农村土地制度的改革，已成为当前我国农村社会经济发展中迫切需要解决的一项重要课题。

改革初期，家庭联产承包责任制，打破了人民公社体制下土地集体所有、集体经营的旧的农业耕作模式，实现了土地集体所有权与经营权的分离，确立了土地集体所有制基础上以户为单位的家庭承包经营的新型农业耕作模式。这种农业耕作模式在相当长的时期里带动了农业经济效率的增长。但是，家庭承包经营制度的建立并没有真正解决土地产权问题。按照我国《土地管理法》规定，农村土地属于"集体所有"，但事实上是国家和集体双重所有。农民没有土地所有权和支配权，在一定程度上造成了家庭经营制度的虚弱：农民不愿意长期投资；农民存在对农村社区的人身依附；劳动力流动受到制约；土地经营规模的潜力不能利用；存在土地资源浪费、乡村干部权力膨胀现象等。但是，从中国农村的实际情况来看，人地关系的紧张，也是土地难以完全私有化的原因，而且这与社会主义的本质也不相符合。

改革开放以来，国家先后就农村土地制度改革问题出台了一系列政策、方案和措施。中国人多地少的国情，决定了在相当长的时期内，家庭生产经营延续的必然性。在十七届三中全会通过的《中共中央关于推进农村改革发展若干重大问题的决定》中，把健全农村土地管理制度作为

重要内容，对农村土地制度改革的主要方向进行了规定：更加充分而有保障的土地承包经营权、健全土地承包经营权流转市场、构建城乡统一的建设用地市场、严格耕地保护和推进农村建设用地的节约集约利用等。出于对农民权益的保护和推进现代化进程的需要，国家更是做出了"现有土地承包关系要保持稳定并长久不变"的决定和政策。当前土地制度变迁的客观基础仍然是保留家庭生产经营，但是土地的适度规模经营将是一个历史趋势。在城市化和工业化进程中，耕地被征用是普遍现象，问题的关键是土地征用过程中怎样处理好政府、征用土地主体（包括企业、高校、开发商等）和农户三者之间的利益关系。

解决农民问题，必须在土地制度创新的基础上辅助以配套的相关制度改革。按照十七届三中全会《决定》精神，应从整个乡村社会的经济改革来思考相应对策措施：一是解决土地产权明晰化问题，即解决农村集体经济组织所占土地的归属和利益分配问题。在土地的权益关系上赋予农民永久的土地使用权、经营权、流转选择权、收益获得权、法定处分权。无论土地是归谁（国家、集体、还是村民小组）所有，都应当保障农民的基本利益。任何组织和个人未经农民和农民集体许可都不得违规调整和规划耕地用地。二是建立健全土地市场和与土地流转市场相匹配的制度，以激活农村土地要素。建立政府引导下的市场化运作的土地流转权机制，在这一机制下，农民对自己永久土地经营权有权自由处置，可以转让、出租、继承，也可以买进、租入别人的土地经营使用权。三是引导承包地经营权向规模经营专业农户、农业合作社和合作农场流转，在稳定农村二轮承包土地关系的基础上，按照自愿、依法、有偿的原则，用活支农专项资金，调节承包地经营权转让方与受让方的利益关系；通过建立合理的补偿机制，来解除失地农民的后顾之忧；通过落实乡村社会保障和促进农民的市场就业，促使农户扩大耕地流转规模。只有增强土地作为资本的功能而非仅仅是农民的保障来源时，农民才会追求土地的最大经济产出，实现土地规模经营。

三　提升农民道德文化水平，培育良好社会风气，建设乡村精神文明

乡村精神文明建设是当代乡村文明建设的灵魂。社会主义乡村市场经济条件下的精神文明建设，包括乡村思想建设和乡村文化建设两方面内

容。它是与乡村物质文明建设相对应，随乡村物质文明建设发展而发展的。乡村物质文明建设和市场经济发展，一定程度上解放了农民的思想观念，开阔了他们的视野，使他们渴望建设新生活。与此同时，市场经济和城市文明又从价值观、道德观、社会观等各个方面冲击着乡村传统文化和乡村中传统的社会主义文化，这对乡村精神文明建设提出了挑战。因此，乡村精神文明的建设应立足农民和乡村，通过与农民切身利益和精神生活相关的文明建设活动，不断提高农民的思想、道德和文化水平，丰富农民精神生活，重建农民精神世界，增强广大农民对乡村的归属感和自豪感，培育乡村互助合作精神，增强乡村社区凝聚力。

1. 立足乡村文化，构建乡村精神文明

乡村的精神文明建设不是乡村社会的自在产物，它是在对乡村进行社会主义物质文明建设的过程中应运而生的。对于乡村精神文明建设而言，首先面临的就是如何将乡村的传统文化（这里简称为乡村文化）与社会主义精神文明结合起来的问题。乡村文化是"以儒学为主体，体现中华民族的诚信、中庸、厚道、内敛和慎事的文化"，[①] 它是乡村共同体的精神家园，是一个有其自身存在价值的特殊的意识形态。伴随着工业文明、城市文明的兴起，乡村的边缘化影响了乡村文化张力和文化活力的发育，从而使其陷入一种封闭状态。社会主义乡村精神文明的建设，不是以城市文化来改造乡村文化、以工业文明代替乡村文明，而是吸收乡村优秀文化，对乡村文化进行扬弃的过程。面对当前我国乡村文化面临的优秀文化遗产流失、封建落后文化抬头、文化交流融合缓慢、农村内部文化组织松散、农民文化自主创新不够、农民整体素质较低等问题。乡村精神文明建设要形成适应乡村特点的完整的新文化，就是要形成一个政府引导、市场推动、农民自主创新的"一体多元化"的中国特色乡村先进文化体系，其最终目的是实现乡村社会主义文明。在这个过程中，只有不断融合当今乡村优良的传统文化，依靠社会主义精神文明建设实践来实现。因此，乡村精神文明建设的实践应该以乡村为本位，发挥广大农民的主体性作用，开发和保护优秀的乡村民间文化，培育出具有深厚中华文化根基的社会主义新乡村文化形式。

从乡村实际出发，乡村精神文明建设在确定建设目标、供应文化产

---

① 李之洋：《论中国农村精神文明建设》，《浙江学刊》1997 年第 6 期。

品、设置公共文化服务体系、设计文化宣传内容及手段、安排文化活动形式等方面都要充分考虑乡村文化的特点，既要符合农民的心理特点和职业特点，又要适合农民群体的需求结构。采取农民喜闻乐见的大众化形式，贴近农民的生活，符合乡风民俗，把文化宣传和文化活动开展到田间地头和农民工工作区。在乡村精神文明建设载体的设置方面，通过政府的扶持补贴，充分利用乡村社会资源和各种文化载体，如各种农民文化夜校、信息传播中心、农技辅导中心等，用通俗易懂的形式将现代文明理念和现代农业科学技术传播给广大农民。

在乡村精神文明建设中，我们要努力发掘农村的村落文化、乡土文化，注意保护乡村文化的多样性，在挖掘、弘扬乡村文化艺术形式的同时，注入现代内涵，实现民族文化的传承。因此，在当代乡村精神文明的建设中，一要注重发掘、整理和保护乡村优秀民族民间文化资源，如民间戏曲、民间传说、民间游艺、民歌、舞蹈等，抢救即将失传的乡村文艺形式，做好中国民间文化遗产抢救工作；二要注重开发具有民族传统和地域特色的民间艺术和民俗表演项目，推广以民俗为核心的民间文化，形成文化生产力，增强乡村居民的凝聚力、向心力和社会认同感。

2. 提高村民素质，形成良好的社会风尚

人的素质包括政治素质、思想道德素质、科学文化素质、能力素质和心理素质等多个方面，其中科学文化素质是基础素质。从总体上来讲，占全国人口绝大多数的农村居民各项素质都相对较低，离社会现代化的要求还有较大距离。

乡村精神文明建设的目的就是要不断提高村民的思想、文化和道德水平，在乡村形成崇尚文明、科学的社会风气，建立和睦相处、互帮互助的良好社会关系。农民是乡村建设的主体，是乡村文明的建设者、受益者和表征者，农民素质的高低直接决定了乡村文明建设的成败，"有文化、懂技术、会经营"的高素质新型农民能有力地支撑乡村文明建设的实现。所以，推进乡村精神文明建设的首要任务就是提高农民的综合素质，这体现了乡村文明建设以农民为本的基本要求。

建设社会主义乡村精神文明，关键是要设法提高广大农民的思想道德素质和科学文化素质。首先，应以马克思主义为指导，加强中国特色社会主义的基本理论、党的基本路线和方针政策教育；强化农民爱国主义、社会主义、集体主义教育；引导乡村群众正确处理国家、集体、个

人三者之间的利益关系，不断加强农民的思想政治教育。同时，要培育农民建立符合市场经济发展的开放观、市场观、竞争意识，让农民尊重科学、懂得科学、自觉创造，用科学的手段发展经济，努力形成"学科学、爱科学、讲科学、用科学"的良好社会风尚；培养农民的法制观念、平等观念、契约观念，广泛开展遵纪守法、社会公德、职业道德、家庭美德教育，培养诚实守信的道德情操。采取不同方式引导农民转变因循守旧、小富即安等传统落后观念，逐步形成适合于农村现代化建设需要的思想道德和价值观念。其次，要加快发展农村文化教育事业，着重解决农村文化建设与发展为什么人服务这个根本性问题。重点普及和巩固九年制义务教育，政府在教育投入机制和政策优惠上要倾斜于乡村基础教育，确保"普九"工作的全面落实。在加强农村基础教育的同时，也要大力普及农村职业教育。在改革和完善农村教育体系的基础上，使农村教育向素质教育转移，造就有较高文化素质的新型农民。在农村相应地开办一些职业教育和技能培训，结合产业结构调整、发展特色农业的需要，开展针对性强、务实有效、通俗易懂的农业科技培训，一方面让农民掌握农业技术，进而掌握致富的本领；另一方面，培养适用性、技术性的农业科技人才。

在乡村精神文明的建设中，要促进文化、法律、道德的有机结合，以科学文化来提高村民思想素养，以社会公德来制约个人行为，以文明乡风来加强村民和谐。改变村民们的一些不合时宜的观念，为乡村经济社会的发展扫除思想观念上的障碍，增强农民发展经济、开拓创业的自觉性和主动性。

3. 开展公共文化活动，丰富农民精神生活

长期以来的城乡差距不断扩大的趋势，一定程度上降低了农民的幸福感。在目前乡村社会保障不足的情况下，农民所面临的现实经济压力及生存的窘迫感会加强部分农民的人生无意义感，缺乏人生进取精神。乡村精神文明建设的价值目标就是要提升农民的精神生活质量，让农民感受到乡村生活的乐趣和发现人生之真义，焕发出乡村社会特有的活力。

乡村精神文明建设的目标能否实现与精神文明建设所采取的有效形式密切相关。让农民群众积极参与精神文明建设，享受精神文明建设成果，要采取适宜农民的、让农民喜闻乐见的有效载体。乡村精神文明建设要为农民提供一个公共的、适合他们需要的交流场所，通过开展大众文艺、大

众体育、大众活动，组织各种适合乡村和农民生产生活的文体活动，增加人与人之间的联系，使他们真正感受到生活的情趣。所以，在乡村精神文明建设中，首先要激活乡村传统文化载体，使广大农民拥有丰富多彩的精神文化生活。

在市场经济和城市文化冲击下，现代广播影视和网络大众传媒冲淡了乡村传统文化形式，乡村文化活动也日渐减少。因此，调动广大农民积极参与乡村公共文化活动的热情，首先，需要发挥民间文化的优势，挖掘传统地方特色，开展形式多样的具有浓厚乡土气息的群众文化活动。通过乡村传统文化活动和形式，寓教于乐，把现代、文明的先进思想文化和理论与乡村公共文化活动结合起来，引导农民树立正确的价值观和人生观。政府和各级文化部门要结合本地实际，开展内容健康的文娱活动，如秧歌、老年人腰鼓、龙舟比赛等，使广大农民群众有参与娱乐、发挥特长的去处，特别是以民族传统节日为载体组织开展民俗表演、民间戏曲演出、书画展览、农民体育运动会等各类群众文化活动，提高农民参与乡村文明建设的兴趣，让他们在文化活动的参与中接受教育、陶冶情操。其次，通过开展精神文明创建活动，调动农民群众参与精神文明建设的积极性。在诸如"文明村"、"文明户"、"五好家庭"等活动的评比中，把诚信意识、公德意识等纳入评选的标准，使精神文明建设内容随着新形式新活动的展开而不断得到广泛传播。最后，还可以动员组织城市文艺工作者送歌下乡、送戏下乡、送电影下乡，与乡村组织共同开展乡村文化活动，丰富和活跃农民的精神文化生活。

在活跃乡村公共文化活动的过程中，乡村文化基础设施的建设也是不容忽视的问题。乡村文化基础设施的建设，可以为公共文化活动提供有效的文化活动平台。国家和地方政府应在财力上积极支持农村文化基础设施建设，以政府为主导、以乡镇为依托，建立多渠道、多层次的资金投入机制。构筑以广播电视为纽带的文化传播网络，实施农民体育健身工程，扶持农村业余文化队伍，用健康向上的文化占领农村思想文化阵地，为农民群众提供良好的精神食粮。通过农村公共文化服务体系的完善，将更多的公共文化资源有效地投入到村庄，营造良好的文化氛围，并让健康的文化活动成为农民日常生活的一部分，在潜移默化中提高他们的素质，完善他们的精神世界，形成科学文明的生活方式。

四　健全和完善村民自治机制，保障村民民主权益，建设乡村政治文明

乡村政治文明是乡村政治发展的取向和价值，乡村治理方式创新是乡村政治文明重要实现形式，并伴随着经济、社会、政治的发展而不断提升。村民自治作为我国社会主义政治文明建设中的积极成果，在过去20多年的实践中已经显示出在我国政治文明建设中的重要作用。目前我国的村民自治机制需要不断在制度、组织方面进行理论和实践的深入探索，建立乡村基层民主政治建设的制度平台、转变乡镇政府职能、引导乡村各种新型的社会化服务组织发展等，以实现社会主义乡村民主政治的制度化、规范化和程序化发展。

健全村党组织领导下的充满活力的村民自治机制，实现政府行政管理和基层群众自治的良性互动，是完善乡村民主政治，建设乡村政治文明的根本目标和内在要求。

1. 加强制度化建设，保证村民自治规范有序运行

封建专制统治下，中国农民长期处于社会底层，没有参与政治生活和表达自己意愿的权利，由此形成了农民以依附性强、自主性差、无政治权利为特征的"臣民"政治人格与"沉默或爆发"的行为方式，使封建的中国总是跳不出王朝兴衰更替的"历史周期律"。[1] 村民自治是国家权利向农村社会渗透和农村自主性力量增长动态平衡的结果。我国改革开放以后实行的村民自治，是我们党总结历史经验，顺应新的经济发展形势做出的重要决策。

民主是一种理论，更是一种实践。在进行乡村政治文明建设时不能只一般性地承认农民当家做主的理念，而是通过一系列的制度、程序、机制将农民的政治权利具体化，有效地推进乡村政治文明建设的进程。民主的制度化是保证民主政治健康发展的基本前提。村民自治是我国乡村基层群众民主自治制度，也是我国乡村民主的重要形式，只有制度化、规范化的村民自治才能保障和促进乡村"基层民主"的真正落实。邓小平同志在总结我们党的历史经验和教训时，曾精辟地指出："我们过去所发生的各

---

[1]　吴红、杨纯良：《村民自治：社会主义政治文明的理论与实践》，《兰州学刊》2008 年第6 期。

种错误，固然与某些领导人的思想、作风有关，但是组织制度、工作制度方面的问题更重要。这些方面的制度好可以使坏人无法任意横行，制度不好可以使好人无法充分做好事，甚至会走向反面……斯大林严重破坏社会主义法制，毛泽东同志就说过，这样的事件在英、法、美这样的西方国家不可能发生。他虽然认识到这一点，但由于没有在实际上解决领导制度问题以及其他一些原因，仍然导致了'文化大革命'的十年浩劫。这个教训是极其深刻的。"党和国家的"领导制度、组织制度问题是一个带有根本性、全局性、稳定性和长期性的问题。这种制度问题，关系到党和国家是否改变颜色，必须引起全党的高度重视"。① 因此，乡村政治文明的建设必须把制度建设贯穿其中，把那些实践中行之有效的好经验、好方法，用制度形式固定下来，让不同阶层人们的利益有制度化的表达渠道，使人们在政治生活中遇到的问题能通过制度化的途径加以解决。实现村民自治有章可循，才能使乡村干部和村民在行使各自的职能和权力的过程中，不断规范自己的行为，提高自身民主政治素质，逐步实现社会主义乡村基层民主政治的制度化、规范化发展。

从我国村民自治的进程看，村民自治已经初步具备了制度化水平。当前，村民自治的制度建设应注重从两个层面来加以推进和完善，一是村民代表会议制度。村民代表会议的主要任务是对涉及村民切身利益、本村发展重大问题等进行决策的必须程序。在农村社会实践中，村委会常常出现行政化和政治化倾向，失去了自治的意义，村民代表会议原本价值得不到实现。完善村民代表会议制度的关键在于，通过制度来使村级决策程序、决策规范、决策过程成为自治的平台和通道。二是村务公开制度。村务公开制度要求凡是涉及村内村民具体利益的公共事务方面问题，都必须向村民公开，以最大限度地保证村民合法权益，这是对村委会和村干部进行监督和制约的重要前提。村民自治的实践证明，村务公开制度对于降低自治成本，强化自治力度，形成切实有效的监督制约机制，使农村政治运作透明化、公开化，化解农村的热点难点问题，释放和疏导村民的政治能量，推动乡村政治文明进程具有重要作用。② 村民自治的制度建设，能够促使村民委员会真正发挥自治作用，对村级事务进行自我管理。建立健全村民

---

① 《邓小平文选》（第2卷），人民出版社1994年版，第333页。
② 臧乃康：《村级治理与农村政治文明建设》，《中共浙江省委党校学报》2005年第3期。

自治机制，既能充分发挥党组织的领导核心作用，又能体现村民当家做主的地位。由此，把坚持党的领导，充分发扬民主和严格依法办事统一起来，将农村各项事务的管理纳入健康、规范的制度轨道，实现参与有秩序、决策有程序、理事有章法、监督有成效，是乡村政治文明的重要途径。

2. 推动乡镇职能转变，理顺乡镇政权与村民自治的关系

20世纪70年代末，为了适应家庭联产承包责任制的产生，在乡村政治方面保证村民生产经营主体的地位，同时也为了组织村里的公益事业及公共服务事业，我国村民自治的乡村治理模式应运而生。村民自治的有效载体是村民委员会，村民委员会作为农村基层群众性自治组织，平衡着农村社会与国家的关系。作为我国农村基层民主政治建设的有效组织形式，村民自治有力地促进了我国乡村政治经济的发展。

村民自治实施后，农村基层社会形成了乡政—村治的关系模式。乡政府承担的各项政务要通过村民自治系统去推行和落实，即由村民自治组织延伸了政府的行政功能，而村委会作为村民自治组织，在自主管理本村事务时，要接受乡政府的指导并办理其委托的政务。从理论上讲，政府行政权力与村民自治权力的运行方向和终极目标是一致的，两者的权力和组织边界也是明确的，但是在乡政—村治的实际运行中，两种力量的非均衡博弈，使得二者之间的平衡常常被诸多不和谐互动所打破，从而出现"过度行政化"和"过度自治化"两种倾向。导致上述两种倾向的原因是多方面的，如乡政府和村自治组织各自利益的驱动，价值选择的差异，农村基层干部的"经济人"行为或非理性行为，宗亲关系和家族势力的干扰，等等。但根本的原因在于乡政府和村委会的角色冲突及功能错位。就政府方面而言政府既是村民自治的导引者和设计者，又是村民自治权力制约的对象；政府承认村委会的自治主体地位，又唯恐其自治权力过大，阻碍政府权力的行使。就村委会方面来说，既要承担政府赋予的国家义务，又要维护社区的独立利益；既想得到政府的扶持，又想摆脱政府的行政干预。正是在这种角色冲突中，乡政府与村委会之间没有建立起规范化的良性互动关系模式，进而引发了村民自治的变异。①

① 王明中、汪大喹：《我国现代乡村治理的问题解析与探索》，《社会科学家》2008年第11期。

当前，乡村政治文明建设的重点应进一步厘清乡镇政府的职能，明确乡村自治的内容，以实现二者在边界清晰基础上的乡政—村治的良性对接。为此，应加快推进乡镇机构改革，强化乡镇政府公共服务和社会管理职能，建立起精干高效的基层行政管理体制，为乡村经济社会发展创造有利的环境。一方面就乡镇政府的职能转变而言，乡镇政府应该完成由吸取向服务的转型，把为农民提供公共服务、公共产品作为自己的主要职能，寓管理于服务之中。要完成这一职能转变，最为关键的是要树立现代性治理规则，即乡镇政府应该把自己的角色界定为农民的公共服务组织，维护农民的公民权利，并将这一角色和关系制度化。另一方面，要更新和变革农民的价值观念，塑造合格自治主体。教育农民认清国家富强、集体发展是增进农民利益的可靠保证，提高他们维护公共权威和社会公共利益的自觉性，排除各种非理性因素对村民自治的干扰，使农民真正成为"理性行动者"。由此推动村民自治规范有序运作和健康发展。

在转变乡镇政府职能的基础上，要顺应现代乡村治理的要求进行民主转型，建立乡镇政府与乡村社会的新型关系，革新乡镇政府的运作模式，形成市场、社会自治主体和政府的协同共治。一方面乡镇政权不得干预依法属于村民自治范围内的事务性工作。尽管由于历史原因，在目前情况下有些农村事务还需要政府的帮助和扶持，比如乡村的公益服务事务，但是乡镇政权依然需要明确其权力渗透的边界，积极引导村民自治改革进程和发展方向、规范村民自治行为。村委会也要依法协助乡（镇）政府完成各项行政工作任务，履行法律规定的各项义务；另一方面要建构多元化的民主合作机制，进一步增强乡村社会的相对自治性。拓展乡村居民民主参政的渠道，使之有足够的政治权力参与到乡镇的选举、决策、管理和监督等诸多层面和各种事务当中，有能力纠正基层政权侵犯农村社会和农民利益的行为，从而真正实现国家与乡村社会在乡村治理过程中的全面、积极和有效地合作。

3. 健全村民自治机制，发挥村民自治组织的作用

社会主义乡村政治文明建设是一个长期、艰巨的过程，它需要有乡村的经济、社会和文化条件相配合。现阶段，我国乡村政治文明建设要根据我国乡村社会实际，以村民自治作为起点和突破口，使其制度化、规范化、程序化进行。坚持"四个民主"的管理机制和法制原则，依据国家法律制度和村民自治章程，加强对村委会工作的有效监督。同时，把村民

普遍关心的与他们切身利益紧密相关的问题反映到村民自治组织的民主决策机构，通过民主协商的途径妥善解决。这样，一方面促进了农村基层社会管理活动正常、有序地进行；另一方面，它又保证将村民政治参与置于一定的规范和可控范围之内，确保乡村社会的稳定，从而为乡村文明建设创造良好的社会政治环境，最终达到村民自治与乡村政治文明建设相互促进，良性互动。

村民自治组织是村民自治机制运行的载体，正是通过村民自治组织这种乡村基层民主形式，广大村民才能真正享有社会主义赋予他们的民主权利，逐步形成和强化公民意识和民主观念，形成农村基层民主建设的持续内驱力。所以，村民自治组织的良性发展对于乡村政治文明的全面推进至关重要，完善村民自治组织的体系和功能，健全村民自治机制，是当前乡村政治文明建设的重要内容。一是完善村民自治组织体系。《村民委员会组织法》规定村民自治组织体系包括：村民自治的权力机构——"村两会"，即村民会议和村民代表会议，其中村民会议是最高权力机构，对涉及全体村民利益相关的事项有最高决定权；村民自治的执行机构是村民委员会，是村民自治的实际执行者；村民自治的监督机构是由"村两会"推选产生的"村两组"构成，即村务公开监督小组和村民民主理财小组，对村民委员会实行监督职能。在新时期条件下，为了更好地服务于村民自我管理、自我教育、自我服务的需要，在《村民委员会组织法》基础上，需要进一步对自治组织进行权力的合理分工和有效的制约，明确各机构职责范围，分工负责，进一步健全以村民会议、村委会、村民代表会议、村民小组为主体的村民自治组织体系。二是推进"四个民主"的协调发展，健全村民自治组织功能。规范和完善村委会民主选举制度，逐步建立普遍直选机制。改变过去乡（镇）政府操纵村委会的选举，借鉴人民群众创造的"海选"办法，即不提名候选人，也不确定正式候选人，由具有选举权的所有村民在全体选民范围内根据自己的意愿确定自己要选的人，并由具有选举权的所有村民在候选人中进行差额选举。通过一定的组织手段，依法保障落实农民群众的推选权、直接提名权、投票权、罢免权；要尽快完善村民民主决策、民主管理、民主监督制度，以保证民主的真实有效；建立议事决策机制，解决有章理事、有序办事，保证村民群众对村级重大事务的讨论决定权，落实民主决策；建立监督评议机制，保证村民和代表对村务实行事前参与、事中介入、事后评议，落实民主管理和民主监督，从而充分发挥农民群众在村级治理中的主体作用。三是建立"村支两委"的协调机制。从制度上对村党支部和村委会的各自职权范围作出合理的界定划分。村党支部应当避免行政化的倾向，而应将主要精力放在指导村经济政治发展方向、协调村内各类组织之间的关系和自身组织建设等方面上来，实现权力资源的合理配置和权力关系的法制化，确保权力体系的稳定性和权力运作规范、有序；村民委员会根据法律制度尽可能自主处理村内的事务，村党支部应支持和帮助村民委员会独立负责地开展活动；提高村民代表会议的法律地位，强化村民代表会议的组织功能，形成村民代表会议决策下的村民委员会执行模式；针对当前中央鼓励村主任和村党支部书记一肩挑的形势，应该通过村民代表会议协调村党支部与村委会之间的关系，村民通过村民代表会议直接行使自治权，村党支部对村里的重大问题提出建议，经村委会提交村民代表会议审议通过，从而在村民代表会议下不同利益主体的博弈过程中形成统一的乡村意志，完成对乡村社会的有效治理。

4. 规范乡村民间组织，整合乡村自治资源

村民委员会是国家政权在乡村最基层的延续，虽然其本质是村民的自治组织，但它对于实施乡村治理、建立良好的乡村关系、发挥政府与农民的桥梁与纽带作用等起着至关重要的作用。随着社会主义市场机制的建立与完善，乡村社会所有制成分及其实现方式，农民择业、农民利益，乡村社会结构等方面都已经出现多元化发展态势，在农村产生和形成了各种形式的民间社会组织和机构，并且数量逐渐增多，覆盖面也在逐步增大。这些组织从各个层面把农民组织起来，提高了农村社会的组织化程度，在农村社会治理和农业现代化中也发挥着重要的作用。

目前，我国的乡村社会自主治理主体有两个：一个是村民自治组织。在村民自治组织中村委会实际发挥着村民自我管理、自我教育、自我服务的作用，是我国乡村基层政治组织的主要载体；另一个就是乡村民间组织，尤其是乡村专业经济协会已经成为乡村民间组织的主体，是乡村自主治理的有效载体。目前在我国乡村形成了以村委会为核心，其他各种民间组织参与社会公共生活的制度样式。在各类乡村民间组织中，乡村经济合作组织占较大部分。乡村经济合作组织得以存在并获得大发展的意义在于，通过这种组织化的形式，可以把分别从事生产、加工、销售的农民组织起来，借助于各自优势及其组织优势，最大限度实现村民共同利益的最

大化。同时，在实践中也有助于培育农民的组织和制度意识，有利于乡村组织化和制度化发展，是现实条件下我国农村制度化发展切实可行的途径和载体。除了乡村经济合作组织，从 20 世纪 90 年代以来，乡村还出现了一些农民维权组织和一些综合性的社会组织，他们在沟通政民关系、化解社会矛盾和维护社会稳定方面也显示出了一定的积极意义。

借助乡村民间组织，村民不仅进行多向度的合作与协助，而且在乡村治理中能够发出自己的声音、维护自己的合法权益，既有利于村民监督政府，提高他们对乡政与村治事务的参与意识，又可以降低政府直接控制乡村所导致的成本，减少政府管不胜管所带来的失误。当前我国乡村民间组织还处于起步阶段，由于多种因素制约，发展非常缓慢。有的民间组织经济实力弱、经营规模小、人才结构不合理，在市场经济中还处于劣势地位；有的乡村民间组织内部管理不完善，组织结构不健全，组织之间缺乏诚信、无序竞争等，制约了民间组织的健康发展。总体而言，目前我国乡村民间组织的总量有限，覆盖面还不大，发展也不平衡。

乡村民间组织的发展离不开政府的配合和支持，一方面，它能够协助政府工作，担当政府的某些社会功能。另一方面，政府的职能转变和制度创新又是其发展的必要条件。目前针对乡村民间组织发展出现的问题，在当代乡村政治文明的建设中应进一步规范和发展乡村民间组织，整合乡村建设力量，激发乡村社会内部的发展活力。首先，对民间组织进行根本性立法，在深入调研和广泛征求意见基础上，研究制定我国民间组织发展的基本法。建立、修改、完善各项专业性民间组织的专项管理条例，使其更具有针对性和操作性，营造出一个有利于乡村民间组织健康发展的制度环境。当前需要进一步实施好《农民专业合作社法》，修订完善《农民专业合作社示范章程》，制定农民专业合作社登记办法以及农民专业合作社财务制度和会计制度等配套法规制度来规范乡村民间组织的建立；其次，加强教育培训，提高乡村民间组织成员的素质，加强组织的公信度。政府通过分类指导，举办各种类型讲座、培训班等形式，培养组织成员的志愿精神、利他主义和使命感；开展诚信教育，为乡村民间组织诚信机制建设奠定基础；建立完善的财产、分配、积累等制度，完善乡村民间组织的监督机制，强化组织自律；还可以通过政府监督、社会监督、对乡村民间组织实行年度审核制度等办法，运用行政、法律等手段监管其合法运作，保证乡村民间组织的公信度。最后，加大扶持力度，提升乡村民间组织自身发展能力。对于乡村民间组织的发展，政府应实施能促进其发展的政策，给予财政、物价、信贷、司法、工商税务和劳动人事等方面的支持。除此之外，乡村民间组织也要健全组织内部管理制度。实行制度化的科学管理，加快建立健全各项规章制度、工作流程，如民主决策制度、员工岗位职责和行为准则以及服务制度和服务工作流程等，通过科学管理提高组织的持续发展能力。

五　完善乡村公共服务，增进农民社会福利，建设乡村社会文明

乡村文明建设离不开稳定有序的社会环境，而稳定有序的社会环境与乡村社会文明建设密切相关。乡村社会文明是农民形成科学、健康、文明生产生活方式和构建安定有序乡村生活的重要保障，也是体现当代乡村文明程度的基础条件。党的十七大报告提出，我国在新世纪新阶段要加快推进以改善民生为重点的社会建设，这为当代乡村社会文明的建设提供了基本思路。由此，当代乡村社会文明建设应着眼于提升全体乡村居民的生活质量，增进其生活满意度及福利，进一步提高乡村公益水平，繁荣乡村社会事业。当代乡村社会文明的建设要加快发展乡村社会事业，使乡村社会在教育、医疗、社会保障、基础设施等方面逐步缩小与城市的差距，确保农民生活安康，让农民在生产生活过程中与城里人一同享受现代文明进步成果，使社会主义文明的发展成果惠及广大农民，这也是当代乡村文明建设的出发点。

长期以来的城乡二元经济社会结构，不仅导致了城乡差别的日益扩大，也给乡村社会稳定与文明和谐带来了巨大隐患。要消除由于城乡差别导致的乡村社会的衰败颓势，提高乡村居民的生命尊严，需要通过政府主导和社会参与等多种方式，真正建设好乡村的社会文明。

1. 重视乡村教育，体现城乡教育公平

自20世纪20年代以来，许多学者包括晏阳初、梁漱溟等著名教育家在内都把教育当作乡村建设的切入点。中国共产党自始至终把对农民的教育作为中国革命和建设的主要内容。农村教育水平的高低直接关系到整个国家的文化教育事业和国民素质的提高，农村教育事业发展既是乡村社会文明建设的重要发展目标，更是当代中国乡村文明形成的基础性前提。

现阶段，在社会转型的过程中，我国乡村教育发展呈现出不平衡的特

点，一方面乡村经济得到快速发展，而乡村教育文化事业和相关配套基础设施却相对滞后，受重视程度不高；另一方面，乡村教育与城市教育存在较大差距，表现为教育基础薄弱，支撑体系不完善，整体发展滞后。和农村其他事业部门比较，我国农村教育经费投入不足而且存在被挤占和挪用现象。从教育发展规律和我国教育发展目标看，我国农村教育还存在着布局不够合理、教育教学质量偏低、师资力量薄弱等问题。这些因素成为制约我国教育公平的主要因素。十七大报告指出，"教育是民族振兴的基石，教育公平是社会公平的重要基础"。① 追求教育公平尤其是城乡教育公平是今后一段时期教育发展的主要趋势，也是社会公平在教育领域的延伸和体现，因为"教育是实现人类平等的伟大工具，它的作用比任何其他人类的发明都伟大得多"。②

城乡教育公平是指城乡居民在教育活动中的地位平等和对教育资源的公平占有。它是一个与城乡发展及社会发展需要密切相关的概念。其内涵主要包括三个层次：一是城乡教育起点公平。起点公平是教育公平最基本、最明显的标志。城乡教育起点的公平是指尊重和保护城乡每个公民的基本人权与自由发展，包括教育权利公平和教育机会公平。教育权利公平是教育价值层面上的公平，人人享有受教育的权利是人的全面发展的必要前提。二是城乡教育过程公平。它是指在实现起点公平后，通过相应的制度、政策继续体现和维护城乡教育公平，包括形式上、内容上、质量上的公平，具体表现为教育资源、经费投入、教学课程设置、师资力量和师生关系互动中的公平。三是城乡教育结果公平。城乡教育结果公平是最终体现在学生学业成就上的实质性的公平，即学业成功并被社会所接纳的机会均等。它以承认个体差异为前提条件，学生大体上都能获得一致的学识水平、能力水平、道德发展水平，符合培养目标的要求，同时个性得到较为全面的发展，潜能得到较为充分的发挥。

维护和实现社会公平涉及最广大人民的根本利益，是社会主义的本质要求。教育公平是社会公平、稳定、自由、和谐的基础。优先发展公平公正的教育，是我们国家和民族的重大战略选择，是国家富强、民族复兴、人民安定和谐之本。我们应该从这个高度上认识和促进城乡教育公平，促

---

① 胡锦涛：《高举中国特色社会主义伟大旗帜　为夺取全面建设小康社会新胜利而奋斗》，人民出版社 2007 年版，第 37 页。

② ［美］J. S. 布鲁贝克：《高等教育哲学》，浙江教育出版社 1987 年版，第 156 页。

进乡村文明"人"的要素的充分发展，最大限度地发挥他们的积极性和创造性，为社会主义乡村事业的发展和构建和谐社会提供强大的智力支持。

我国在"十一五"初期就全部免除了乡村义务教育阶段的学杂费，这是近年来推进乡村教育事业发展的重要举措。但是，要促进城乡义务教育均衡发展，除了实行免费的义务教育以外，还要不断改善乡村办学条件、提高教育质量，建立乡村义务教育稳定投入机制，加大政府对义务教育的投入力度。这需要我们首先要加大宏观调控力度，统筹城乡教育均衡发展，这是体现社会公平，构建社会主义和谐社会的必然要求。因此，政府需要把城乡教育公平理念贯穿于教育决策制定和实施的各个环节之中。在教育政策上要向乡村倾斜，以加快乡村教育事业的发展。实施城乡帮扶计划，开展城乡教育帮扶工作，努力缩小城乡教育差距。通过建立城乡教育对口支援和交流制度，加快农村教育，促进城乡教育协调发展。其次，优化教育资源配置。通过对社会教育资源统筹规划、合理配置，确保城乡受教育对象都能获得相对公平的受教育权利。例如，通过强化乡村教师的继续教育，实施中西部农村教师培训工程；保证教师工资按月足额发放；确保农村中小学的校舍与教学设备、课程设置、教师编制达到国家规定的标准等措施，打破原有的教育投资体制，实现城乡一体、平等对待。最后，加强对乡村教育的投资保障，缩小城乡教育投入差距，改变乡村教育投入主要由县乡承担的局面，加大中央政府和省级政府在普及义务教育中的责任。对承担教育直接责任而财力不足的县级政府应加大转移支付的力度，在制度上减缓和解决农村教育财政不足的问题。在强化政府义务教育经费投入主体作用的同时，优化投入结构，确保基础教育经费的增长。

2. 推进乡村社会事业，保障农民安居乐业

乡村社会事业对于民生改善是非常重要的。没有必要的乡村社会事业，不仅民生改善不可能实现，就是真正意义上的乡村社会也不可能存在。乡村社会事业是农业和农村经济发展的重要支撑，是改善农民生产生活条件的重要物质基础。就此而言，任何农村社会都应当在经济发展的基础上促进乡村社会事业的发展，以便为民生改善创造必要的条件。近年来，我们党和政府多次提到提高国民的幸福指数、提高居民对自己生活的满意程度，人民"幸福"已成为构建和谐社会的一个重要目标。就中国乡村现实情况而言，加强基础设施建设，改善农村公共服务，是推进乡村

社会事业发展的重要内容和关键环节，也是改善民生和提高乡村居民"幸福"程度的重要渠道。改革开放以来，随着国家经济实力不断增强，我国城市基础设施和公共服务条件显著改善，但农村基础设施和公共服务明显落后于城镇，社会事业的农村需求与社会事业的农村供给之间的差距越来越大，矛盾越来越突出。现阶段，加快发展乡村社会事业具有非同寻常的重要性和紧迫性。

改革开放以来，社会分化迅速，不同社会群体在改革中的获益程度不一。农民的利益实际上遭受了相对剥夺，比如金融危机冲击下被迫返乡的农民工、征地拆迁过程中的相关农民、农村贫困人口等。尽管社会差距过大与经济增长、财富分配的不当模式以及经济体制有关，但是由于乡村社会事业发展不充分，不能给农民提供适当的保护、支持、服务与关爱也是一个重要原因。在一定意义上，乡村社会事业发展得不充分，加重了农民的无助感和受挫感，使得他们有意无意地疏离主流社会。虽然改革开放以来我国一直努力建设具有中国特色的乡村社会保障体系，但是，城市化、工业化进程对社会资源的占用使这些努力的效果也很有限，农民的安全感并没有显著提升，这直接影响了广大农民生活质量的提高，从而影响了农民对社会经济发展的满意度。改革开放以来，广大农民的经济收入在整体上是大幅度增加了，但是，物质财富的增多并不一定意味着生活质量的提高，特别是不能把物质财富的多寡看作是衡量生活美满程度的唯一指标。事实上，美好生活涉及物质财富之外的很多方面，比如教育、卫生、文化服务以及环境质量等。如果在物质财富增加的同时，"上学难、看病难"之类的问题突出，居住的环境恶劣，人的精神世界空虚，农民的生活质量也不可能有大幅的提高。在一定程度上，乡村人才短缺、诚信不足、资源短缺、环境污染、社会失序等，也都与乡村社会事业发展不足密切相关。如果没有与经济发展相适应的农村社会事业发展，农村经济的又好又快发展就无从谈起，更无从谈及民生的改善和农民国民待遇的提高。[①]

客观地说，改革开放30多年来，我国乡村在经济快速增长的同时，乡村社会事业发展也比较快，乡村社会事业管理体制和运行机制也在不断

---

① 周黎鸿、聂碧芳：《农村社会事业发展与民生改善问题研究》，《改革与战略》2009年第10期。

深化，广大农民在提高生活水平的同时，也能够享受一定的社会服务，生活质量也逐步提高。但是，整体上看，我国乡村社会事业的发展与经济发展还不相称，与广大农民不断增长的民生需求不相适应，特别是我国乡村社会事业发展表现出明显的不平衡性，乡村社会事业管理体制和运行机制改革尚未解决根本问题，农村社会事业发展效益比较低下，由此制约了民生改善。发展乡村社会事业，是惠及广大人民群众的民心工程。当前，乡村的基础设施建设问题、医疗问题、养老及最低生活保障问题都是在乡村涉及面广、程度深、受关注多的重点问题。乡村社会文明建设的重点就应体现在这些乡村社会公共事业的发展建设上。

首先，切实加强农村中小型基础设施建设。农村基础设施是直接关系到农业综合生产能力提高的"硬条件"，也是关系到城乡协调发展的"软环境"。与农民生产和生活直接相关的农村道路、水利等中小型基础设施过去主要依赖农民的集资和投工投劳。在取消农业税以后，多数地区还难以将其纳入各级政府基本建设投资的范围。今后国家基本建设的重点应转向农村，特别是各级政府要本着"明晰所有权、放开建设权、搞活经营权"的原则，大幅度增加以改善农民基本生产生活条件为重点的农村中小型公共基础设施建设投入，加强乡村的交通通信、供电供水和生态环境建设，提高农业的综合生产能力。

其次，逐步提高农民的医疗保障水平。要解决当前农民最迫切需要解决的看病难、医疗费用高、医保水平低的问题，需要逐步推进新型农村合作医疗，尽快改善农村卫生基础条件，发展农村卫生事业。一是从切实减轻农民就医负担和公平享有基本医疗服务出发，逐渐建立起中央和省市县财政、乡镇财政和农户共同投入的医疗保障制度，着重推进新型农村合作医疗的制度建设。二是健全农村三级医疗卫生服务和医疗救助体系。以县级医院、乡镇卫生院、村卫生室为依托，形成与农民收入水平相适应的农村县、乡、村三级卫生服务网络，提高农村卫生机构的服务能力和效率；坚持预防为主，扩大农村免费公共卫生服务和免疫范围，加大农村地方病、传染病和人畜共患疾病的防治力度。三是加强农村卫生基础设施和卫生队伍的建设，增加农村卫生人才培养和医疗设备的经费预算。此外，要积极组织城镇医疗机构和人员支持农村医疗卫生工作，鼓励各种社会力量参与农村卫生事业的建设。

最后，完善农村社会保障体系。现阶段，应着重建立农村最低生活保障制度、农村社会养老保险制度以及切实做好农村特困户救助和"五保户"供养工作。最低生活保障制度是政府为农民设立的最后一道安全网，以保障公民基本生存权利为目的。我国因地区间社会经济发展差距大，财政能力各不相同，各地区要从农村居民的最基本生活需求、物价消费水平、地区经济发展状况和财政收入情况出发，确定和调整本地区最低生活保障标准，尽可能使每一个需要保障的乡村居民都能享有最低生活保障。同时，要建立多层次的农村养老保险制度。由于我国经济发展极不平衡，庞大的乡村人口决定了很难依赖于由国家完全提供乡村的社会保障。目前，建立以我国法定基本社会保障为主体、乡村集体保障和家庭保障等并存的多层次社会保障体系，按照个人缴费、集体补助、政府补贴相结合的要求，逐步完善乡村社会养老保险机制是当前发展乡村养老制度的现实选择。在有条件的地区，将家庭养老、土地保障和社会养老保险相结合，探索乡村养老保险制度新方法。此外，也要不断完善农村"五保户"供养、特困户生活补助工作，解决好偏远山区和受灾农民的温饱等。总之，按照统筹城乡发展要求，努力建立起与农村经济发展水平相适应的综合社会保障体系，是社会主义条件下改善民生和给予农民平等国民待遇的客观要求。

3. 推进城乡一体发展，促进乡村社会文明

实现社会主义乡村文明建设的有效途径是实行城乡一体化，这也是解决我国当前"三农"问题的途径。我国乡村建设问题始终是一个复杂的系统，其复杂性在于：农业现代化、农村工业化和农民市民化是国家工业化、城市化、现代化的子系统，它难以独立推进，这是改革开放前农村现代化建设处于被抑制状态的主要原因。改革开放后，农村现代化推进也并不顺利，"三农"问题依旧严重。因此，社会主义乡村文明建设，要从根本上解决乡村发展困局和农业农民的弱势，必须从形成这些问题的根源着手。长期以来，我国实行的二元经济体制所形成并固化的二元经济社会结构正是抑制和阻碍乡村文明进步、全面发展的根源，必须消除"二元经济社会结构"，铲除"城市剥夺农村，工业剥夺农业"的基础。然而由于我国长期施行的二元经济社会结构的根深蒂固，已演变成一种权益结构，维护着城市阶层的既得利益，消除它绝非易事。因此，从稳健的角度考虑，唯一的出路是采取"增量改革和发展的战略"，以实现在不减少城市人利益的同时，使农民得益，即从可行、有效的战略上考虑，应选择打破

城乡壁垒，走城乡一体化的道路。①

　　建设全面的小康社会重点在农村、难点在农业、焦点在农民，要实现 2020 年全面建成小康社会，初步实现社会主义工业化目标，就不能忽视乡村社会的全面发展，就要求乡村教育、卫生和社会保障水平要达到相应的指标。而目前，这些指标都距建成全面小康社会的目标差距很大。中国经济社会发展的实践证明，城乡之间建立起协调发展和良性循环的机制，通过城市的辐射和带动发展乡村，既有利于启动广大的农村市场，突破需求约束障碍激活中国工业，又有利于弥合城乡差距，实现城乡平等发展。

　　城乡一体化最核心的内容在于把城市与乡村建设作为一个整体来考虑，空间上互为环境，生态上协调相融，促使整个城乡经济社会持续、稳定、协调发展，达到共同繁荣的目的。城乡一体化对于促进乡村的建设而言就是"基本建成布局结构合理、功能齐全的城镇和乡村体系；基本建成比较完善的交通、通信等基础设施网络，使郊区和农村的文化、教育、卫生等公共设施和社会服务事业接近城区；基本建成与国际惯例接轨的经济运行机制和社会管理体制，改变二元经济和社会结构，使农民成为享受国民待遇的市民"。② 从整体来看，这也正是乡村社会文明建设的主要方向和目标。所以，党的十六大所提出的统筹城乡经济社会发展的原则和方略，对于推进乡村现代化进程，构建乡村社会的文明和谐，实现全体人民的富裕安康具有重大的战略意义。城乡一体化是建设乡村社会文明的应有之义。当然，城乡一体化发展并不是完全消灭城乡之间的一切差别，绝不是消灭乡村和农业的景象、千篇一律地按照城市的景观去改造乡村，而是构造一个功能完善、环境优美、富裕文明的现代化新乡村。按照"以城带乡"、"以工促农"、"多予少取"的战略方针，通过促进乡村的社会进步，提高乡村社会的文明程度，使城乡差距趋于缩小，城乡地位趋于平等。让农民在就业、教育、社会保障、医疗、基础设施等方面享受与城市居民同等的待遇。总之，统筹城乡发展，增强乡村发展的动力和活力，推进城乡一体化，是当前消除城乡壁垒，促进乡村社会文明进步的现实路径。

---

① 王方华、顾海英：《新农村新思路新发展》，中国农业出版社 2006 年版，第 39 页。
② 钟声、曾祥基、杨明娜、王苹：《成都推进城乡一体化略论》，《成都大学学报》（自然科学版）2006 年第 3 期。

六　倡导自然、和谐理念，改善乡村生态环境，建设乡村生态文明

除了自然条件极其恶劣的地方外，传统农业文明时代的乡村本就是拥有碧水、蓝天和绿地的人类生命的乐园，空气清新，充满着生机。而工业文明的发展，在实现工业化、城市化的同时却忽视了生态环境的平衡，破坏了这种和谐，使人与自然的矛盾日益突出。近几年，伴随乡村工业的发展，乡村环境进一步恶化，各种污染不仅影响了数亿乡村人口的生活，甚至威胁到他们的健康。改善和优化人与自然的关系，建设环境优美，自然宜人，其乐融融，兴旺发达的文明新乡村，是今天社会主义乡村生态文明建设的主题。

1. 转变价值观念，重塑人与自然的和谐统一关系

前工业社会，人类一直以自然界提供的环境和条件作为自己生存和发展的基础，人类在辛勤劳作维护自身生存的过程中将自然神化，赋予其极崇高的地位，形成了敬畏自然、尊重自然、与自然相和谐的观念。工业社会以来，"人类中心主义"泛滥，人类以自然的主人自居，无视自然界本身固有的规律和自然对人类需求的承载力，置人类欲求于自然之上，为满足人类私欲疯狂地攫取和掠夺自然对象，致使生态环境的破坏严重威胁到人类的生存与发展。恩格斯早就指出："不要过分陶醉于我们对自然界的胜利。对于每一次这样的胜利，自然界都报复了我们。"[①] 今天，我们应重新体悟中国传统文化"天人合一"的价值取向和生态伦理智慧，基于对自然的尊重形成一种对自然存在深层次的文化认同。学会尊重自然、善待自然，强调与自然界的互利互惠，共生共荣，以人与自然协调发展的新观念指导我们的实践活动，自觉调整人与自然的关系，实现人与自然的和谐统一。

生态环境对人们的生活水平和质量起着至关重要的作用，良好的生态环境，使人们能够充分享受大自然赐予的青山、绿水、清新的空气和明媚的阳光。同时，生态环境本身也是一种丰厚的经济资源，可以提高农业生产率，增加农民收入，改善农民生活。从表面上看，环境问题是由某些自然的生产技术因素引起的，但从深层次上看，人们所追求的价值目标、社

---

① ［德］恩格斯：《自然辩证法》，人民出版社 1971 年版，第 158—160 页。

会所倡导的价值取向以及人对自然不断扩张的物质欲求，才是造成环境污染的真正根源。因此，环境问题其本质是人的价值追求问题。摆脱乡村环境危机，不仅需要技术上的努力，更重要的在于充分调动人的环境责任意识，促使人们对自身价值观进行反思，对自身生产、生活方式进行调整，逐步树立起追求良好生态环境和优美生活环境的价值理念。①

从人与自然和谐发展的要求出发，实现人与自然、生态与经济的协调发展，是构建乡村生态文明的核心问题。针对当前乡村社会面临的生态问题，在乡村文明的建设过程中，要把加强乡村与农业生态环境建设放在优先地位，通过加大对环境保护基本国策和环境法制的宣传力度，弘扬环境文化，倡导生态文明。通过提高广大农民群众对生态建设意义的知晓率，对生态建设的参与度和满意度，逐步引导农民端正价值观念，增强资源危机意识，落实人与自然和谐相处的理念。要引导农民改变传统生产经营方式和落后的生活习惯，倡导健康、科学的生活方式，推动农民的乡村生活真正走上生产发展、生活富裕、生态良好的文明发展道路。同时，努力提高资源利用效率，使乡村和农业经济系统与自然生态系统相和谐，实现乡村人口、资源、环境的协调发展。

改善乡村生态和人居环境，加强村庄整体规划，搞好周边环境、村内环境和人居环境，使农村和农田生态系统在具有居住和生产功能的同时，成为具有乡村特色、地方特色和民族特色的靓丽景观，是乡村生态文明的美好目标。通过乡村生态文明的建设，努力把广大乡村建设成为自然风貌与人文景观相互融合、产业生态与人居环境相得益彰、民俗风情与生态文明交相辉映、人与自然协调发展的各具特色的生态型田园式的社会主义新乡村，就成为当代中国乡村文明建设的生态追求。②

2. 大力发展生态经济，改善乡村生态环境

当前，解决乡村生态环境问题的有效途径之一就是提倡生态农业和循环经济。通过生态农业和循环经济减轻经济增长对资源供给和生态环境的压力，从而实现乡村经济效益、生态环境效益和社会效益的最优分配。

一是建立生态农业，改变传统农业发展模式。生态农业是一种以生态文明为准则的生态经济优化的农业体系，"是指在保护和改善农业生态环境

---

① 王伦光：《论新农村建设的价值追求》，《湖州师范学院学报》2007 年第 5 期。
② 同上。

的前提下，遵循生态学、生态经济学规律，运用系统工程方法和现代科学技术，集约化经营的农业发展模式。"① 它是一种按照"整体、协调、循环、再生"原则，调整和优化农业结构的农业生态经济复合系统。是将农、林、牧、副、渔各业和农业生产、加工、销售各个环节作为一个整体来规划，将整个乡村地区的各项产业一起带动发展的现代化农业。"例如，合理调整和安排各类生物种群的时间和空间分布结构，利用生物之间的互补互利关系，如开展棉、麦、绿肥间作，粮、豆间作，稻田养鱼、养鸭，稻、萍、鱼结合等，提高农业生产效率。"② 发展生态农业，既可以在农业生产中提高资源利用率、土地产出率，又可以丰富农产品品种、优化农业结构，最重要的是对于保护和利用自然资源、改善农村生态环境具有重要作用。发展生态农业，还可以让农民更加重视人与自然的和谐关系，提高农民的生态意识；促使农民学习更多的科学文化和种养知识，培育农民树立新观念、塑造当代新型农民。所以，作为现代农业的发展方向，生态农业既可以实现农业资源持续、有效、合理的利用，也可以实现经济效益、生态效益乃至社会效益的统一发展，是乡村生态文明建设的有效途径之一。

　　二是发展循环经济，构建环境友好的乡村社会。多年前发布的我国"十一五"规划指出，建设资源节约型、环境友好型社会和实现可持续发展的重要途径是发展循环经济。所谓循环经济，就是一种以低开采、高利用、低排放为基本特征，以资源—产品—再生资源的反馈式流程生产为技术特征，倡导与环境和谐的经济发展模式。循环经济要求开发节约并重、节约优先的原则，推行清洁生产，提高资源和能源利用效率，尽可能减少资源消耗和环境污染。循环经济的发展思路为乡村经济的发展指明了方向。它要求我们推进农业资源的节约、高效和循环利用。如农作物秸秆、禽畜粪便等废弃物的循环再生利用问题，就可以通过对秸秆等农业废弃物的综合加工，制造出畜禽饲料和工艺品编织等，既可以充分利用资源、增加农民收入，也可以推进乡镇企业的集约化发展。乡镇企业应统一规划、合理布局、综合治理，针对规模小、布局散、工艺落后、污染严重等特点，走循环经济道路，遏制"村村点火"的低水平重复建设，限制高污染产业的发展，提高产品在产出各个环节的资源利用率，遏制乡镇企业成

---

① 胡浩民、马步广：《生态文明视角下的新农村建设》，《社会科学研究》2009 年第 4 期。
② 同上。

为乡村环境的污染源。

3. 以村容整治为核心，优化乡村人居环境

乡村居民的居住点建设是乡村生态文明建设的重要内容。乡村居住点的布局是否合理，村容村貌是否整洁，不仅影响农民的生活质量，也反映村庄整体的生态环境和精神风貌。由于乡村居民的生活习惯和历史原因，我国大多数乡村居住点布局比较散乱，村庄缺乏整体规划。这使得乡村交通通信、供水供电等基础设施建设的成本增大，给乡村居民的生产生活带来诸多不便。近年来新农村建设在新村规划、引导农民相对集中建房和居住方面取得了一定成效，但是对于大多数原有村庄来说，加强生产生活设施建设和人居环境治理，仍然是乡村生态文明建设的重要内容。优化乡村人居环境，主要是围绕村庄环境的整治，进一步完善基础设施，改善公共服务，节约使用资源尤其是不占或少占耕地资源，方便农民的生产生活。

村容整治是改善乡村人居环境的主要途径。在村容整治过程中，应立足于村庄已有的房屋、基础设施和自然条件，突出乡村特色和传统文化，有计划、有步骤、有选择地开展村庄的净化、绿化、亮化、硬化、沼气化工程，因地制宜、注重实效。一要贯彻可持续发展理念，在村容整治中，以节约资源和改善环境为重点，统筹乡村道路、通信、排水、广播电视等基础设施建设。以低成本、低消耗、不增加或少增加农民负担的方式改善乡村人居环境。二是结合新农村建设措施，规划好农村工业小区、畜牧小区、村民生活区的建设。通过工业小区、工业园区的建设，引导乡村工业的集中，既发挥聚集经济效应，也减少对生活区的环境污染。在村民生活区，清理私搭乱建房屋，治理人畜混杂居住环境，处理好生活污水和垃圾。三是通过政府帮扶与农民自主参与相结合的形式，重点解决农民最关注、与其生活最密切的问题。一方面，制定相关政策，提高农民参与村容整治的积极性；另一方面，一定要尊重农民意愿，不能强迫命令。村容整治不是简单的"大拆大建"让农民从平房搬进楼房，更不是修宽马路、通水通电等单纯的基础设施建设，而是对乡村社区的系统性改造和功能的提升。其中关键还是转变农民的生活方式，提升农民的生活质量。

乡村优良的人居环境应该突出地方特色，体现乡村风貌。通过协调农村经济、农业发展、农民生活与自然环境的关系，将乡村居民的活动与乡村生态环境的改善相结合，使文明、健康的生活方式与乡村田园牧歌式的传统生活在乡村文明社会中得到有机的融合。

结　语

　　文明作为人类的不懈追求和达到的一个历史目标从来都不是对过去简单否定的产物。马克思曾说过："所说的历史发展总是建立在这样的基础上的：最后的形式总是把过去的形式看成是向着自己发展的各个阶段，并且因为它很少而且只是在特定条件下才能够进行自我批判，——这里当然不是指作为崩溃时期出现的那样的历史时期，——所以总是对过去的形式做片面的理解。"① 也就是说，当我们勇于对现实问题进行反思的时候才能对历史做出正确评价。乡村文明建设的历史和现实的关系也需要这样的认识。所以，本书既分析了当今中国社会乡村文明的现实，又回溯了中国乡村文明建设的历史。从而对乡村文明建设问题有了更加深刻的理解和认识。尤其是在研究中发现，乡村文明是一种深厚的历史积淀，中国乡村文明传统是我们构建现代化乡村的坚实基础。这也是本书把今天常用的农村文明概念从理论分析上置换为乡村文明的原因。

　　文明作为一种社会进步状态不是靠单一的要素支撑的。摩尔根曾经说过："人类必须获得文明的一切要素，然后才能进入文明状态"。文明是有它自身的整体性特征的，它既包括人们的社会物质生活、社会生活、政治生活，也包括人们的精神生活，还包括人们的自然生活。我们可以把这一切称为"人类文明的总和"。只有这些社会和自然生活状况发展到一定高度时，把握总和的文明概念从而全面推动社会文明的进步才成为现实。因此本书力图从物质、社会、政治、精神和生态五个文明的结合上对乡村文明建设进行思考和建议，也可以把这五个文明的关系称为"文明发展五环节论"。这是文明发展历史的本来图景，也是今天社会发展的客观要求。这就是本书用五个文明作为叙述结构安排的原因。

　　改革开放以来，我们党关于建设社会主义的一系列理论创新，指导着

---

　　① 《马克思恩格斯选集》（第 2 卷），人民出版社 1995 年版，第 23—24 页。

社会主义现代化建设事业不断进入新境界。从邓小平同志提出建设社会主义物质文明和精神文明，要"两手抓、两手都要硬"；到以江泽民同志为核心的党的第三代中央领导集体，强调发展是党执政兴国的第一要务，要促进物质文明、政治文明、精神文明协调发展，促进人的全面发展；再到以胡锦涛为总书记的党中央提出实现全面建设小康社会奋斗目标，建设社会主义的生态文明。这些理论都充分说明建设社会主义和谐社会与符合社会发展要求的文明形态建设是一致的，反映出我们党对中国特色社会主义规律和内容认识的不断发展和深入。物质文明、精神文明、政治文明、社会文明、生态文明的提出，使得建设小康社会的目标更加清晰、内涵更加丰富。

我国 50 年农业支持工业、农村支持城市的倾斜政策，到 20 世纪与 21 世纪之交，已演化为影响整个国民经济社会和谐发展大局的焦点。这样的宏观背景，催生了建设社会主义新乡村的思路，统筹城乡发展、工业反哺农业、城市支持农村等一系列战略和新政策应运而生。但实践中我们似乎走入了误区：不少人认为，只要加快工业化、城市化、大量转移农村剩余劳动力，就能解决"三农问题"；有的认为工业反哺农业只是一种趋势，而事实上仍从农业、农村大量廉价提取资源（比如土地和劳动力）。在这种主导观念的驱使下，一些地方重工轻农、重城轻乡，甚至打着统筹城乡的幌子继续剥夺农业资源。应该看到，乡村社会的发展确实需要外部环境和条件，但工业化、城市化绝不能替代乡村社会自身的发展。在工业反哺和城市支持的条件下，特别需要加强乡村这一承接载体的建设，也因此为我们提出了社会主义乡村文明的价值理念和建设要求。

当代乡村文明的建设，体现了新的历史时期中国乡村在发展目标上的崭新价值追求。是立足于我国的文化再造和传统继承；立足于尚未完全实现工业化的现实以及整个中国社会的现代化基础；立足于小康社会建设对人的发展特别是对农民群体生产生活的提升等多方面的把握，从乡村经济、政治、文化、社会和环境建设出发，实现乡村"五个文明"的协调发展，全面建设社会主义乡村文明形态。使得保持和发扬中华民族优秀传统文化（坚持"中国特色"）、坚持我国的政治理想和目标（社会主义方向）与发展乡村现代化三者之间保持高度的一致。

社会主义乡村文明离不开人的全面发展，面对大量乡村人口的存在，稳定乡村生活、提升农民的生活质量并使其享受现代文明成果；使那些不可能进城或进城后迟早还要回乡的村民有一个更好的生活条件和发展空间，从而增强农民对当代乡村生活的价值认同是构建乡村文明所体现的人文关怀，也是乡村文明建设对传统乡村发展路径的超越。通过发展中国特色的现代农业，切实推进村民民主自治，完善乡村社会各种社会保障体系，提升农民的文化素质与道德水平，加强乡村生态环境保护等途径，逐步缩小乡村与城市的差距。不仅让乡村社会自身的主体价值和意义得到体现，而且再现一个环境优美、生活富裕、文明和谐、传承优秀乡土文化的新乡村形态，为社会主义文明和小康社会的全面实现打下坚实的基础。

参 考 文 献

一 著作文献

1. 《马克思恩格斯选集》（第1—4卷），人民出版社1995年版。

2. 《马克思恩格斯全集》（第3、9、19、30卷），人民出版社1995年版。

3. 《马克思恩格斯全集》（第28卷），人民出版社1965年版。

4. 《自然辩证法》，人民出版社1971年版。

5. 《列宁选集》（第4卷），人民出版社1995年版。

6. 《列宁全集》（第3卷），人民出版社1984年版。

7. 《列宁全集》（第7、39、40、41卷），人民出版社1986年版。

8. 《列宁全集》（第33、35卷），人民出版社1985年版。

9. 《列宁全集》（第43卷），人民出版社1987年版。

10. 《斯大林全集》（第2卷），人民出版社1953年版。

11. 《毛泽东选集》（第1—3卷），人民出版社1991年版。

12. 《毛泽东选集》（第5卷），人民出版社1977年版。

13. 《毛泽东文集》（第6—8卷），人民出版社1993年版。

14. 《毛泽东著作选读》（上、下册），人民出版社1986年版。

15. 《毛泽东农村调查文集》，人民出版社1982年版。

16. 《邓小平文选》（第1—3卷），人民出版社1993年版。

17. 《江泽民文选》（第1—3卷），人民出版社2006年版。

18. 《刘少奇选集》（下卷），人民出版社1985年版。

19. 《高举中国特色社会主义伟大旗帜 为夺取全面建设小康社会新胜利而奋斗》，人民出版社2007年版。

20. ［美］斯塔夫里阿诺斯：《全球通史：1500年以前的世界》，上海社会科学院出版社1999年版。

21. ［美］摩尔根：《古代社会》（上册），商务印书馆1983年版。

22. ［美］塞缪尔·亨廷顿：《文明的冲突与世界秩序的重建》，新华出版社1999年版。

23. ［美］塞缪尔·亨廷顿：《变化社会中的政治秩序》，生活·读书·新知三联书店 1989 年版。

24. ［英］阿诺德·J. 汤因比：《历史研究》（下册），上海人民出版社 1964 年版。

25. ［美］米格代尔：《农民、政治与革命：第三世界政治与社会变革的压力》，中央编译出版社 1996 年版。

26. ［美］艾恺：《最后的儒家：梁漱溟与中国现代化的两难》，江苏人民出版社 1995 年版。

27. ［美］费正清：《剑桥中华民国史》，中国社会科学出版社 1998 年版。

28. ［美］约翰·S. 布鲁贝克：《高等教育哲学》，浙江教育出版社 1987 年版。

29. ［英］爱德华·泰勒：《多维视野中的文化理论》，浙江人民出版社 1987 年版。

30. ［美］阿尔温·托夫勒：《第三次浪潮》，生活·读书·新知三联书店 1984 年版。

31. ［美］西奥多·W. 舒尔茨：《改造传统农业》，商务印书馆 2003 年版。

32. ［美］爱德华·麦克诺尔·伯恩斯、菲利普·李·拉尔夫：《世界文明史》（第 1 卷），商务印书馆 1995 年版。

33. ［美］吉尔伯特·罗兹曼：《中国的现代化》，江苏人民出版社 2003 年版。

34. ［美］杜赞奇：《文化、权力与国家：1900—1942 年的华北农村》，江苏人民出版社 2004 年版。

35. ［美］威尔·杜伦：《东方的文明》（上），青海人民出版社 1998 年版。

36. ［德］威廉·魏特林：《自由与和谐的保证》，商务印书馆 1960 年版。

37. ［法］埃米尔·涂尔干：《社会分工论》，渠散东译，生活·读书·新知三联书店 2004 年版。

38. ［法］H. 孟德拉斯：《农民的终结》，李培林译，社会科学文献出版社 2005 年版。

39. 梁启超：《梁任公近著》，商务印书馆 1933 年版。

40. 《孙中山全集》（第 6 卷），中华书局 1985 年版。

41. 费孝通：《乡土中国》，上海人民出版社 2007 年版。

42. 费孝通：《乡村中国　生育制度》，北京大学出版社 1998 年版。

43. 《费孝通文集》（第 4 卷），群言出版社 1999 年版。

44. 梁漱溟：《乡村建设理论》，上海人民出版社 2006 年版。

45. 《梁漱溟全集》（第 2 卷），山东人民出版社 1990 年版。

46. 《晏阳初文集》，四川教育出版社 1991 年版。

47. 《晏阳初全集》（第 1、2 卷），湖南教育出版社 1989 年版。

48. 薛暮桥、冯和法：《中国农村论文选》（上），人民出版社 1983 年版。

49. 胡绳：《中国共产党的七十年》，中共党史出版社 1991 年版。

50. 王缉思：《文明与国际政治——中国学者评亨廷顿的文明冲突论》，上海人民出版社 1995 年版。

51. 鲍成学、刘在平：《福泽谕吉与文明论概略》，中国少年儿童出版社 2001 年版。

52. 虞崇胜：《政治文明论》，武汉大学出版社 2003 年版。

53. 张广智、张广勇：《史学、文化中的文化——文化视野中的西方史学》，浙江人民出版社 1990 年版。

54. 涂大杭：《精神文明概论》，厦门大学出版社 2002 年版。

55. 李江涛：《当代文化发展趋势研究》，中央编译出版社 2009 年版。

56. 徐勇、徐增阳：《流动中的乡村治理》，中国社会科学出版社 2003 年版。

57. 徐勇：《乡村治理与中国政治》，中国社会科学出版社 2003 年版。

58. 于建荣：《中国特色社会主义社会文明研究》，中央文献出版社 2007 年版。

59. 温铁军：《新农村建设理论探索》，北京出版社 2006 年版。

60. 刘祖云：《中国社会发展三论：转型、分化、和谐》，社会科学文献出版社 2007 年版。

61. 司马云杰：《文化社会学》，山西教育出版社 2007 年版。

62. 赵剑英、庞元正：《马克思哲学与中国现代性建构》，社会科学文献出版社 2006 年版。

63. 王广信、迟树功：《建设社会主义新农村问题探讨》，经济科学出版社 2006 年版。

64. 陆相欣：《农村社会学》，郑州大学出版社 2006 年版。

65. 傅治平：《和谐社会导论》，人民出版社 2006 年版。

66. 刘小敏、李振连：《WTO 与中国文化》，广东经济出版社 2000 年版。

67. 孙本文：《现代中国社会问题》（第 3 册），商务印书馆 1947 年版。

68. 彭明：《中国现代史资料选辑》（第 4 册），中国人民大学出版社 1989 年版。

69. 逄先知：《毛泽东年谱》（上卷），人民出版社 1993 年版。

70. 黄正林：《陕甘宁边区社会经济史（1937—1945）》，人民出版社 2006 年版。

71. 赵德馨：《中国经济通史》（第 9 卷），湖南人民出版社 2002 年版。

72. 中共庆阳市委党史资料征集办公室：《陕甘宁边区时期陇东民主政权建设》，甘肃人民出版社 1990 年版。

73. 国家统计局：《伟大的十年》，人民出版社 1959 年版。

74. 中共中央党校中共中央党史教研室：《四十年的回顾与思考》，中共中央党校出版社 1991 年版。

75. 罗平汉：《农业合作化运动史》，福建人民出版社 2004 年版。

76. 周志强：《中国共产党与中国农业发展道路》，中共党史出版社 2003 年版。

77. 中共中央党史研究室：《中国新时期农村的变革·中央卷》（上），中共党史出版社 1998 年版。

78. 刘传江：《城镇化与城乡可持续发展》，科学出版社 2004 年版。

79. 王沪宁：《当代中国村落家族文化——对中国社会现代化的一项探索》，上海人民出版社 1991 年版。

80. 林聚任：《山东省当前农村社会信任状况及其前景》，《2005 年：山东省社会形势分析与预测社会蓝皮书》，山东人民出版社 2005 年版。

81. 王方华、顾海英：《新农村新思路新发展》，中国农业出版社 2006 年版。

82. 马戎、刘世定：《费孝通与中国社会学人类学》，社会科学文献出版社 2009 年版。

83. 本书编写组：《建设新农村若干重大问题解读》，红旗出版社 2006 年版。

84. 黄宗智：《长江三角洲小农家庭与乡村发展》，中华书局 2000 年版。

85. 张华金：《文明与社会进步》，上海社会科学院出版社 1998 年版。

86. 韩俊：《跨世纪的难题》，山西经济出版社 1994 年版。

87. 刘学敏：《城市化与可持续发展研究》，中共中央党校出版社 2004 年版。

88. 尹保云：《什么是现代化——概念与范式的探讨》，人民出版社 2001 年版。

89. 陈晓华、张红宇：《农村劳动力转移与统筹城乡经济社会发展》，中国农业出版社 2005 年版。

90. 周琳琅：《统筹城乡发展：理论与实践》，中国经济出版社 2005 年版。

91. 邓鸿勋、陆百甫：《走出二元结构——农民就业创业研究》，中国发展出版社 2004 年版。

92. 楼培敏：《中国城市化——农民、土地与城市发展》，中国经济出版社 2004 年版。

93. 张国：《城乡结构调整研究：工业化过程中城乡协调发展》，中国农业出版社 2002 年版。

94. 郭红东：《农业产业化与农村现代化》，中国社会科学出版社 2003 年版。

95. 施虹：《全面建设农村小康社会的理论与实践》，中国农业出版社 2003 年版。

96. 徐勇：《中国农村研究·2001 年卷》，中国社会科学出版社 2002 年版。

97. 张正河：《农业国的城市化——中国乡村城市化研究》，北京出版社 2000 年版。

98. 张红宇：《中国农村的土地制度变迁》，中国农业出版社 2002 年版。

99. 杜鹰：《农民收入与劳动力转移》，中国农业出版社 2001 年版。

100. 陆学艺：《中国农村现代化基本问题》，中共中央党校出版社 2001 年版。

101. 朱谦之：《文化哲学》，商务印书馆 1990 年版。

102. 郑杭生：《社会学概论新编》，中国人民大学出版社 1987 年版。

103. 杨家祚：《当代中国人的生活方式》，中国友谊出版社 1993 年版。

104. 周中之：《伦理学》，人民出版社 2004 年版。

105. 章海山：《当代道德的转型和建构》，中山大学出版社 1999 年版。

106. 中央文明办：《社会主义精神文明建设概论》，人民出版社 2005 年版。

107. 郑慧：《社会主义政治文明若干问题研究》，人民出版社 2004 年版。

108. 张岱年：《中国伦理思想研究》，江苏教育出版社 2005 年版。

109. 张岱年：《中国哲学大纲》，江苏教育出版社 2005 年版。

110. 蔡元培：《蔡元培美学文选》，北京大学出版社 1983 年版。

二　文件文献

1.《中国中央关于推进农村改革发展若干重大问题的决定》，人民出版社 2008 年版。

2.《苏联共产党代表大会、代表会议和中央全会决议汇编》（第 2 分册），人民出版社 1964 年版。

3.《农业集体化重要文件汇编（1949—1957）》（上），中共中央党校出版社 1981 年版。

4.《三中全会以来重要文献选编》（上），中央文献出版社 1982 年版。

5.《江泽民论有中国特色社会主义（专题摘编）》，中央文献出版社 2000 年版。

6.《十四大以来重要文献选编》（下），人民出版社 1999 年版。

7.《十六大以来重要文献选编》（上），中央文献出版社 2005 年版。

8.《第二次国内革命战争时期土地革命文献选编》，中共中央党校出版社 1987 年版。

9.《中华苏维埃共和国法律文件选编》，江西人民出版社 1984 年版。

10.《中共党史参考资料》（第 5 册），人民出版社 1979 年版。

11.《苏区教育资料选编（1929—1934）》，江西人民出版社 1981 年版。

12.《中共中央文件选集》（第 11 册），中共中央党校出版社 1991 年版。

13.《中共中央文件选集》（第 12 册），中共中央党校出版社 1991 年版。

14.《陕甘宁边区政府文件选编》（第 1 辑），档案出版社 1988 年版。

15.《中央革命根据地史料选编》（下），江西人民出版社 1982 年版。

16.《陕甘宁革命根据地史料选辑》（第 1 辑），甘肃人民出版社 1981 年版。

17.《陕甘宁边区教育资料·小学教育部分》（上），教育科学出版社 1981 年版。

18.《建国以来重要文献选编》（第 7 册），中央文献出版社 1993 年版。

19.《建国以来重要文献选编》（第 11 册），中央文献出版社 1995 年版。

20. 《第一、二次国内革命战争时期土地斗争史料选编》，人民出版社 1981 年版。

三 期刊

1. 李伟：《关于 20 世纪 50 年代中国乡村社会变迁的若干思考》，《社会主义研究》2009 年第 2 期。

2. 陈德钦：《论中国特色社会主义文明体系的建构》，《学术论坛》2009 年第 9 期。

3. 陈德钦：《论"五个文明"的内在关系结构》，《科学社会主义》2009 年第 2 期。

4. 朱青海：《原工业化时期西欧乡村社会变迁的启示》，《探索与争鸣》2007 年第 12 期。

5. 马永强、王正茂：《农村文化建设的内涵和视域》，《甘肃社会科学》2008 年第 6 期。

6. 刘新民、朱敬义：《关于农村政治文明建设的思考》，《山东社会科学》2005 年第 12 期。

7. 胡浩民、马步广：《生态文明视角下的新农村建设》，《社会科学研究》2009 年第 4 期。

8. 鄢新萍：《社会主义本质论视角下的新农村建设》，《理论月刊》2006 年第 12 期。

9. 辛秋水：《传统文化与现代文明对接的若干问题》，《学术界》2010 年第 2 期。

10. 魏沧波、左信、代洪宝：《论农民素质与新农村建设的关系》，《理论前沿》2006 年第 22 期。

11. 刘金程、吴梅：《城乡分化的历史逻辑与我国现实选择》，《经济研究》2008 年第 6 期。

12. 汪青松：《科学发展观与社会主义新农村建设》，《思想理论教育导刊》2006 年第 3 期。

13. 周虹、翟印礼：《新农村建设与村级集体经济发展》，《农村经济》2007 年第 7 期。

14. 张中文：《我国乡村文化传统的形成、解构与现代复兴问题》，《理论导刊》2010 年第 3 期。

15. 吴克昌：《维度的缺失：文明比较研究的误区》，《湘潭大学学报》（社会科学版）2000 年第 6 期。

16. 王寿林：《论文明的内涵及其特性》，《北京行政学院学报》2003 年第 6 期。

17. 温汉雄：《论社会主义先进文化及其特征》，《广西社会科学》2004 年第 5 期。

18. 刘奔：《文明的思考——2004 华夏文明论坛》，《探索与争鸣》2005 年第

1 期。

19. 赵一红：《马克思的"亚细亚生产方式"理论与东方社会结构》，《马克思主义研究》2002 年第 5 期。

20. 王逸舟：《对马克思的"亚细亚生产方式"概念的探讨》，《马克思主义研究》1985 年第 3 期。

21. 杨承训：《农业两个转变的理论借鉴——学习列宁关于农村商品经济的论述》，《马克思主义与现实》1997 年第 6 期。

22. 陈占安、孟志中：《邓小平农村改革思想及其现实启迪》，《北京行政学院学报》2005 年第 2 期。

23. 韩长赋：《邓小平理论是我国农村改革与发展的理论指南》，《中国特色社会主义研究》1999 年第 4 期。

24. 陈廷烜：《农业合作化历史回顾》，《当代中国史研究》1995 年第 4 期。

25. 徐芳、蒋少龙、张燕：《中国农村改革阶段性和飞跃性分析》，《当代经济研究》2009 年第 7 期。

26. 徐杰舜、海路：《从新村主义到新农村建设——中国农村建设思想史发展述略》，《武汉大学学报》（哲学社会科学版）2008 年第 2 期。

27. 陈锡文：《当前农村形势与新一轮农村改革发展》，《中国浦东干部学院学报》2009 年第 4 期。

28. 叶敏华、陈祥生：《从集体化、市场化到人本化——建国以来"三农"政策的目标定位及重大转变》，《理论探索》2010 年第 4 期。

29. 游海华：《近百年来中国农村建设考察》，《福建论坛》（人文社会科学版）2009 年第 1 期。

30. 王立胜：《中国农村现代化研究的理论原型与核心命题——从"社会基础"概念的角度》，《毛泽东邓小平理论研究》2006 年第 8 期。

31. 王立胜：《关于社会主义新农村建设几个基本理论问题的探讨》，《当代世界与社会主义》2007 年第 2 期。

32. 王立胜、聂家华：《论中国社会核心价值体系的演进逻辑与经验启示》，《当代世界与社会主义》2009 年第 1 期。

33. 孙文亮：《社会主义新农村建设的路径选择：基于乡村建设史的考察》，《当代世界与社会主义》2010 年第 2 期。

34. 胡锦涛：《在纪念党的十一届三中全会召开 30 周年大会上的讲话》，《求是》2008 年第 24 期。

35. 林聚任、杜金艳：《当前中国乡村社会关系特征与问题分析》，《中国农业大学学报》（社会科学版）2007 年第 3 期。

36. 钟贤华：《农村建设的历史经验与当前路径》，《东南学术》2007 年第 4 期。

37. 李之洋：《论中国农村精神文明建设》，《浙江学刊》1997 年第 6 期。

四　报纸、电子文献

1. ［美］阿尔温·托夫勒：《托夫勒的中国预言》，《科学时报》2002 年 12 月 9 日第 8 版。

2. 江泽民：《全面建设小康社会开创中国特色社会主义事业新局面》，《人民日报》2002 年 11 月 18 日第 3 版。

3. 华涛：《现代发展中国家要进行文化创新》，《解放日报》2000 年 4 月 30 日。

4. 李连仲：《用科学发展观指导新农村建设》，《经济日报》2006 年 8 月 7 日第 6 版。

5. 胡锦涛：《扎扎实实规划和推进社会主义新农村建设》，《人民日报》2006 年 2 月 15 日第 1 版。

6. 胡锦涛：《尊重农民意愿，维护农民利益，增进农民福祉，扎扎实实规划和推进社会主义新农村建设》，《人民日报》2006 年 2 月 15 日第 1 版。

7. 胡锦涛：《统一思想，科学规划，扎实推进，使建设社会主义新农村成为惠及广大农民的民心工程》，《人民日报》2006 年 1 月 27 日第 1 版。

8. 胡锦涛：《在省部级主要领导干部建设社会主义新农村专题研讨班开班式上的讲话》，《人民日报》2006 年 2 月 15 日第 1 版。

9. 胡锦涛：《始终重视科学发展观》，《人民日报》2004 年 3 月 31 日第 1 版。

10. 胡锦涛：《高举中国特色社会主义伟大旗帜 为夺取全面建设小康社会新胜利而奋斗》，《人民日报》2007 年 10 月 25 日第 1 版。

11. 《胡锦涛在青海考察工作的讲话》，《人民日报》（海外版）2005 年 12 月 16 日第 1 版。

12. 孙咏梅：《新农村建设应重视发展新集体经济》，《中国改革报》2006 年 7 月 25 日第 6 版。

13. 《中共中央关于推进农村改革发展若干重大问题的决定》，《人民日报》2008 年 10 月 22 日第 1 版。

14. 《中共中央关于加强党的执政能力建设的决定》，《人民日报》2004 年 9 月 27 日第 1 版。

15. 《中共中央关于制定国民经济和社会发展第十一个五年规划的建议》，《人民日报》2005 年 10 月 19 日第 1 版。

16. 《陕甘宁边区小学教育概况》，《新华日报》1944 年 6 月 3 日。

17. 《中国人民政治协商会议共同纲领》，《人民日报》1949 年 9 月 30 日。

18. 《建设社会主义的新农村》，《人民日报》1956 年 7 月 2 日。

19. 温铁军：《不能靠贫民窟来加快城市化道路》，2007 年 9 月 8 日，三农中国网。

20. 人民网：2007 年 3 月 29 日（http://www. people. com. cn/GB/jingji/8215/31708）。

21. 何清涟：《中国失地农民知多少》，2011 年 1 月 28 日，（http://www. mjhy. cn/article31920. html）。

五　外文文献

1. Ulf Hannerz, *Cultural Complexity*, New York：Columbia University Press, 1992.

2. Nadine. M. Post, "*Dire global warnings inspire promising antidotes to 'civilization'*", Engineering News-Record, Dec. 2, 2007.

3. Conry. Murray. , "*The recline of civilization*", Network Computing, May. 5, 2007.

4. Aydin. Cemil, "*Civilization and its contents*", Journal of World History, Dec, 2006.

5. Sillence. Martin, "*Fast food and fat filliers：The ills of western civilization*", Veterinary Journal, Nov, 2006.

6. Keymer. David, "*Civilization：a new hisrery of the western world*", Library Journal, Jan . 11, 2006.

7. Darman. Jonathan, "*Private lives in a public campaign*", Newsweek, Sep. 4, 2007.

8. T. Parsons, *The Social System*, New York：Free Press, 1951.